부모교육
Parent Education

머리말

만일 어린이가 꾸짖음을 받고 자란다면 그는 나무라는 것을 배우며
만일 어린이가 적대감을 느끼고 자란다면 그는 싸움을 배우며
만일 어린이가 어리석음을 느끼고 자란다면 그는 부끄러움을 배운다.

그러나 만일 어린이가 관용을 느끼고 자란다면 그는 인내를 배우게 되며
만일 어린이가 용기를 느끼고 자란다면 그는 확신을 배우게 되며
만일 어린이가 공정한 평가를 받고 자란다면 그는 정의를 배우게 되며
만일 어린이가 인정을 받고 친절을 느끼고 자란다면
그는 이 세상에서 사랑을 발견할 수 있다는 것을 배우게 된다.

– 도로시 로우 홀트《배움》중에서 –

영유아 자녀들이 있는 가정에서는 흔히 '어떻게 저런 것까지 닮았지?'하고 감탄을 하게 된다. 자녀들은 쉽게 관찰할 수 있는 외형적인 부분 외에도 부모의 성격, 말투, 습관까지도 닮아간다. 부모는 아이와 함께 하는 모든 순간이 모델링이자 교육이다.

부모는 자녀에게 따뜻하고 안전한 울타리이자 세상을 비추는 거울이며 자녀가 행복한 삶을 영위할 수 있도록 물리적 · 정신적 환경을 제공한다. 자녀는 부모를 통하여 세상을 경험하고, 부모의 눈을 통해 세상을 배우며, 부모의 따스한 사랑 안에서 믿음과 사랑, 신뢰를 쌓아간다.

부모는 누구나 '좋은 부모'가 되기를 소망한다. 그렇다면 진정한 '좋은 부모'와 '좋은 부모의 역할'은 무엇일까? 최근 부모들은 자녀의 양육과 관련된 다양한 정보를 쉽게 검색하고, 궁금증이 생기면 언제든 손에 든 핸드폰 화면 속에 펼쳐진 정보의 바다 속에서 질문에 대한

다양한 답을 찾을 수 있을 만큼 스마트한 세상에 살고 있다. 그러나 하루가 멀다고 쏟아지는 정보의 홍수 속에서 우리 아이와 꼭 맞는 정보를 찾아내기란 여간 어려운 일이 아니다.

이러한 양육의 어려움과 정보의 혼란 속에서 부모는 가장 가까운 전문가 집단인 자녀의 교사를 통해 양육과 관련된 다양한 도움을 받기를 원한다. 각 기관의 교사들도 이러한 부모의 요구에 맞추어 자녀양육에 대한 올바른 정보를 제공하고, 부모와 교사가 자녀양육 및 교육의 공동체로서 함께 협력하기 위해 노력한다. 그러나 교사들 역시 각기 다른 개성을 지닌 자녀에게 적합한 교육방법을 제시하는 것은 쉽지 않은 일이다. 때로는 잘못된 정보를 제공하거나 부모로 하여금 신뢰감을 떨어뜨리는 원인이 되기도 한다. 이러한 부모와 교사의 어려움을 조금이나마 해결해 보고자 《부모교육》 책의 집필을 시작하게 되었다.

이 책의 1부에서는 부모교육에 대한 이해를 바탕으로 부모교육에 대한 이론과 자녀발달 및 가족 유형에 대한 부모역할을 소개하였고, 2부는 부모교육의 실제 편으로 현장에서 실행할 수 있는 부모교육의 유형과 부모교육의 문제점 및 해결방안을 소개하고, 현장에서 교사들이 어려운 이론을 배우지 않아도 쉽게 구할 수 있는 자료를 활용한 몇 가지 부모교육 프로그램을 소개하였다.

본 교재를 활용하는 예비 영유아 교사 및 현장의 교사들이 영유아–부모–교사의 단단한 교육의 연결고리를 만들고, 육아공동체로서 올바른 정보를 습득하며 공유할 수 있기를 기대해 본다. 끝으로 원고가 나오기까지 기다려 주시고, 꼼꼼히 편집해 주신 파워북 관계자 여러분께 감사드린다.

저자 일동

차례

머리말 2

PART 1 부모교육의 이론적 기초

CHAPTER 01 부모교육의 이해

1. 부모 됨 15
   1) 부모 됨의 동기 15
   2) 부모 됨의 준비 16
   3) 부모 됨의 발달과정 17
2. 부모교육의 개념 24
3. 부모교육의 목적과 필요성 27
   1) 부모교육의 목적 27
   2) 부모교육의 필요성 30

CHAPTER 02 부모교육의 역사

1. 우리나라의 부모교육 역사 39
   1) 1900년대 초반 41
   2) 1950~1960년대 45
   3) 1970~1980년대 45
   4) 1990년대부터 최근 46

2. 서양의 부모교육 역사 47
1) 17세기 52
2) 18세기 53
3) 19세기 54
4) 20세기 55

CHAPTER 03 부모교육이론

1. 민주적 부모교육이론 59
1) 이론적 배경 59
2) 민주적 부모교육의 내용 61
3) 구체적인 전략 66

2. 인본주의 부모교육이론 70
1) 이론적 배경 70
2) 인본주의 부모교육 내용 71

3. 상호교류분석이론 77
1) 상호교류분석이론의 이론적 배경 77
2) 상호교류분석이론의 내용 78

4. 부모효율성훈련이론 87
1) 이론적 배경 87
2) 부모효율성 프로그램의 내용 89

5. 행동수정이론 95
1) 행동수정이론의 이론적 배경 95
2) 행동수정이론의 내용 97

6. 자녀의 힘을 북돋우는 부모 프로그램 110
1) 이론적 배경 110
2) 자녀의 힘을 북돋우는 부모교육 내용 111

CHAPTER 04 자녀발달과 부모역할

1. 발달의 의미 119

2. 발달의 규정요인과 원리 120

1) 발달의 특징 120

2) 발달의 원리 123

3. 발달단계의 특징과 부모의 역할 125

1) 예비 부모 126

2) 태내기 130

3) 신생아기 134

4) 영아기 141

5) 유아기 154

6) 아동기 : 사회의 규칙과 질서를 배우는 시기 164

CHAPTER 05 가족 유형에 따른 부모역할

1. 한부모가족의 부모역할 173

1) 한부모가족의 개념 173

2) 한부모가족의 어려움 173

3) 한부모가족의 자녀 연령별 적응 175

4) 한부모가족을 돕는 프로그램 176

2. 다문화가족의 부모역할 177

1) 다문화가족이 가지고 있는 어려움 179

2) 다문화가정이 도움을 받을 수 있는 기관 180

PART 2 부모교육의 실제

CHAPTER 06 유아교육기관에서의 부모교육

1. 가정과 영유아교육기관 협력의 필요성 187
2. 부모교육의 내용 및 방법 189

CHAPTER 07 부모교육의 유형 및 운영방식

1. 가정 중심 부모교육 201
1) 입학 초기 적응 프로그램 201
2) 가정통신문 205
3) 알림장 206
4) 인터넷 홈페이지 208
2. 기관 중심 부모교육 210
1) 오리엔테이션 210
2) 입학식 213
3) 부모상담 213
4) 부모참관 216
5) 부모참여수업 218
6) 강연회 221
7) 부모 소모임 221
8) 부모 자원을 활용한 재능기부 222
9) 가족행사 222
10) 운영위원회 226

CHAPTER 08 부모교육의 문제점 및 해결방안

1. 부모교육의 문제점 231
   1) 부모교육의 필요성 및 부모역할의 중요성에 대한 인식이 부족하다 231
   2) 부모교육의 대상이 편중되어 있다 232
   3) 부모교육의 내용이 다양화되어 있지 않다 232
   4) 기관 중심의 부모교육을 실시한다 233
   5) 부모의 기대에 못 미치는 부모교육을 실시한다 234
2. 부모교육 프로그램의 효과적인 운영을 위한 전략 234

CHAPTER 09 교육부에서 제공하는 부모지원 및 교육 프로그램

1. 유아 인성교육을 위한 부모훈련 프로그램 242
   1) 유아 인성교육을 위한 부모훈련 프로그램의 내용 247
   2) 유아 인성교육을 위한 부모연수자료집의 내용 251
   3) 차시별 프로그램 소개 253
2. 학부모 협력연수 프로그램 264
   1) 주제 266
   2) 주제별 내용 구성 267
   3) 운영형태 267
   4) 학부모용 워크북 예시 269

CHAPTER 10 그림책을 활용한 놀이 중심 부모교육 프로그램

1. 프로그램의 목적 및 목표 273
2. 프로그램의 교육 내용 273
3. 프로그램의 교수–학습방법 275
4. 그림책을 활용한 부모교육 프로그램 세부 내용 280
1) 1회기 : 그림책을 활용한 부모교육 《안아줘!》 280
2) 1회기 : 그림책을 활용한 놀이 281
3) 2회기 : 그림책을 활용한 부모교육 《소피가 화나면, 정말 정말 화나면》 282
4) 2회기 : 그림책을 활용한 놀이 《모리의 커다란 성》 283
5) 3회기 : 그림책을 활용한 부모교육 《너무 부끄러워!》 284
6) 3회기 : 그림책을 활용한 놀이 《난 토마토 절대 안 먹어》 285
7) 4회기 : 그림책을 활용한 부모교육 《엄마가 화났다》 286
8) 4회기 : 그림책을 활용한 놀이 《검피 아저씨의 뱃놀이》 287
9) 5회기 : 그림책을 활용한 부모교육 《망태 할아버지가 온다》 288
10) 5회기 : 그림책을 활용한 놀이 《크릭터》 289
11) 6회기 : 그림책을 활용한 부모교육 《외톨이 사자는 친구가 없대요》 290
12) 6회기 : 그림책을 활용한 놀이 《그건 내 조끼야》 291
13) 7회기 : 그림책을 활용한 부모교육 《안 돼, 데이빗!》 292
14) 7회기 : 그림책을 활용한 놀이 《그래, 나는 생쥐야!》 293
15) 8회기 : 그림책을 활용한 부모교육 《에드와르도 세상에서 가장 못된 아이》 294
16) 8회기 : 그림책을 활용한 놀이 《꿈에서 맛 본 똥파리》 295
17) 9회기 : 그림책을 활용한 부모교육 《몽글몽글 따끔따끔》 296
18) 9회기 : 그림책을 활용한 놀이 《아빠랑 함께 피자 놀이를》 297
19) 10회기 : 그림책을 활용한 부모교육 《엄마 아빠, 싸우지 마세요!》 298
20) 10회기 : 그림책을 활용한 놀이 《고 녀석 맛있겠다》 299
21) 11회기 : 그림책을 활용한 부모교육 《무지개 꽃이 피었어요》 300

22) 11회기 : 그림책을 활용한 놀이 《깜박깜박 도깨비》 301
23) 12회기 : 그림책을 활용한 부모교육 《언제까지나 너를 사랑해》 302
24) 12회기 : 그림책을 활용한 놀이 《내가 아빠를 얼마나 사랑하는지 아세요?》 303

참고문헌 304
찾아보기 306

PART 1

부모교육의 이론적 기초

CHAPTER 01 부모교육의 이해
CHAPTER 02 부모교육의 역사
CHAPTER 03 부모교육이론
CHAPTER 04 자녀발달과 부모역할
CHAPTER 05 가족 유형에 따른 부모역할

CHAPTER

01

부모교육의 이해

1. 부모 됨 | 2. 부모교육의 개념 | 3. 부모교육의 목적과 필요성

CHAPTER

01

인간은 누구나 태어나면서 만나는 사회적 환경이 부모이다. 한 사람이 살아가는 데 많은 영향을 미치는 부모에 대한 생각은 시대적 흐름에 따른 변화가 있으므로 각 개인들에게 부모가 된다는 것은 어떤 의미가 있는지 살펴볼 필요가 있다. 이에 본 장에서는 부모 됨의 의미와 부모 됨의 동기, 부모 됨의 준비와 발달과정, 부모교육의 개념과 목적을 살펴봄으로써 부모교육의 기초를 이해하고자 한다.

1. 부모 됨

시대적 변화는 사람들의 생각에도 많은 변화를 가져오고 있다. 누구나 성장하고 결혼하고 자연스럽게 자녀를 낳아 기르는 그 자체로 즐거움과 기쁨을 누리는 시대에서 부모로서의 역할에 대한 부담감, 책임이라는 막중한 임무부터 생각하는 시대가 되었다. 우리나라의 전통적인 관점은 자녀를 낳은 것이 가문의 후손을 이어나가는 당연한 것이라고 생각하였다면, 현대사회의 시대적 변화는 부모가 될 것인지도 선택하는 시대가 되었다. 결혼한 부부라면 누구나 자녀를 갖는 것이 당연한 일이었으나, 오늘날에는 부모가 되기를 원하지 않는 사람들도 있으며 부모가 되고자 하여도 자녀를 갖는 시기, 자녀의 수를 결정하는 시기가 되었다.

1) 부모 됨의 동기

부모가 되는 것이란 무엇이고 부모교육의 목적과 필요성은 무엇인가에 대해 알아보기 위해 먼저 의미를 명확히 파악해야 할 것이다. '부모 됨'이란 영어로 부모는 'parent', 부모 됨은 'parenting'으로 표기하고 부모 됨parenting이란 부모의 역할을 바르게 수행하게 됨을 뜻하며, 올바른 현대적 부모역할을 가짐으로 해석해 볼 수 있다. 그러나 누구나 부모가 되는 것은 아니다. 서구사회에서는 무자녀를 선택하는 부부들이 늘어가고 우리나라에서는 부모 됨에 대한 문화적 · 가족적 압력으로 비교적 결혼 초기에 자녀를 갖지만 그 시기가 점점 늦어지고 있으며 불임으로 인한 무자녀뿐만 아니라 경제적 안정의 이유 등으로 결혼한 성인이 부모가 된다는 것은 하나의 선택 사항이 되고 있다. 가족구조의 변화, 취업모의 증가, 자녀양육 및 교육의 확대 등의 현대사회의 변화에 따라서 결혼 그리고 부모 됨에 있어서 과거와의 다른 양상을 보이는 현대에 살고 있는 우리는 부모 됨의 동기에 대해 살펴볼 필요가 있다.

루빈Rubin(1965)은 부모 됨의 동기의 유형을 네 가지로 제시하였다.

첫째, 숙명론적 동기가 있다. 인간에게 주어진 숙명, 종교적 이유, 가계 계승 등의 이유로 부모가 되어야 한다고 보는 숙명적 이유이다. 숙명론자들은 가계 계승을 위해 자녀를 원하는 이유로 남성을 높은 가치로 생각하게 되고 여아보다 남아를 선호하게 된다.

둘째, 이타적 동기이다. 부모가 된다는 것은 사회 및 국가 발전에 도움이 되는 행위이며, 부모가 되지 않는 것은 개인적 욕심, 이기적 행동에서 비롯된 처사라고 보는 이타주의적 견해에서 부모가 되고자 하는 것이다.

셋째, 자기애적narcissistic 동기가 있다. 부모 자신이 자녀 출산과 양육에 적합할 만큼 성숙하다는 것을 보여 주기 위해서 자녀를 갖는 사람들이다. 즉, 자녀를 가짐으로써 성숙하고 선한 자기가치를 표현하고자 한다. 또 다른 자기애적 동기에는 자녀가 부모에게 정서적인 안정감과 사랑을 제공할 것이라는 측면도 있다.

넷째, 도구적인 동기이다. 많은 부모들이 자신이 성취하고자 했으나 이루지 못했던 목표를 대신 달성해 주기를 원하며, 자신이 부모와의 관계에서 아쉬웠던 부분을 극복할 수 있다는 기대로 자녀를 갖기도 한다. 자녀를 가짐으로써 결혼생활을 더 안정되게 유지하거나 부부갈등 해결에 도움을 얻고자 하는 동기도 도구적 동기에 속한다. 또 손자녀를 원하는 자신의 부모에게 손자녀를 안겨 주기 위해서나 남성들이 자신의 남성다움이나 권력을 확신하기 위해 자녀를 갖는 것도 도구적 동기에 해당된다.

2) 부모 됨의 준비

시대적 변화는 부모 됨에 많은 영향을 미친다. 전통적으로 계승되어 오던 시대에는 자녀를 임신하고 출산하면 부모의 지위와 역할이 자동적으로 이루어진다고 생각하여 아무런 준비 없이 부모가 되기도 하였다. 현대사회에서는 부모의 역할과 책임이 무엇보다 강조되고 있어서 부모 됨의 준비를 요구하고 있다. 부모 됨의 준비는 아동의 발달단계에 따른 지식과 아동을 잘 돌볼 수 있는 기능을 익히는 것도 중요하지만, 무엇보다 부모가 되고자 하는 당사자가 신체적, 심리적으로 성숙되고 경제적으로도 부양능력이 있어 자녀의 기본욕구를 충복시켜 줄 수 있는 준비를 포함하고 있다. '부모가 되기는 쉬어도 부모답기는 어렵다'라는 말이 있듯이 부모 됨의 준비가 필요하다. 부모가 되기 위한 신체적 준비, 심리적 준비, 경제적 준비에 대해 설명하면 다음과 같다.

(1) 신체적 준비

부모가 되기 위해서 우선 중요한 것은 건강해야 한다. 그러기 위해서는 태아에게 나쁜 영향을 끼칠 질병은 없는지를 병원에서 검진받는 것도 미리 준비해 두어야 할 사항이다. 혹 몸에 이상이 있을 때는 건강이 회복될 때까지 부모 됨의 시기를 늦추는 것이 바람직하다. 또한 부부 양쪽 집안의 가족 질병이나 유전적인 질병이 있는지를 살펴볼 필요가 있다. 좋지 않은 영향을 끼치는 유전적인 문제가 있더라도 미리 예방하고 준비하면 최소화할 수 있는 방법들이 있기 때문이다. 임신을 한 다음에도 태아와 산모의 건강을 위해서 흡연이나 음주, 약물 복용 등을 삼가고 다양한 운동 등을 통해 건강을 유지하기 위한 노력을 해야 한다.

(2) 심리적 준비

부모가 되기 위해서는 여러 가지 심리적인 준비도 필요하다. 부모의 정신적 · 심리적 상태의 문제나 성격 등을 파악하여 사녀를 출산하고 양육하는 데 문제가 되거나 장애가 되는 요인을 개선해야 할 필요가 있다. 불안, 우울, 초조 등의 심리적 여러 요소 등을 잘 파악하여 스스로도 이러한 요인들을 개선하려는 노력이 필요하다. 부모의 불안정한 정서상태, 비정상적인 성격 또는 기질 등은 자녀에게 심리적인 손상을 주어 다양한 문제요인을 만들 수도 있기 때문이다.

(3) 경제적 준비

부모는 무엇보다 자녀의 경제적 부양자로서의 책임을 가지고 있다. 옛말에 '자기 먹을 것은 자기가 가지고 태어난다'라는 말이 있지만 오늘날에 이러한 생각은 무책임한 부모의 모습일 뿐이다. 현대사회에서 사녀를 양육하고 교육하기 위해서는 기본적으로 뒷받침이 필요하고, 어느 정도 성장하여 독립하는 시기까지 자녀들을 부양할 경제적인 능력이 있어야 하는 것이다.

3) 부모 됨의 발달과정

부모가 된다는 것은 자녀를 낳았다고 해서 저절로 알아가거나 발달하는 것은 아니다. 부모 됨의 발달과업을 순조롭게 성취하기 위해서는 다음을 고려해야 한다.

첫째, 부모 됨에 대한 준비성이다. 준비성은 먼저 부모가 되고자 하는 강한 욕구를 이야기한다. 초혼의 젊은 부부보다 비교적 만혼의 나이든 부부가, 또는 오랜 시간 자녀를 갖기 위해 기다린 경우가 부모 됨의 책임과 부담을 더 잘 받아들이는 경향이 있다.

둘째, 부모 됨에 대한 교육이다. 이는 준비성과도 관련되는데, 부모 됨은 흔히 젊은 부부가 새로운 역할에 대해 잘 모르고 준비되어 있지 않기 때문에 위기가 될 수 있다. 현대사회에서는 부모 됨의 역할에 대한 훈련이 빈약하고 가정에서 이에 대한 교육은 거의 없다. 새로 부모가 된 사람들은 갑자기 아기의 24시간 계속된 요구에 당황스럽고, 일관성 없이 쏟아지는 수많은 육아정보는 어느 것을 따라야 하는지 너무 많아 혼란스럽다.

셋째, 부모 간의 역할의 재규정이다. 취업모의 경우 아기를 돌보기 위해 직업을 포기하지 않고 양립이 가능할 수 있으려면 아버지의 적극적인 자녀양육 및 가사 협조가 요구된다.

위의 세 가지의 고려사항이 부모 됨의 적응을 잘 할 수 있도록 하겠지만 무엇보다 부모로서의 정신적 성숙과 부모 됨에 대한 스스로의 가치 부여가 중요하다. 부모가 된다는 것은 저절로 이루어지는 것이 아니므로 일정한 발달과정을 거쳐서 성숙한 부모가 될 수 있다. 부모발달과정에 관한 가장 체계적인 이론을 제시한 학자는 갈린스키Galinsky(1987)로서, 부모발달과정을 밝히기 위하여 다양한 형태의 부모들을 관찰하였다. 그는 부모와 자녀가 정상적으로 동거하는 경우뿐 아니라, 이혼 부모, 편부모, 양부모나 후견인, 계부모 등 여러 형태의 가족에서 보여 주는 부모행동을 관찰하였다. 또한 어린아이들의 부모부터 청소년의 부모, 그리고 핵가족뿐 아니라 대가족 내의 부모, 장애아의 부모 등도 관찰하였다. 그들의 가정배경에서도 여러 계층의 사회경제적 지위, 여러 지역과 다양한 종교적 배경, 그리고 여러 인종적 배경을 모두 포함시켜 태아에서부터 18세의 성인 이전까지의 청소년 자녀를 둔 228명의 부모를 면담하고 관찰하여 부모의 발달과정을 탐구하여 여섯 단계의 부모발달단계를 정리하였다.

갈린스키가 주장한 부모발달단계란 인간발달에서 일반적으로 구분한 생의 주기와는 구별되는 개념으로서 자녀와의 관계에서 자녀가 성장발달하면서 자녀로부터 도전받게 되는 부모로서의 과업을 중심으로 구분한 발달단계이다. 그는 다음과 같은 여섯 단계로 구분하고, 각 단계에서 부모가 맞이하게 되는 과업과 이에 대처하는 부모행동의 발달과정을 설명하였다. 갈린스키의 부모 됨의 발달과정을 살펴보면 다음과 같다.

(1) 첫 번째 단계 : 이미지 형성기(임신기간)

첫째 단계는 이미지 형성기로서 대체로 임신기간이 이에 해당된다. 임신을 하게 되면 젊은 부부들은 자신들의 부모로서의 이미지를 구체적으로 형상화하기 시작한다. 이러한 자신의 부모 이미지는 태아와의 관계에서 뿐 아니라 부부관계, 자신들의 부모와의 관계, 또 다른 중요한 주위 사람들과의 관계를 함께 고려하여 갖가지 상상을 하게 되고 이러한 상상 속에서 자신들의 부모 이미지를 형성하게 된다. 이 시기 동안 갖추게 되는 부모 이미지는 현실적이기보다 상당히 이상적이기는 하지만, 이후의 부모역할을 어떻게 하느냐에 중요한 영향을 미치게 된다. 이 시기의 부모 이미지는 자신의 어린 시절에 대한 복합적인 동일시와 기억에 기초하면서 주변의 환경과 그들이 속해 있는 문화와 관습의 영향을 받게 된다.

갈린스키는 이미지 형성기를 다시 3단계로 세분화하였는데, 임신 후 첫 3개월까지를 임신수용기, 임신 4~6개월경까지를 태아에 대한 이미지 형성기, 7개월 이후는 출산준비기로 구분하였다. 임신 초기의 부모발달과업은 임신을 긍정적으로 수용하는 일이다. 임신을 기다렸던 예비 부모들은 보다 쉽게 임신을 수용하게 되지만, 그렇지 않은 부모들은 임신 수용이 쉽지 않을 수도 있다. 임신을 기다렸던 예비 부모들도 때때로 임신을 수용하는 데 있어서 기쁨과 걱정이 교차되는 불안정한 느낌을 가질 수도 있다. 가능한 빨리 임신을 호의적으로 수용하고 부모 되기에 열중하는 것이 부모발달이나 태아발달에 모두 큰 도움이 된다.

임신을 수용하고 나면 임신 3~4개월부터 태아에 대한 이미지를 형성하게 된다. '어떻게 생겼을까?', '누구를 닮았을까?' 등 겉으로 표현된 것을 포함하여 태아의 이미지를 형성하게 된다. 이와 같이 태아의 이미지가 형성되면서 예비 부모들은 아기와의 신체적 분리에 대해서 관심을 갖게 된다. 임신 후반부에는 아기와의 분리를 수용하게 되는데, 아기와의 분리를 어느 정도 수용하게 되면, 독립된 개체로서의 아기에 대한 느낌을 형성하게 된다.

임신 후반부는 출산과 분만을 심리적으로 준비하는 시기이다. 임신 초기부터 예비 부모들은 분만에 대해 생각한다. 예비 부모들은 출산 예정일이 가까워지면서 기쁨과 걱정, 기대와 흥분 등 갖가지 감정을 경험하게 된다. 공감성이 높은 예비 아버지들은 아내를 격려하고 용기를 복돋우며 출산을 앞둔 임산부를 안정시켜 주게 된다. 남편의 자상한 배려와 공감성은 부부 모두의 부모발달에 큰 도움이 된다. 임신은 변화를 준비하는 리허설의 이미지 시기이다. 임신을 통해 이름 지을 수 있는 관심은 바로 부모상 정립이다. 그것은 부모로서의 기대를 고착시키고 구체화하는 것이다.

(2) 두 번째 단계 : 양육기(자녀 출산~영아기)

두 번째 단계는 양육기로서 아기의 출산으로부터 영아기가 끝날 무렵인 18~24개월까지를 일컫는다. 출산하여 분만의 고통과 공포로부터 벗어나게 되면 부모들은 우선, 출산 전에 가지고 있던 아기 이미지, 즉, 상상의 아기와 현실의 아기를 비교하고 조화시키면서 안정된 자기 이미지를 형성하고 수용하는 과업을 맞이하게 된다. 아기 수용은 아기와 애착을 형성하는 일로 구체화된다.

아기의 조건이 어떠하든 자신들의 자녀로 수용하는 것은 애착 형성과 양육 책임을 수행하는 데 첫 번째 관문이 된다. 아기를 수용하고 애착을 형성하는 데 있어서 초기에는 아기의 외모가 중요한 역할을 하지만, 차츰 외모보다는 아기의 기질에 관련된 아기 행동이 중요한 영향을 미치게 된다. 아기의 출생은 어머니의 생활뿐 아니라 부부관계, 나아가 조부모나 형제 등의 관계에도 많은 변화를 일으키게 된다. 특히, 첫 아기의 경우에는 출생 전까지는 남편과 아내의 관계만 존재하다가 부모-자녀의 심각한 관계로 변화되어 가족관계의 역동성이 완전히 다르게 된다. 즉, 부모들 모두 이 새로운 가족관계에 적응하는 것이 중요한 과업으로 등장하게 된다.

부모가 되고 자녀를 양육하는 일은 연습 없이 부딪히게 되고, 특별한 교육 없이 스스로 해결해야 하는 경우가 많기 때문에 많은 젊은 부부들이 어려움을 겪게 된다. 때문에 예비 부모나 젊은 부모들이 보다 슬기롭게 어려운 인생의 고비를 잘 극복할 수 있는 심층적인 부모교육 프로그램과 전문적인 사회적 도움이 필요하다고 하겠다.

(3) 세 번째 단계 : 권위형성기(2~5세)

권위를 형성하는 단계는 자녀의 나이가 만 2세경부터 4~5세까지를 일컫는다. 이 시기의 부모는 아이에 대해 적절한 수준의 권위를 갖게 된다. 3세가 되면 가정 밖으로 나와 또래집단과 어울려 놀게 되고 유아교육기관에도 다니게 되어 새로운 사회관계를 맺게 된다. 자녀의 이러한 사회관계의 확대는 자연적으로 통제된 사회적 행동을 하도록 요구받게 되는데, 이러한 사회화 과정에서 부모는 일차적인 중재자 역할을 할 수밖에 없다. 아이의 사회적 행동을 통제하거나 중재하려면 부모는 필수적으로 권위를 지녀야 한다. 이렇게 부모의 권위는 자녀의 성장발달과정에서 자연스럽게 형성되는 것이다.

권위형성기에서 많은 부모들은 완벽한 부모가 되겠다던 이미지를 재평가하게 된다. 그들은 자신이나 자녀들, 그리고 그들에게 의미 있는 주변의 사람들과 사회에도 결함이 있다는 것을 발견하게 되며 완벽한 부모에 대한 자신의 환상을 버리고 불완전한 인간으로서 자기 자신을 받아들이게 된다.

(4) 네 번째 단계 : 설명하며 가르치는 시기(초등학교 시기)

이 단계는 5세경부터 시작하여 초등학교 시기인 사춘기에 접어들 무렵까지를 일컫는다. 자녀의 나이가 초등학교 취학연령인 만 5~6세가 되면서부터 부모들은 자녀를 어린 시절의 상상의 세계로부터 현실의 세계로 이끌어 준다. 부모들은 자녀가 당면한 현실의 문제나 과업을 일깨워주고 설명해주면서 차츰 독립된 개체로서의 생활을 강조하게 된다. 이 시기가 되면 부모의 역할은 훨씬 다양해진다. 특히, 초등학교 입학 등으로 자녀의 사회적 지위가 바뀌게 되면 그때마다 자녀의 발달양상을 평가하게 되고, 원래 자신이 상정했던 부모로서의 이미지가 잘 실현되었는지를 스스로 묻게 된다. 그리고 앞으로 자녀의 원만한 발달을 위해서 어떤 부모가 되어야 하는지에 대한 새로운 검토와 결심을 하게 된다.

이 과정에서 부모는 다시 자신들의 지나온 부모기를 평가하고 재해석하며 자신들의 자녀양육이론과 부모기에 대한 생각을 필요에 따라 수정하며 미래에 대한 이미지를 형성하는 일에서 출발하여 새로운 난제에 대비하며 변화하게 된다.

부모는 자녀에게 현실적으로 다가오는 발달과업을 잘 이해하고 완수하도록 여러 가지 설명을 하게 되는데, 이 시기의 자녀들에게 부모들이 하는 설명의 내용에는 부모가 자녀에게 가지고 있는 기대, 행위규범, 가사에 관한 사항, 자녀들의 생활과 행동에 대한 부모의 느낌과 평가, 세상살이에 관한 것 등 상당히 다양하다. 설명하는 단계를 거치면서 부모는 자녀와 새로운 관계를 형성하게 된다. 새로운 관계에서 핵심이 되는 것은 자녀를 심리사회적으로 독립시켜 가는 것, 그리고 자녀와 불평등한 권위관계로부터 비교적 평등한 관계로 발전시켜 나간다.

(5) 다섯 번째 단계 : 상호 의존기(10대 기간)

부모는 자녀를 독립적인 인격체로 보아야 한다는 생각을 갖는다. 자기 자녀도 언젠가는 10대 청소년이 되고 사춘기를 맞게 될 것이라고 생각을 하고 있지만, 정작 사춘기의 급속한 성장과 변화를 경험하게 되면, 예상했던 시기가 너무 빨리 그리고 예상치 않은 모습으로 다가왔다고 느끼고 놀라게 된다. 그러면서 이제까지 어린 시절에 가지고 있었던 이미지는 옛날 이야기가 되어버리고 자녀에 대해 새로운 이미지를 형성하지 않을 수 없게 된다.

10대 자녀와 원만한 관계를 유지하기 위해서 부모는 상당한 변화를 하지 않으면 안 된다. 어릴 때 가졌던 권위체제로도 해결이 안 되고, 그렇다고 어른들 대하듯 한다고 문제가 해결되는 것도 아니다. 결국 부모와 10대 자녀들이 몇 번 부딪히면서 얻게 되는 최선의 방도는 피차 조심스럽게 의존적인 상호관계를 발달시키는 것이다. 그래서 갈린스키(1987)는 이를 상호의존기라고 명명하였다.

상호의존관계에서 부모는 새로운 권위를 확보해야 한다. 애정에 바탕을 두지만 합리적이며 이성적인 권위가 필요하다. 이는 10대 청소년의 발달특징과 관계된다. 10대는 합리성과 논리성을 가장 숭배하는 시기이기 때문에 부모도 이것을 수용하고 견지할 때 권위를 획득할 수 있다. 그렇다고 청소년들이 늘 합리적이고 이성적이기만 한 것은 아니다. 자주 감정에 휩싸여 전혀 합리적인 판단을 하지 못하고 편견과 오해에 빠져 괴로워하기도 한다. 따라서 부모의 권위는 합리성과 객관성만으로는 유지될 수 없고, 이성과 감정이 조화된 높은 권위가 요구된다.

이 시기의 10대들은 '나는 누구인가?'하는 '나'를 찾는 과정에서 부모로부터의 분리가 반드시 따르게 된다. 이러한 정체감을 형성하기 위하여 10대들은 저항하고 반대하고 반항하는 어떤 실험기간을 거쳐 자신을 시험해 보게 되는데, 이러한 모든 것들이 자신을 찾는 데서 긍정적으로 작용한다. 그러므로 이 단계에서 부모-자녀관계의 재정의는 결국 분리된 자녀의 정체감을 수용해 가는 과정이다.

(6) 여섯 번째 단계 : 떠나보내는 시기(고등학교 졸업시기부터)

자녀가 집을 떠나는 시기로서 부모들은 자녀들이 언젠가는 부모 곁을 떠날 것이라는 생각을 해왔지만 이 시기가 되면 그 문제에 대해 더 깊이 생각하게 된다. 즉, 실제로 일어나고 있는 상황에서 그들이 가지고 있는 이미지를 조정하며 이미 다 성장한 자녀의 부모로서 자신을 재정의하고 또한 부모로서의 성취, 실패에 대하여 검토해 보면서 부모기의 모든 경험을 평가하고 자녀의 떠남에 대해 준비하게 된다. 부모들은 앞의 여러 단계에서 자녀가 성장, 변화하는 과정에 대비하여 준비한 것처럼 이제는 자녀와의 헤어짐에 대한 준비와 기대를 하면서 앞으로의 이미지를 형성하고 수정해야 한다. 어떤 부모는 자녀와 너무 밀착되어 떠나보낼 것에 대해 아쉬움과 두려움을 갖는가 하면, 어떤 부모는 자녀들이 떠나보낸 후의 조용하고 안정된 휴식을 기대하기도 한다.

부모는 자녀의 부모로서의 자신이 아닌 한 인간으로서의 자기 자신, 개인으로서의 자기 자신에 대하여 생각하며 다른 중요한 관계에 대하여 재검토하게 된다. 자녀를 떠나보낸 후 부모는 그들의 부모가 끝났다고 생각하며 자유로워지기를 기대한다. 그러나 여전히 자녀들의 생활에 관여하고 걱정하며 자녀들에 대해 기대하게 되고 갈등을 겪으면서 이미지를 수정해 나간다.

부모는 자녀가 떠난 뒤 자녀와의 관계에 대한 이미지를 갖게 되는데, 자녀를 자기 자신의 생활에서 내어보내는 부모가 있는가 하면, 부모가 늙을 때까지 보살펴 주기를 기대하는 부모가 있다. 또한 성취되지 못한 이미지에 대하여 현실을 통합해 가면서 자신의 삶에 대한 이미지가 변화해 간다.

처음에 형성된 가족 구성은 시간이 지나감에 따라 변하고 자녀들은 성장하여 떠나 버렸으며 거기에 따른 부모의 역할도 변화하였다. 이 시기의 부모들은 새로운 가족관계를 유지하기 위한 방법을 모색해야 한다. 새로운 관계를 위해서 생일, 명절, 가족 행사를 축하한다든지 또는 주 1회 편지를 쓰거나, 주말에 전화하기, 정규적인 가족모임 등을 통하여 가족구성원으로 결속되어 있음을 확인하며 적응하도록 한다.

떠나보내는 단계에서 부모는 자녀를 포기함으로써 변화된 분리와 결속의 관계를 맺게 되며 부모-자녀의 권위적 단계는 엄격한 통제에서 느슨하고 완화된 통제로 변화된다. 성장한 자녀는 이제 자신이 책임질 의무가 있기 때문에 부모는 통제보다는 염려와 도움을 주는 복합적인 방법을 취하게 된다.

또한 이 단계에서 부모는 성장한 자녀의 분리된 정체감을 수용하여야 한다. 어렵기는 하지만 부모의 기대와 자녀의 능력 그리고 자녀에 대한 실제적인 평가가 어긋나 실망감이나 불신감이 생길 수 있으나 부모는 자녀는 분리될 수 있다는 사실을 이해하고 수용해야 한다. 장성한 자녀는 부모를 떠나 다른 사람과 더불어 사는 것을 배우게 되며 또한 배워야 하기 때문이다.

2. 부모교육의 개념

가정은 인간이 성장하고 발달하는 최초의 장소이며 자연스러운 교육의 장이다. 인간은 가정에서 물리적 · 심리적 환경을 제공받으며 사회구성원으로서의 필요한 지식과 기술을 습득하면서 성장해간다. 특히, 환경에 민감하고 사회, 신체, 정서, 인지, 언어발달 등의 결정적 시기에 있는 유아는 가정에서 부모와 가장 밀접한 관계를 맺으며 자란다. 부모는 자녀가 상당한 연령에 도달하기까지 모방의 상으로서 중요한 역할을 담당할 뿐만 아니라 직접적인 가르침을 주거나, 양육행동을 통해 의식적 · 무의식적으로 자녀에게 지대한 영향을 미치므로 다른 사회화 대행자보다 그 역할이 중요하다고 할 수 있다.

부모는 자녀가 재능 있고, 건강하고, 바르게 성장해 나가기를 바라며 부모의 역할을 수행해 나간다. 부모역할은 개인의 특성이나 가치관 및 사회의 변화에 따라 다른 모습으로 특징지어진다. 즉, 미시적으로는 부모의 성격이나 자녀의 연령에 따라 영향을 받지만, 거시체계로서의 사회 변화는 부모의 양육행동에 더욱 큰 영향을 미치는 것으로 보인다.

오늘날 급격한 산업화와 도시화로 인해 가족 내에도 많은 변화가 발생하였다. 가족구조가 변화되어 확대가족 및 직계가족이 감소하고 핵가족이 증가하였으며, 출산율도 감소 추세에 있다. 가족 유형도 매우 다양화되어 맞벌이 가족, 이혼으로 인한 한부모가족 및 재혼가족이 꾸준히 증가하고 있다. 여성의 경제활동 참여로 맞벌이 가족은 계속적으로 증가하여 2007년에는 50.2%의 기혼여성이 경제활동에 참여하게 되었고(통계청, 2008), 맞벌이 가족의 증가로 인해 유아들은 시간 연장제나 종일제 영유아교육기관에서 하루의 대부분을 보내게 되었다.

이와 같이 부모는 변화된 환경과 부모로서의 정체성, 역할 및 관계의 변화를 겪으면서 현대사회에 적합한 가치관을 설립하지 못하고, 쏟아져 나오는 다양한 상반된 정보들 속에서 혼란스러워하고 있다. 또한 막연한 불안과 부모역할 수행에 어려움을 느끼며 많은 스트레스와 갈등으로 어려움을 느끼고 있다(김진이, 2005). 부모로서 자신에 대한 이해도 부족하여 자신의 스트레스나 감정 조절을 잘 다루지 못함으로써 자녀에게 분노감을 표출하고 이는 다시 아동의 불안으로 이어지는 양상을 낳는다. 특히, 유아기 부모는 경험 및 지식 부족으로 인해 자녀의 생각과 마음을 이해하지 못하고, 부모의 기대나 생각의 틀을 자녀들에게 강요, 명령, 무시하는 의사소통을 하거나 반대로 무조건 자녀에게 맞추는 과잉보호를 하기도 한다. 이러한 악순환 과정을 통해 인성의 기초가 형성되는 중요한 시기의 영유아 자녀에게 부모는 부모의 역할에 점점 자신감을 잃으며 자녀에 대한 부정적인 생각과 부정적인 양육태도를 보여 유아의 사회적 · 정서적 발달을 저해하고 있다(권연희, 2002 ; 김현미 · 도현심, 2004).

부모교육이란 여러 가지 정의가 있겠지만 스티븐스Stevens는 전통적 부모교육의 개념과 현대적 부모교육의 개념을 구분하여 부모교육과 부모관여의 개념을 구분하여 '부모교육'은 부모관여의 개념 속에 포함되는 것으로 효과적인 부모기능의 기법을 습득하는 것으로 보았다. 다시 말해, 부모교육이란 어린이의 양육과 교육활동에 관여하고 또한 참여하고 있는 부모들이 그들의 역할과 기능을 보다 효과적으로 충분히 발휘할 수 있도록 그들의 교육적 자질과 소양을 높이기 위해 제공되는 교육이라고 할 수 있다.

부모교육은 헤드스타트head start 프로그램이 시작되고 조직적인 부모교육이 요청되면서부터 부모교육의 목적과 내용이 달라졌다. 사회문화적 배경이 낙후된 저소득층 자녀를 위한 보상교육을 새로운 과제로 등장시킨 것이 직접적인 계기가 되었으며 이 프로그램이 설정한 부모교육은 첫째, 유아발달 및 교육에 중요한 영향을 주는 부모역할을 지지하고 촉진시키는 활동 및 경험이 포함된 프로그램을 제공하고, 둘째, 부모 자신을 아동복지에 책임이 있는 보호자, 유아의 첫 번째 교육자, 지역사회의 공헌자라고 인식하며, 셋째, 부모는 부모참여 프로그램의 계획 · 운영에 대한 의사결정에 참여하고, 부모를 위한 활동과 관찰자, 지원자로서 부모참여의 기회를 제공한다는 것이다.

부모교육이란 단어의 용어나 정의가 학자마다 다르지만, 부모교육parenteducation, 부모개입parentinvolvement, 부모지지parentsupport, 부모훈련parenttraining, 부모참여parentparticipation, 부모역할하기parenting 등의 다양한 용어로 혼용되어 같은 의미로 사용되고 있으나 때로는 학자마다 사소한 차이를 두고 구별하여 사용하기도 한다. 많은 학자가 정의하고 있는 부모교육을 살펴보면 다음과 같다.

스티븐스(1978)는 부모참여란 유아교육 프로그램의 계획 · 실천 · 평가 · 수정 등 모든 중요한 과정과 단계에 부모가 참여하는 것으로, 특히 부모의 의사결정권이 강조되며 부모교육은 부모참여를 위한 전략으로써 부모역할의 기능을 활성화하는 구체적인 실천방법으로 개념화하고 부모참여는 좀 더 포괄적인 개념으로 구분하고 있다.

퍼슨과 로빈슨Pherson & Robinson(1990)은 부모교육을 부모와 자녀 간 상호작용의 질을 개선 하고, 부모와 자녀의 행동을 긍정적으로 변화시키기 위한 의도적이도 목적지향적인 학습활동이라고 정의하였다.

모리슨Morrison(1978)은 부모개입이란 부모역할의 가능성을 실현하는 과정으로 그들의 정신력, 가능성, 부모로서의 능력을 발견하도록 이끄는 것이며 부모역할하기는 부모로서의 상태와 부모로서 수행하여야 할 과정으로 정의하였다.

브룩Brook(1991)은 부모역할하기는 모든 부모가 자녀의 성장을 위해 돕는 영양공급, 보호와 발달단계를 통해 그때그때 필요한 새로운 생활을 안내하는 등의 부모과정을 의미한다고 하였다. 이러한 부모 역할하기는 부모-자녀 간의 계속 진행되는 일련의 상호작용의 과정으로서 이 과정은 자녀의 성장과 더불어 부모와 자녀를 모두 변하게 한다고 하였다. 부모역할하기 용어는 최근에 등장하여 널리 사용되고 있다. 즉, 부모역할하기는 부모가 자녀의 발달을 돕는 일련의 계속적인 과정으로 발달단계에 따라 자녀를 양육하고 지도하는 과정이다. 이는 부모와 자녀 사이의 지속적인 상호작용의 과정으로 부모와 자녀를 모두 변화시키는 것이다. 부모역할은 어머니 역할, 아버지 역할로 세분하여 사용하기도 한다.

교육학 용어 사전(서울대학교 교육연구소 편, 1994)에 의하면, 부모교육의 개념은 교육의 효과를 높이기 위하여 부모들에게 아동발달, 교육과정 등을 알려주고, 가정에서의 협력을 도모하고자 하는 교육이며, 부모참여를 위한 프로그램에 통합되기도 하지만 부모로서 효율적인 양육태도를 지니도록 교육하는 것이라고 하였다. 한국부모교육학회(1997)에서는 지금까지 고수되어 오던 잘못된 자녀양육방법을 제고하여 새로운 방법을 습득하고, 부모역할에 대한 인식과 역할 수행에 변화를 주기 위한 여러 가지 교육적 활동을 유도하여 부모가 되는 일에 자부심을 갖게 하고, 정서적 · 사회적 부적응을 예방함으로써 자녀가 건강하게 자라도록 도와주려는 여러 가지 교육경험이라고 하였다. 이와 같이 부모교육은 자녀의 최적 발달을 위하여 부모들이 아동발달과 교육과정을 이해하도록 도우며, 부모역할을 수행하는 데 필요한 제반 지식과 양육기술, 그리고 부모로서의 자질과 소양을 높이기 위한 교육적 활동이다. 또한 자녀양육 및 교육에 관한 특정신념이나 가치를 형성시키고 이에 기초한 자녀양육 및 실제의 기법을 익히도록 체계화된 교육과정이다. 이에 부모들은 부모교육 프로그램을 통해 부모로서의 효과적인 태도, 기술, 행동을 개발하고 보다 훌륭한 부모가 될 수 있는 기회를 갖는다.

3. 부모교육의 목적과 필요성

1) 부모교육의 목적

부모교육의 목적은 시대와 사회 변화에 따라 달라져서 한마디로 표현하기는 어렵다. 부모는 자녀발달에 결정적 영향력을 끼치며, 부모를 교육하면 자녀들이 변화하는 효과를 얻을 수 있다는 전제하에 부모교육을 시작하는 것이다. 부모교육의 목적은 부모로 하여금 교사로서, 안내자로서의 부모역할을 증진시키고, 자녀발달과 교육에 대한 올바른 이해를 하도록 하며, 적절한 지식과 능력을 가지도록 도와줌으로써 부모 자신의 성장발달과 바람직한 자녀교육을 하도록 하는 데 있으며, 넓게는 바람직한 가정과 사회를 건설하는 데 있다.

최근 가족의 다양한 변화 속에서 부모들이 아동발달에 더 많은 관심을 갖게 되고 부모와 자녀 간 민주적인 관계의 중요성을 인식하면서 부모교육의 필요성이 강조된 것은 1960년대 미국 헤드스타트 프로그램이 시작되면서부터이다. 사회문화적 배경이 낙후된 저소득층 자녀를 위한 보상교육을 빈곤 퇴치를 위한 국가적 과제로 등장시킨 것이 계기가 되었다. 이 프로그램에서 설명하는 세 가지 부모교육의 목적은 다음과 같이 제시되었다.

첫째, 영유아발달 및 교육에 절대적 영향을 주는 부모역할을 지지하고 촉진시키는 활동 및 경험을 위한 프로그램을 제공한다.

둘째, 부모는 아동복지에 책임 있는 보호자이고 영유아에게는 최초 및 최적의 교육자로서 역할을 수행하며, 지역사회를 위한 공헌자로서의 역할을 인식하도록 한다.

셋째, 교육현장에서 부모는 부모참여 프로그램의 계획 · 운영에 대한 의사결정에 참여하고, 부모를 위한 활동과 관찰자, 지원자로서 부모참여의 기회를 제공한다.

한국행동과학연구소(1993)는 부모교육의 목적을 다음과 같이 설명하고 있다.

첫째, 자녀의 발달을 촉진시키기 위한 부모의 역할을 인식하도록 돕는다.

둘째, 자녀의 사회, 정서, 인지, 언어, 신체발달과 이러한 발달을 촉진하는 환경조성에 관한 지식을 얻는다.

셋째, 유아교육상 부모로서 당면하는 문제들을 해결하는 데 필요한 정보와 기법을 습득하도록 부모를 돕는다.

넷째, 유아교육에 적극 참여하도록 부모를 돕는다.

다섯째, 일상생활에 필요한 일반상식을 갖도록 돕는다.

다양한 부모교육 프로그램이 많아지고 있는데, 이러한 프로그램을 조사해 보면 정보 나누기, 기술훈련, 자기인식 증진시키기, 문제해결하기의 4가제 영역 중 일부가 부모교육의 목적으로 설명할 수 있다.

(1) 정보 나누기

정보 나누기의 목적은 부모에게 도움이 된다고 판단되는 개념이나 사실을 알려주는 일이 주된 것이다. 많은 책, 소책자, 녹음테이프, 비디오테이프 등이 아동발달과 부모역할에 관한 정보를 쉽게 전달해 주고 있다.

(2) 기술훈련

기술훈련은 모든 부모교육집단에서 실시된다. 역할놀이, 시범 보이기, 행동 연습 등의 방법이 정보 나누기를 뒷받침해 주고 부모에게 특정한 자녀양육기술을 가르치는 데 주로 사용된다. 부모들은 의사소통방법, 반영적 경청, 시범 보이기, 칭찬, 격려, 가족회의방법, 타협, 한계설정, 아동의 행동 형성 등의 방법을 익힌다.

(3) 자기인식

부모교육의 또 다른 목적은 자기인식을 증진시키는 것이다. 이것은 자신의 양육방식에 영향을 주어 온 부모세대의 방식을 인식하는 것과 부모가 가진 가치관이 어떻게 해서 부모가 원하지 않는 방향으로 자녀에게 영향을 주는가를 깨닫는 것을 말한다. 이러한 자기인식에서의 부모교육의 목적은 부모가 자신의 가치체계를 변화시키게 되는 것까지를 이야기한다.

(4) 문제해결하기

부모교육집단에서 이용하는 네 번째 목적은 문제해결하기이다. 아동발달의 광범위한 영역에 적용할 수 있는 문제해결의 기본적인 방법을 부모들에게 가르쳐서 부모가 중재할 수 있도록 하는 것이다. 문제해결은 문제 파악하기, 문제의 소유자 결정하기, 가능한 개입방법 탐색하기, 개입방법에 따른 결과 예상하기, 시행 계획 세우기, 시행된 계획의 효율성 평가하기의 단계로 진행된다.

부모교육의 목적을 부모 입장과 자녀 입장이라는 두 가지로 제시하면 먼저 부모를 위한 것은 부모가 바람직한 인품을 갖추어 나가도록 도와주는 데 있다. 자아존중감을 향상시키고 합리적인 사고능력을 배양하며, 정서적으로 안정된 태도, 책임감을 발달시킨 것 등은 모두 부모의 성숙된 인격과 관련된 내용들이다. 자녀를 위한 목적은 자녀들로 하여금 전인적 발달을 이루어 나가도록 도와주는 데 있다. 인격발달의 초기에 있는 유아기를 심도 있게 이해하고 실제적인 도움 주기, 유아와 친밀한 관계 유지하기, 유아교육에 필요한 지식 및 기술 습득하기 등의 부모교육 기능을 증진시킴으로써 바람직한 자녀교육을 수행할 수 있도록 돕는 데 있다.

이상의 부모교육의 목적을 요약하면 부모는 유아의 신체, 언어, 사회, 정서, 인지적 성장과 발달에 영향을 미치는 중요한 요인임을 인식하여 바람직한 유아의 성장과 발달을 위해 새로운 지식과 기술을 습득하고, 효과적인 교육자, 보호자의 역할을 하며 부모 자신의 내적 통제와 자아 존중감을 높여 부모 자신은 물론 가정과 학교 지역사회에 긍정적인 변화를 주는 것이라고 할 수 있다. 또한 부모들로 하여금 교사로서의 부모역할을 증진시키고, 자녀발달과 교육에 대한 올바른 이해를 하도록 하며, 적절한 지식 및 능력을 기르도록 도와줌으로써 부모 자신의 성장발달과 바람직한 자녀교육을 하는 데 있고, 나아가 바람직한 가정과 사회를 이루는 데 있다.

2) 부모교육의 필요성

부모가 자녀를 훌륭히 양육하기 위해서는 자녀양육에 대한 부모의 가치관뿐만 아니라 사회적 요구 및 자녀에 대한 이해와 지식이 필요하다. 전통적으로 부모란 성인 남녀가 결혼하여 자녀를 가지게 됨으로써 자연스럽게 맡게 되는 역할이며, 이 역할은 누구나 쉽게, 그리고 본능적으로 잘 할 수 있다고 여겨왔다. 따라서 부모역할에 대해 특별히 준비하거나 따로 배울 필요가 없다고 생각하는 경향이 많았다. 그러나 사회가 점점 다원화되고 지식과 정보가 폭발적으로 늘어나면서부터 부모의 역할은 쉽지 않고 부모 자신의 많은 노력이 요구되며, 이들을 위한 체계적인 부모교육이 필요함을 인식하게 되었다.

미래의 중요한 인적자원인 유아의 성장에 영향을 미치는 것에는 많은 요인들이 있는데, 그중 가장 중요한 요인은 부모요인이라고 할 수 있다. 가정환경이 유아의 일차적 환경이며 모든 생활의 중심이 되고 있다. 가정환경의 핵심은 부모이며, 부모는 유아 초기에 상호작용하는 경험의 양적 · 질적인 측면과 모든 발달에 중요한 영향을 미치므로 부모가 유아교육 및 발달에 대한 효율적인 가치관, 의식, 태도를 가지고 부모로서의 역할을 수행하기 위한 부모교육을 실시하여 유아교육에 함께 참여하는 것이 중요하다.

유아의 신체, 사회적 행동, 가치체계, 유아의 능력은 부모가 제공하는 환경에서의 사회적 산물이라고 볼 수 있다. 부모는 유아가 그들 자신에 대한 긍정적 감정을 확립하는 기초를 마련해 주며, 인적환경과 물적 환경과의 효과적인 상호작용의 기능을 발달시킬 수 있는 토대의 역할을 한다. 또한 부모는 유아가 태어나 최초로 상호작용을 시작하는 사람으로 부모로부터 사랑과 권위를 경험하고 행동을 모방하며 그들의 가치관을 내면화하기 때문에 부모는 아동의 사회화에 결정적 역할을 한다.

헤스와 시프먼Hess & Shipman(1965)의 연구에 의하면 부모와 유아의 상호작용은 출생 직후부터 시작되어 성장할 때까지 계속되고 유아와의 상호작용 및 관계의 질과 양이 유아의 행동양식, 성격, 사회, 정서적 발달 등에 미치는 영향이 지대하며, 특히 어머니가 주도적인 역할을 담당하는 절대적 존재임을 밝히고 있다(허경현, 1988에서 재인용).

이기숙(1982)도 어떠한 사회계층에서도 결국 부모의 가치관, 태도 및 행동이 유아의 교육과 발달을 좌우하는 핵심요인이라 하였고, 효과적인 유아교육의 발달을 꾀하기 위해서는 부모의 바람직한 가치관, 태도, 행동이 필수적임을 강조하고 있다. 부모는 유아교육의 일차적 책임자이나 오늘날의 부모들이 그들의 자녀를 어떻게 키울 것인가 하는 문제에 있어서 매우 혼돈된 상태에 있다.

이원영(1983)은 부모가 교육관이나 가치관이 정립되지 않은 채 자녀를 교육할 때, 부모의 양육방법 및 태도가 일관성을 잃을 것이며, 이로 인하여 부모-자녀관계가 바람직하지 못한 방향으로 발전될 수도 있음을 밝히고 있다. 어머니들이 생각하고 있는 교육목표는 어머니가 유아와 상호작용을 할 때의 방법 또는 교육방법에 영향을 줄 수 있기 때문이다.

이정환, 이상금(1981)은 유아의 성장에 따른 적절한 가정교육을 위해 부모들은 될 수 있으면 빠른 시일 안에 교육을 받아야 함을 강조하고, 그 이유를 다음과 같이 제시하고 있다. 첫째, 교육기관에서 유아를 교육하기 위해 유아의 성장과정과 그에 따른 이론을 연구하여 교육한다면 부모 역시 그에 따른 이해가 있어야 하기 때문이다. 둘째, 일관성 없는 교육은 유아의 정신생활에 충격을 가져오니 바람직한 성장을 이룰 수가 없기 때문에 가정과 학교의 상호유대, 협조가 불가피한 것이다. 셋째, 유아의 성장과정에서 일어날 수 있는 여러 문제를 보다 건설적으로 해결하고 그에 관한 예방적인 입장에서 부모의 협력과 상호신뢰를 얻기 위해 필요하다. 넷째, 원만한 사회조직을 장려하고 학교교육 이외의 교육적인 봉사를 지역사회를 위해 확대시켜나갈 수 있게 하기 위해 필요하다. 다섯째, 유치원의 역할을 계속해서 부모들에게 이해시키기 위해서 부모교육은 반드시 실시 되어야 한다. 여섯째, 교사 대 유아의 비율이 높은 현실에서 교사의 과중한 업무 부담을 덜어주고 자녀교육에 필요한 지식이나 기술을 습득할 수 있다.

부모교육의 참여에 대한 효과를 연구한 하인즈(Heinz, 1979)는 취학 전의 부모참여가 유아의 성취 동기의 형성에 결정적이라고 하였다. 또한 박영실(1981)과 박찬수(1985)의 연구에서도 부모참여를 통해 자녀교육관 및 양육태도에 변화를 가져왔다고 하였다.

이상의 여러 결과와 이론을 중심으로 종합해 보면 부모는 유아교육의 일차적 책임자로 바람직하고 효율적인 가치관, 태도, 지식, 행동, 교수방법 등의 전문적 지식과 기술의 양면을 함께 체득하여 부모로서의 역할을 수행해 나가야 하므로 체계적이고 지속적인 부모교육의 필요성을 볼 수 있다.

햄너와 터너Hammer & Tume(1985)는 부모교육의 필요성을 다음의 10가지로 나누어 요약하고 있다(정갑순, 1999에서 재인용).

첫째, 대부분의 사람들이 현재 부모이거나 미래에 부모가 되므로 중요 역할인 부모역할에 대한 훈련이 필요하다.

둘째, 부모역할에 대한 교육이 가정에서는 거의 제공되지 않을 뿐만 아니라 대부분의 교육체계에서도 등한시되고 있다. 그러므로 부모역할에 대한 훈련이 필요하다.

셋째, 부모역할을 성공적으로 수행하기 위한 지침이 충분하지 않아서 부모들은 혼란을 겪는다.

넷째, 효과적인 부모역할은 아동기 초기에 전반적인 발달에 걸쳐 중요하게 작용한다. 한 사람의 생애에 있어서 가장 중요하며 가장 지속적인 영향을 준다.

다섯째, 부모역할은 자녀양육에 대한 상당한 스트레스를 받고 자녀가 원하는 만큼 해줄 수 없기 때문에 죄책감이 따른다.

여섯째, 부모들은 그들의 역할을 수행하는 데 필요한 지식이나 정보를 찾고 있다.

일곱째, 급속한 사회 변화는 가족에게 스트레스를 주고 가정생활을 침해하므로 부모역할 수행에 어려움을 느낀다. 그러므로 부모들은 누군가의 도움이 필요하다. 다양한 가정생활이 형태별로 그에 따른 욕구들이 많아졌으며 이를 지원해 주고 유지하는 데 도움이 필요하다.

여덟째, 어머니들의 취업 증가로 부모가 자녀를 돌보는 시간이 줄어들고 있으므로 질 높은 부모-자녀 간의 상호작용에 대한 도움을 필요로 한다.

아홉째, 자녀양육에 아버지가 좀 더 적극적으로 참여할 필요가 있다. 남자도 부모역할을 효과적으로 할 수 있다는 연구 결과들이 있다.

열째, 부모교육에 대한 여러 잘못된 신념을 수정할 필요가 있다.

부모교육의 필요성을 유안진 · 김연진(2003), 김현주 · 손은경 · 신혜영(2001) 등의 분류에 기초하여 아동, 부모, 사회적 측면에서 설명하면 다음과 같다.

(1) 아동 측면

영유아의 성장과 발달에 영향을 주는 요인을 밝힌 많은 연구에 의하면, 영유아기는 부모가 아동의 신체 · 인지 · 언어 · 사회 · 정서 등 발달의 모든 영역에 영향을 미치고 그 영향이 일생 동안 지속된다는 것이 과학적으로 입증되었다.

영유아의 성장발달에 부모의 양육태도와 가치관이 절대적으로 영향을 미치기 때문에 부모교육의 필요성은 더욱 강조되고 있다. 따라서 영유아의 성장과 발달을 돕기 위해 효율적으로 자녀를 양육할 수 있도록 도움을 주는 부모교육이 필요하다.

(2) 부모 측면

부모 측면에서 부모교육의 필요성을 설명하면 다음과 같다.

- 부모 자신의 성숙을 위해 부모교육이 필요하다. 부모는 출산과 양육과정에서 인성이 성숙되어 갈 수 있지만 반대로 좌절과 갈등으로 인해 스트레스를 경험하면서 힘들어 질 수도 있다. 따라서 부모교육을 통해 도움을 받고 건전한 가치관과 인격을 형성하여 자녀교육의 올바른 지식을 습득하는 것은 부모 자신의 성숙을 위해 필요하다.
- 급속한 가족체계의 변화로 젊은 부모들이 주변 어른들에게 자녀양육의 도움을 받을 수 없게 되면서 부모 스스로 책임을 수행하여야 할 상황에 부딪치게 되었다. 따라서 부모교육을 통해 자녀양육 관련 지식과 기술을 배우면서 부모들이 자신감을 가질 수 있을 뿐 아니라 효과적으로 대처할 수 있는 방법을 배우게 된다.
- 여성의 사회참여가 늘어나면서 일과 가정의 양립을 위한 사회환경을 조성하기 위해 부모교육을 통해 공동양육의 중요성을 강조함으로써 아버지들도 자녀양

육에 적극 참여하고 가사를 분담하도록 하여 적극적으로 아버지 역할을 수행하도록 해야 한다.

- 현대의 문화와 대중매체가 제시한 부모상과 부모역할은 비현실적으로 그릇된 이미지를 심어주는 경우가 많아 부모교육이 필요하다. 대중매체에서 보여지는 부모역할은 비현실적이고 지나치게 이상적이거나 극단적으로 묘사되는 경우가 많다. 그러나 실제 자녀를 낳고 부모역할을 수행할 때에는 자신이 기대했던 것과 일치하지 않아 혼란과 좌절을 겪게 되면서 열등감을 갖게 된다.

따라서 부모가 된다는 것이 어떤 것이며 자녀는 어떤 의미이고, 부모역할에는 어떤 희생과 준비가 있어야 하는지에 대한 정보를 제공하여 예비 부모들을 도와줄 수 있기 때문에 부모교육이 필요하다.

(3) 사회적 측면

사회적인 측면에서는 부모교육의 필요성을 다음과 같이 설명할 수 있다.

- 국가에서 인적 투자의 효율성을 고려해 볼 때 부모교육이 필요하다. 경제적인 측면에서 보면 국가는 사회구성원이 어릴 때 적은 비용을 들여 부모교육을 함으로써 아동이 건강하게 성장발달하는 것을 도와주어 질 높은 인적 자원을 확보하고 사회 발전의 원동력을 얻을 수 있다. 최상의 아동복지는 가족복지이며 이는 부모역할을 지지해 줄 때 가능하다. 사회적으로 문제를 지닌 청소년과 성인을 교화하고 치료하는 데 드는 비용을 절감할 수 있으며 사회복장제도에 의존하여 생활하게 되는 비용을 절감할 수 있는 측면에서도 투자 가치가 있다.
- 미래사회에 적응할 수 있는 자녀로 키우기 위해 부모교육이 필요하다. 현대사회는 급속히 변화되고 있고, 변화의 속도는 앞으로 더욱 가속화될 전망이다. 사회화를 담당하는 부모들이 해야 할 일은 자녀들이 미래사회의 사회질서를 따르고 사회발전에 기여할 수 있도록 준비시키는 일이다. 급속히 변화하는 사회에서 자녀가 살아갈 사회가 어떤지, 자녀에게 어떤 가치, 태도, 기술, 능력을 갖추어 주어야 할지를 예측하는 일은 쉬운 일이 아니다. 그러므로 미래사회를 살아갈 자녀들에게 필요한 것이 무엇이고 어떻게 준비시켜야 할 것인지에 관

한 도움을 주기 위해서 부모교육이 필요하다.

- 현대사회에는 다양한 형태의 가족이 있으며, 각 가족마다 요구되는 부모역할이 다르기 때문에 가족 유형에 적합한 부모교육이 필요하다. 현대사회가 정보화됨에 따라 높은 이혼, 실직, 가족구성원에 대한 유기와 폭력, 가출 등으로 인하여 한부모가정, 재혼가정, 다문화가정 등 다양한 가족이 발생하고 있다. 예전에는 가족의 외형적 모습만 보고 판단하여 정상가족과 비정상가족으로 구분하였으나 최근에는 가족구성원의 내적인 소통관계를 보고 건강한 가족으로 개념화하므로 다양한 가족의 의사소통을 향상시키기 위해 자녀의 성장발달을 지원하는 부모교육이 필요하다. 또한 현대사회가 복잡하고 다양해짐에 따라 부모역할을 수행하는 데 더 많은 어려움을 겪고 있고, 아동 개인과 국가 전체의 이익을 위해서도 부모교육이 필요하다.

CHAPTER

02

부모교육의 역사

1. 우리나라의 부모교육 역사 | 2. 서양의 부모교육 역사

CHAPTER

02

부모교육은 시대에 따라 의미와 방법에는 차이가 있지만 오래전부터 시작되어 왔다. 그 유형과 방법에는 차이가 있지만 그 시대마다 부모와 자녀들 관계에 필요했던 부모교육을 살펴볼 필요가 있다. 이에 본 장에서는 현 시대의 부모교육에 영향을 미친 우리나라 부모교육의 역사와 서양의 부모교육 역사를 살펴보고자 한다.

1. 우리나라의 부모교육 역사

우리나라에서는 전통적으로 효孝와 예禮의 유교적 윤리에 바탕을 둔 가족관계를 중시하여 일찍이 부모 됨의 자질과 역할을 강조해왔다. 예전부터 부모 됨의 자질이나 자녀양육에 관한 내용과 실용적이며 구체적인 지침을 제시하는 내용이 담긴 《명심보감》, 《사소절》, 《내훈》, 《계녀서》, 《규합총서》, 《동의보감》, 《증보산림경제》 가정 편, 《태교신기》 등 다양한 책자들을 통하여 구체적인 부모교육이 이루어졌다. 특히, 태교의 경우를 보면 어머니뿐만 아니라 아버지 태교의 중요성도 강조하고 있어 부모교육에 대한 입장이 상당히 발전되었다고 볼 수 있다.

전통사회에서는 특히 가계를 이을 아들을 출산하는 것을 여성의 도리로 삼아 일찍부터 태교를 중요시하였으므로 여성들을 위한 책들은 대부분이 태교에 대한 내용으로 구성되어 있다. 태교는 뱃속에 있을 때부터 아기가 가지고 있는 풍부한 가능성을 이끌어 내는 태중교육의 준말이다. 태아교육이라도 불린다. 현대에서 태아교육이라 함은 어머니가 태아를 위해 좋은 마음가짐과 언행을 하는 것으로 어머니가 아기를 한 인간으로 형성발달시키기 위한 교육적 노력이라고 할 수 있으며, 임신 중에 건강을 위해 힘쓰고 마음가짐과 몸 가짐을 잘 닦으며, 뱃속에서 자라는 태아를 건강하고 충실하게 자라게 하는 가르침을 말한다(김진영 외, 2014).

잉태한 여성의 건강과 그 마음가짐, 몸가짐에 유념할 점에 관한 우리 선조들의 가르침은 문헌의 곳곳에서 찾아볼 수 있다. 《태교신기》에 이르기를, "아버지는 태어나게 하고, 어머니는 기르고, 스승이 가르치는 것을 뭉쳐 한 가지 일이다. 명의는 병이 나기 전에 다스리고, 잘 가르치는 자는 태어나기 전에 가르친다. 따라서 스승의 10년 가르침보다는 어머니의 태교 열 달이 낫고 어머니의 태교 열 달보다는 아버지의 수태 당일의 심신상태가 더욱 중요하다."라고 적어 태교의 실행을 강조하였다. 최근 과학의 발달로 생명공학이 발달하면서 서양에서도 태아학胎兒學과 관련한 여러 가지 임상실험 결과, 모성의 자궁환경에 따라 아기의 신체와 정서발달이 달라진다는 사실이 과학적인 방법을 통해 잇따라 증명됨으로써 전통태교의 신비가 새로운 심신의학의 한 분야로도 연구되고 있어 전통태교는 부모교육의 시작으로 현대사회에서도 그 중요성이 재인식되고 있다.

우리나라 전통사회에서 태교는 문헌에 기록된 것 이외에도 비교적 근래까지 보편적으로 지켜온 태교법으로 주로 남도 지방의 삼태도三胎道와 칠태도七胎道가 있었다. 구전으로 전하여진 임산부의 생활태도 규범으로서 양반들뿐 아니라 서적을 가까이 하지 못했던 서민들에게도 널리 보급되어 왔다. 삼태도는 칠태도에 들어 있는 것으로 일반 가문에서는 삼태도를, 가문이 높은 집안에서는 칠태도를 지킬 것을 강조해 왔다. 내용은 주로 금기사항을 다루고 있으며 그 내용을 간략하게 설명하면 다음과 같다(여정희, 2005).

- 제일도一道 : 임신 중의 다섯 가지 금기로서 아기를 낳는 달에는 머리를 감지 말 것, 높은 마루나 바위 등에 오르지 말 것, 술을 마시지 말 것, 무거운 짐을 지지 말 것, 험한 산길이나 위험한 냇물을 건너지 말 것, 밥 먹을 때 색다른 맛의 음식을 먹는 것을 금할 것 등으로 구성되어 있다.
- 제이도二道 : 감정의 절제에 관한 것이다. 지나치게 말을 많이 하거나 웃지 말 것, 그리고 겁을 먹거나 곡하고 울어서는 안 된다. 무리를 하거나 스트레스 받는 것을 경계하라는 가르침으로 볼 수 있다.
- 제삼도三道 : 태살胎殺이 있는 장소를 피하라는 것으로 태살이란 태아를 해칠 만한 살기를 뜻한다. 우리 조상들은 임신 달수에 따라 특정 장소를 정해 임신부가 접근하지 못하도록 한다. 첫째 달에는 마루, 둘째 달에는 창과 문, 셋째 달에는 문턱, 넷째 달에는 부뚜막, 다섯째 달은 평상, 여섯째 달은 곳간, 일곱째 달은 돌확돌로 만든 조그만 절구, 여덟째 달에는 화장실, 아홉째 달에는 문방서재에 가지 말아야 한다고 했다. 미신처럼 들릴 수도 있지만 아기를 생각해 세심하게 장소를 가릴 만큼 태아에게 신경을 썼다는 면에서 배울 점이 있다고 할 수 있다.

여기까지가 중류층 이하 가정의 여성들이 임신 중 지켰던 삼태도이며 상류층 집안에서는 다음의 네 가지 항목을 더해서 칠태도를 지켰다고 한다.

- 제사도四道 : 아이를 가졌을 때는 조용히 앉아 아름다운 말을 듣고 성현의 문구를 외우며 시를 읽거나 쓰고, 품위 있는 음악을 들어야 한다는 것이다. 더불어 나쁜 말은 듣지 말고, 나쁜 일은 보지 말며, 나쁜 생각을 품지 말라고 했다. 태아가 보고 들을 수 있다는 사실이 과학적으로 증명되기 전부터 우리 조상들은

태아에게 좋은 것을 보여 주고 좋은 소리를 들려 주기 위해 애썼다는 것을 알 수 있다.

- 제오도五道 : 임부는 옆으로 눕지 말고, 기대지 말고, 한쪽 발에만 의지해서는 안 된다. 다만, 아이를 잉태한 후 홀수 달에 한해서 왼쪽으로 가로눕는 것이 허락되었는데, 이것은 기수와 왼쪽이 갖는 남성 주술 때문이다. 임신부를 왼쪽 옆으로 눕도록 했다는 것은 과학적으로도 상당히 일리가 있는 부분인데, 몸무게가 늘어난 산모가 오른쪽 옆으로 누울 경우 하대정맥에 압력이 가해져 혈액이 심장으로 돌아가기가 어려워지기 때문이다.
- 제육도六道 : 잉태한지 석달만에 그 아기의 기품이 형성되므로 귀한 물건을 곁에 두고 감상하라는 것이다. 귀하게 여겼던 서상무소뿔과 상아, 난봉난조와 봉황, 주옥구슬과 옥, 종고종과 북, 명향좋기로 이름난 향 등을 가까이 두거나 몸에 지니라고 하였다. 풍입송이라 하여 소나무에 드는 바람소리를 듣고자 노력하고, 임향이라 하여 매화나 난초의 은근향을 맡으라 하였다. 이는 현대의 시각에서 본다면 태아의 시각, 청각, 후각의 발달을 고려한 오감 자극 태교법이라 할 수 있다.
- 제칠도七道 : 잉태한 후에는 금욕해야 한다. 특히, 아이를 낳는 달에 부부관계를 할 경우 아이가 병들거나 일찍 죽는다고 하여 금기시하였다. 이 부분은 조산을 우려해 조심시켰던 것으로 볼 수 있다.

이러한 내용으로 볼 때 전통사회에서도 비록 태중의 아기이지만 부모가 될 사람들로서 태중의 아기를 한 인격체로 소중히 여기며 존중하고 교육한 것으로 볼 수 있다.

1) 1900년대 조반

우리나라에서 부모교육이 조직적으로 시작된 것은 1914년 미국 선교사 브라운리Charlotte Brownlee(1876~1970)가 이화유치원을 설립하여 유아교육을 정착시켜 나가면서, 1915년부터 '자모회'를 조직하여 어머니들을 교육시키면서부터라고 할 수 있다. 브라운리는 이화유치원의 학부모를 대상으로 아동 중심 교육에 입각한 유희 중심의 유치원교육을 이해시키고, 한국 어머니들에게 육아법을 계몽하였다. 당시에

이 자모회는 거의 대부분의 유치원에서 운영되었다고 한다.

브라운리를 이어 내한한 하워드Clara Haward, 한국명 : 허길래는 '자모회'를 통한 교육 운동을 가장 적극적으로 추진한 사람으로 알려져 있다. 그녀의 독려로 전국의 감리교 유치원 자모회는 대부분 월례회를 개최하였으며, 당시 월례회의 내용은 목사, 의사, 간호사, 교육자 등의 강연, 놀잇감 제작, 스크랩북 제작, 유아식 요리실습, 목욕시키기 실습, 아동복 제작 워크숍 등이었다. 또한 그녀는 어머니 교육뿐 아니라 아버지 교육에도 관심을 가지고, 양친이 함께 출석하도록 지도하였다(한국어린이육영회, 1993).

이 시기에 초등학교에서는 어머니들을 교육기능의 조력자, 후원자로 보고 사친회PTA : Parent-Teacher Association라는 학부형 후원회를 조직하여 아동교육에 참여시켰다. 사친회 당시 우리나라는 일제 침략하에 있었으므로 부모교육이 보편화될 수 없었다. 여성교육은 소수의 양반계층과 일본인 자녀를 대상으로 실시되었으며, 그 부모들을 대상으로 자녀양육에 관한 교육을 실시하였다.

1923년 소파 방정환 선생에 의해 어린이날이 제정되었다. 어린이의 최소한의 권리를 지켜주고, 나라 사랑하는 마음을 길러 주기 위해서 만든 날이었다. 가장 어두운 시대였으나, 겨레의 희망을 품고 탄생한 것이다. 일제 강점기 대부분의 어린이들은 요즘 어린이들처럼 '공부하고 노는 것' 대신에 가난과 굶주림에 시달리고 있을 때, 소파 방정환 선생은 어린이날을 만들어 살기 어렵다고 어린이들을 내버려 둘 것이 아니라, 그럴수록 미래의 주역인 어린이의 몸과 마음을 귀히 여겨 옳고 아름답고 씩씩하게 자라도록 힘써야 한다고 주장하였는데, 이것이 당시 어린이교육의 방향이자 부모교육의 핵심이 되었다. 첫 번째 어린이날에 전국에 12만 장의 선전지가 배포되었다. 내용은 '어른에게 드리는 글'과 '어린 동무들에게'라는 두 가지 내용의 글이 실려 있었다(이상금, 1987). 특히, '어른들에게 드리는 글'을 통해 어린아이들에 대한 인식 전환의 기회가 되었다. 1923년 5월 1일 제1회 어린이날 선전문의 내용 중 '어른들에게 드리는 글'의 내용을 살펴보면 다음과 같다.

어린이를 내려다보지 마시고 치어다쳐다 보아 주시오.
어린이를 가까이 하시어 자주 이야기하여 주시오.
어린이에게 경어를 쓰시되 늘 보드럽게부드럽게 하여 주시오.

이발이나 목욕, 의복 같은 것을 때맞춰 하도록 하여 주시오.

잠자는 것과 운동하는 것을 충분히 하게 하여 주시오.

산보와 소풍 같은 것을 가끔 시켜 주시오.

어린이를 책망하실 때에는 쉽게 성만 내지 마시고 자세히 타일러 주시오.

어린이들이 서로 모여 즐겁게 놀만한 놀이터와 기관 같은 것을 지어 주시오.

대 우주의 뇌신경의 말초는 늙은이에게도 있지 아니하고 젊은이에게도 있지 아니하고 오직 어린이들에게만 있는 것을 늘 생각하여 주시오.

1941년부터는 이화여자대학교 교육학과 유아교육전공에 김애마 선생의 주도하에 '부모교육'이라는 학과목이 개설되기 시작하여(이원영, 1985), 부모교육은 유아교육학과가 설치된 거의 대부분의 대학 및 전문대학에서 전공과목으로 지정될 정도로 중요시되었다. 광복 이전의 우리나라는 자식을 낳으면 부모가 되는 것이 당연하므로 부모로서 교육을 받는다는 것에 대한 인식이 생소하였다. 그러므로 대학에서 부모교육 과목을 개설하여 가르쳤다는 것은 역시적으로 주목할 만한 일이었다(이은화 · 김영옥, 1999).

해방 뒤 첫 어린이날 기념식이 열린 1946년 5월 5일에는 어린이가 다시는 집도, 말도 빼앗기지 않고 새날 새 조선의 주인으로서 열심히 배우겠다는 내용의 '소년소녀의 선서문'을 낭독했다.

소년소녀의 선서문

우리는 왜족에게 짓밟혀 말하는 벙어리요,
집 없는 사람이었습니다.
그러나 이제는 우리 집과 우리 글을 찾기로 맹세합니다.

우리는 새 조선 건설의 일꾼이요, 새 날의 임자인 것을
스스로 깨닫습니다.
우리는 또다시 집도 빼앗기지 않고 말도 잃지 않기로
굳게 기약합니다.

우리는 왜적으로 해서 다른 나라 어린이보다
너무도 뒤졌습니다.
우리는 배우고 또 배워서 다른 나라 동무들보다
앞서가는 사람이 되겠습니다.

우리는 또다시 조선의 어린이인 것을 잊지 않고
단단하고 끈끈하게 뭉치겠습니다.

출처 : 현대일보(1946년 5월 6일).

2) 1950~1960년대

1950년대에는 각 유치원에서 어머니만을 대상으로 한 '자모회'가 조직 운영되었으며, 사회 전반에서 유아교육과 부모교육에 대한 인식과 호응이 부족한 형편이었다. 각 학교에 조직되었던 사친회는 조직 목적과 달리 많은 부작용이 발생함으로 인해 폐지되었다. 이화유치원과 대전보육초급대학에 부모회를 조직하여 어머니뿐 아니라 아버지들까지도 자녀교육에 관심을 갖게 하려고 노력하였다.

1950년대 말에는 주로 행사와 문화교육을 중심으로 한 유아교육의 내용 및 방법에 대한 관심이 많았는데, '어린이를 때리지 말고 욕하지 말고 부리지 말자'(1956년 5월 5일자 광주일보)라는 이 표어는 해방 이후 아동을 어른의 축소판 또는 부모의 종속물로 보는 사회적인 인식이 바뀌는 단계에서 나타나는 현상을 대변하고 있다. 광복 이후 6 · 25전쟁을 겪은 1950년대 이후 비로소 유교적인 전통적 의미에서의자녀의 개념에서 탈피하기 시작, 아동을 독립된 인격체로 존중해야 한다는 의식이 점차 확산되었다. 신문을 통해 언어나 정서지도를 위한 자료를 제공하였다.

1960년대 우리나라의 부모교육에는 중요한 변화가 일어났다. 여성단체를 통한 여성의 사회교육 내용에 부모교육이 강조되고, 대중여성잡지나 TV 등 전파매체에서도 부모교육의 내용을 많이 다루기 시작하였다. 유치원이나 유아교육기관에서도 이 분야에 관심을 기울여 색다른 프로그램들을 시도하였다. 아동연구 및 인지발달의 중요성 등으로 부모교육에 대한 인식이 확대되기 시작, 자녀교육의 책임도 점차 가정과 부모 중심에서 유아교육기관이나 전문가에게 분산되고 맡기게 되었다. 1960년대의 이러한 변화는 유아교육에 있어 부모역할에 대한 인식이 강조되면서, 부모교육 프로그램이 다양화 · 체계화되어 가는 세계적인 추세를 반영한 것이라고도 할 수 있다.

3) 1970~1980년대

1970년 한국행동과학연구소의 주관으로 워크숍 형태의 부모교육이 실시되었다. 일반 부모들을 대상으로 하는 〈유아교육〉이라는 잡지가 출판되면서부터 많은 출판사들이 유아를 위한 책, 교재 및 놀잇감을 제작 · 보급하였으며, 대중매체에서도 유아교육의 중요성, 부모역할 등에 대한 내용을 다루었고, 부모를 대상으로 하는 양육 지침서들이 쏟아져 나오기 시작했다.

특히, 미국이나 유럽을 중심으로 개발된 부모참여 및 부모교육 프로그램을 우리나라에 적용하고자 하는 시도도 많아져서, 유아교육기관에서 전통적으로 해오고 있던 강연회, 면담, 참관, 가정통신 등의 소극적 부모교육 프로그램에서 벗어나 놀잇감 교환 프로그램, 아버지 참여 수업, 가정 방문 프로그램, 교사 보조자 프로그램 등의 적극적인 부모교육 프로그램이 나타나기 시작하였다.

1976년 〈엄마랑 아기랑〉(샘터사)이라는 부모교육잡지가 창간되었고, 1979년 서울특별시교육위원회에서 유아교육 전공자를 장학사로 특채, 한국유아교육학회에서 부모교육 심포지엄을 개최하는 등 부모교육이 활성화되었다. 또한 1979년에는 UN이 제정한 '세계어린이의 해'를 계기로 다양한 부모양육지침서와 유아용 도서 및 장난감들이 만들어짐에 따라 부모교육에 큰 변화를 가져왔다. 1980년대 부모교육이 양적 · 질적으로 확대되고 형식과 체계를 갖추어감에 따라 기관 중심 부모교육 프로그램이 개발되기 시작, 유아교육에 대한 일반인들의 깊은 관심과 국가의 교육정책에서 중요하게 다루는 계기를 갖게 되었다.

일간신문, 대중여성잡지, TV 라디오 등의 대중매체에서 부모교육에 대한 내용을 많이 다루고 많은 유치원에서도 다양한 부모교육 프로그램을 진행하되 부모교육이론 및 실제를 정착하기 위한 노력이 시작되었다. 1986년대에는 태아 및 영유아 예비부모교육까지를 포함한 부모교육의 다양한 특강이 실시되었다.

4) 1990년대부터 최근

1990년대로 들어서면서 현대사회의 변화로 부모교육에 대한 세부적인 단계에 따른 필요성이 나타나기 시작했는데, 영아기 부모, 학령기 부모, 청소년기 부모, 장애아 부모, 한가정을 위한 부모교육이 다양하게 시행되었다. 부모교육의 목적에 관한 연구물을 기초로 다양한 문헌들이 개발된 것과 더불어 부모교육의 프로그램을 보다 심층적으로 다루려 하는 전문적인 연구가 이루어졌다. 맞벌이 가정의 양육문제들이 나타나기 시작하면서 아버지 역할의 중요성이 인식되면서 아버지들을 위한 프로그램이 시작되었다.

문화체육관광부 산하의 한국청소년상담원에서는 '자녀의 힘을 돋우는 대화', '바른 행동의 길 다지기', '생활의 기틀 세우기', '어울려 사는 지혜 기르기' 등 구체적인 지도방법을 다룬 프로그램이 개발 보급되었다.

최근 각 초 · 중 · 고등학교와 건강가정지원센터 등에서 가정에서의 자녀교육 기능을 강화할 수 있도록 가족지원이 많이 강화되어 가고 있다. '찾아가는 아버지교육' 등 맞춤형 부모교육을 실시해 부모들이 자녀를 올바르게 교육할 수 있도록 돕고, 자녀와의 효과적인 대화법 교육 등 구체적인 프로그램 등을 계획하여 실시하고 있다.

현재 우리나라에는 부모교육을 위한 공식적인 사회적 · 국가적 지원체제가 없고, 성인교육이나 청소년 지도를 위한 사회 또는 평생교육의 일환으로 부모교육이 이루어지고 있다. 부모교육 프로그램으로 비교적 많이 알려진 것으로는 한국심리상담소의 PETParent Effectiveness Training, 한국상담심리센터의 APTActive Parenting Today, 청소년 대화의 광장의 EPTEmpowering Parent Training, 그리고 한국사회교육연구소에서 개발한 부모교육 프로그램 등이 있다.

2. 서양의 부모교육 역사

서양의 부모교육을 크게 19세기 이전과 19세기 후반으로 설명할 수 있다. 19세기 이전에는 교육이론은 기독교적 또는 도덕적 양육을 강조하였으며, 자녀를 보는 양육관은 어린이를 인격적으로 대우하지 않았다. 19세기 후반의 교육이론은 객관적 · 과학적 방법을 강조하였으며, 자녀양육관은 어린이를 인격적인 존재로 인식하였다. 20세기 초반이 되면서 부모의 자녀양육에 대한 이론이 정립되기 시작하였고 부모교육의 이론이 다양화되고 체계화된 것은 20세기 후반의 일이다. 서양의 부모교육 역사는 자녀를 어떻게 바라보고 어떻게 키워야 하는지에 그 시대의 보편적인 문화 및 가치관의 영향을 받아 변화되었다.

서양의 부모교육 역사를 설명하기 위해서는 서양의 양육형태의 변화과정에 대한 이해가 필요하므로 설명하면 다음과 같다(이원영, 1985).

⦸ 살해형

살해형infanticidal mode은 어린이를 한 인간으로 대우하지 않고 성인들이 자기 의사와 편의대로 영아를 살해하는 것이다. 인간의 역사를 거슬러 올라갈수록 영아 살해는 사회적 규범에 의해 합리화된 것으로 알려져 있다. 고대 스파르타에서는 아기가 태어나면 일단 그 지역의 노인에 의해 검사를 받아야 하는데, 건강하다고 인정된 아기만 선택하여 양육 및 교육을 하였다. 16세기 후에도 아이를 귀하게 다루지 않았던 기록들이 있는데, 16세기 프랑스 헨리 4세의 남동생이 창문에서 창문으로 던져지다가 떨어져 죽었고 그 당시 의사들은 아이를 던지는 일 때문에 뼈가 부러진 사례가 많음을 불평했다는 기록도 있다. 또한 간호사들은 '띠'를 사용할 것을 권고했는데, 이는 아이를 던질 때 편리하기 때문이었다고 한다.

⦸ 포기 · 유기형

포기 · 유기형abandonment mode 양육형태는 부모가 유아의 양육을 쉽게 포기하거나 버리는 형태로 의식주의 필요는 채워주지만 심리적 필요나 욕구는 무시하는 형태로 아동의 성장발달에 대한 의식이 없던 시대에 많이 사용된 양육형태이다. 중세의 기록에 의하면 유아에 관한 일은 사회에서 처리하여야 할 여러 가지 일 중 우선순위에서 최하위였다고 한다.

카두신Kadushin에 의하면 16세기 전후에 유럽에는 길에 버려진 아이들이 많아서 길을 걸을 수 없을 정도였으며 이는 그 당시의 심각한 사회문제였다고 한다. 또한 미성숙한 어린이들을 보살피는 일은 매우 어려운 일이었으므로 어린이를 낳은 부모와 양육하는 성인이 따로 존재하였다고 한다. 몇 가지 예를 들면 다음과 같다.

① 모유로 키우지 않음

가정의 사회적 지위가 높을수록 자녀는 어머니 이외의 사람이 키우는 것으로 되어 있었다. 1780년 프랑스의 기록에 의하면 그해 2만 1,000명의 아기가 출생했으나 700명만 어머니에 의해 키워졌다고 되어 있다. 700명도 어머니와 함께 한 집에서 살았지만 모유 이외의 즙이나 죽 같은 것으로 양육되었다고 한다. 우리나라의 경우도 양반계급의 가정에는 반드시 '젖어멈' 또는 '유모'가 있었다.

② 강보에 싸서 기르기

생후 1년 동안의 아기를 방치해 두면 귀를 찢거나 다리를 다치거나 성기性器를 만진다고 생각하여 이를 방지하기 위해서라도 강보에 꼭 싸서 기르는 방법이다. 꼭꼭 묶어 놓을 뿐 아니라 벽의 못에 걸어 두기도 하였다. 이뿐 아니라 갓 태어난 아기의 피부를 튼튼하게 한다는 뜻에서 고금을 뿌렸다가 얼음물에 씻는 부족도 있었다.

갈등형

갈등형ambivalent mode은 아기에게 잘해 주어야 한다는 생각, 잘해 주고 싶다는 본능적 욕구는 있지만 어려서부터 버릇을 잘 들이지 않으면 나중에 손을 쓸 수 없을 것이라는 갈등을 느끼기 때문에 자녀양육에 혼선을 빚는 형태이다. 인간적으로 대우해 주어야 한다는 생각과 아동의 내면에는 악함, 못된 성품이 도사리고 있기 때문에 모질게 다루어야 한다는 상반된 가치체계를 가지고 있으며 아동에게 잘 대하다가도 비합리적으로 엄중하게 될 수 있다. 어린이에게 유순하게 애정적으로 대하려 하지만 어떻게 할지를 몰라서, 또는 사회적 규범이 어린 자녀에게는 엄격해야 함을 강조하기 때문에 갈등을 느끼는 형태도 여기에 속한다.

역사적으로 갈등형의 양육형태가 보편적이었던 시대는 르네상스기 전후라고 할 수 있다. 르네상스기에서 발생한 개별화 존중 및 인본주의 사상은 부모-자녀관계에도 점진적으로 변화를 주게 되어 어린이도 인간으로 대우해야 하는 것인가, 잘 해 주어도 되는 것인가에 의문을 발생시켰던 반면 어린이의 발달을 이해할 수 있는 정보는 지극히 부족하였으며 어떤 방식으로 키워야 할지에 대한 기술도 갖지 못했기 때문에 갈등적 양육형태가 발생하였다고 볼 수 있다.

르네상스 이후 유럽의 상류계층 부모들은 자녀를 다른 집으로 보내어 키우지는 않았으나 어린이들의 마음에는 악惡이 존재한다고 믿고 엄하고 무섭게 대하였다. 어른들은 규칙적으로 도깨비 형상이나 흡혈귀로 분장하고 잠자는 어린이들을 놀래주곤 하였다. "네가 나쁜 행동을 해서 그런 거야. 이젠 나쁜 행동을 하면 못 쓴다."라는 뜻을 깨닫게 해주기 위해서였다고 한다.

세계 최초로 유치원이라는 교육기관을 설립했던 프뢰벨이 살던 시대19세기에도 주된 어린이 훈육방법은 '공포'로 다스리는 것이었으며 여사 아이가 놀이터에서 크게 웃는 것도 죄로 여겨졌다.

엄격한 훈련형

서양의 중 · 상류계층 가정의 부모가 자녀를 집에서 양육하기 시작하자 예절, 습관 형성, 도덕성 훈련 등이 중요한 문제로 대두되었다. 이러한 책임은 가정에서의 권력과 권위가 엄청나게 크게 부친에게 주어졌다. 19세기경까지만 해도 동서양을 막론하고 부친의 권력이 절대적이었던 것은 역사를 살펴보면 잘 알 수 있다. 18세기경 서양에서는 부친의 권위는 국가의 법과 동일하여 자식을 징계, 감금, 투옥도 할 수 있었다.

어린이의 악한 성향은 어릴 때에 교정되어야 한다는 것이 엄격한 훈련형intrusive mode의 기본가정이다. 이러한 아동관은 아동의 입장에서 그들을 이해하는 것이 아니라 어른의 가치관, 행동규준 등을 아동에게 강요하는 것이다. 아무리 연령이 어리다 하여도 성인의 기대, 규준을 따라오지 못하는 것은 아동의 능력이 부족하기 때문이며 아동이 문제행동을 보이는 것은 아동 자신의 성품이 본래부터 사악하기 때문이라고 보는 입장이다.

사회화과정 형성형

사회화과정 형성형socializing mode은 어린이가 사회구성원의 일원으로서 성장하려면 부모의 도움을 받아야 한다는 생각을 가지고 양육하는 형태로서, 아동이 문명화되기 위해서는 계속해서 훈련과 안내를 받아야 한다는 양육관을 가지고 있는 것이 특색이다.

이러한 양육형태는 18세기의 철학자, 교육자, 소아과의사, 정신분석학자, 심리학자의 이론이 전개되면서 점차로 형성되기 시작하였다. 이러한 이론에 힘입어 아동을 키우기 힘든 원인은 아동 내면의 본성이 사악하기 때문이 아니라 외부적 여건 때문일지도 모른다는 생각이 싹트기 시작하였고 이 외부적 여건 중의 중요 원인은 부모, 그중에서도 어머니라는 사고가 자리 잡게 되었다. 드디어 아동은 발달에 맞는 방법으로 다루어져야 한다는 사고가 성인의 기본적 양육관으로 자리 잡기 시작한 것이다. 여러 이론 중에서도 정신분석학 및 심리학은 부모의 양육방식을 새로운 방향으로 변형시키는 중요 이론이 되었다.

사회화과정 형성형의 양육방식은 살해형, 포기 · 유기형, 갈등형, 엄격한 훈련형과는 달리 어린이의 발달을 이해하고 돕는 형태로서 양육방식의 혁명을 일으켰다고 볼 수 있다. 부모–자녀관계에서 발생하는 모든 문제의 원인이 어린이가 아니라 부모에게 있다는 생각을 할 수 있는 계기를 마련했기 때문이었다.

그러나 자세히 분석해 보면 사회화과정을 형성시키는 주체는 부모이며 자녀들의 의사, 의지, 선택의 여지는 고려되지 못하고 있음을 알 수 있다. 자녀들은 부모, 특히 어머니의 양육방식에 의해 성격, 습관이 형성되는 것이지 본인 자신들의 의지로 이루어지는 것은 아니라는 뜻이 있음을 볼 수 있다. 다시 말하면, 성숙된 또는 이미 사회화된 존재로서의 어른들이 미성숙한 어린이들을 사회가 받아들일 수 있는 인간 및 능력 있는 인간으로 성장시켜야 할 책임을 전적으로 져야 한다는 뜻이 내재되어 있다. 어린 자녀의 사회화과정을 시키는 부모, 특히 어머니의 역할이 중요하다는 아동관이다.

사회화과정 형성형이 우세하던 1940~1950년대 부모–자녀의 관계는 아직도 부모가 우월한 위치에 있는 수직적인 관계에서 이루어지며, 부모 특히 어머니들은 자녀양육에 대해 융통성 없이 대처하였다. 이러한 아동양육방식을 사용하던 부모들은 어떻게 해서든지 아이들에게 좋은 영향을 주기 위해 어린이들의 행동을 조작하려는 태도를 갖게 되었고 어린 자녀들이 문제행동을 보이게 되면 곧 모든 책임은 자신에게 있다는 죄의식을 강하게 느끼게끔 되었던 것이다.

수평적 부모–자녀관계 유지형 또는 조력형

수평적 부모–자녀관계는 어린이의 의사, 권리를 존중하며 선택의 권리를 인정하는 관계이다. 환경적 요인으로서의 부모의 역할이 중요함을 인식하고 최선을 다하나 자녀도 자기 나름대로 의사가 있으며 선택의 선호성이 있음을 인정하고 상호작용을 하는 부모의 양육형태이다.

이는 성인이 우월한 위치에 서는 사회화과정 형성과는 달리 아동에게 기본적 능력이 있음을 인정하고 인간관계는 성인과 동등하게, 수평적으로 놓고 생활해 나가는 태도이다. 사회화과정 형성의 부모는 어린이들에게 필요한 것을 나름대로 파악해서 일방적으로 제공하는 경향이었던 반면, 조력형의 부모는 어린이의 능력 및 솔선성을 인정하고 상호작용하는 태도를 보인다. 즉, 자기의 욕구 및 필요를 자발적으로 표현해 내는 어린이를 관찰한 후 그에 부응해서 도움을 주는 것이 특색이다.

부모–자녀관계를 수평적으로 인식하고 자녀를 도우려면 많은 시간, 노력, 부모 자신의 성숙이 필요하다. 자녀와 함께 놀아 주고, 생각하며 필요와 갈등을 토의하면서 전인적 발달을 돕는다는 것은 쉬운 과업이 아니다. 특히, 생후 6세 이전에는 아동의 가소성plasticity이 높으므로 현명하게 대처하는 부모의 태도가 필요하다. 이와 같이 동등한 수준에서 자녀를 기르려면 무엇보다도 부모 자신의 자아성숙이 필요하다. 그러나 완성된 인품을 가진 부모는 드물며 어린이를 키우면서 보다 나은 인품을 가지려는 동안에 자신도 성숙하는 것이 부모 됨의 보람인지도 모른다.

1) 17세기

17세기 초기에는 아동기가 일생의 한 독특한 시기로서 그 중요성이 인식되었다. 그러나 많은 부모들이 이러한 개념에 과민하게 반응하여 아동을 사랑하고 치장하고 같이 놀아주며, 유쾌하게 해주는 존재로 여겼다. 아동의 변덕스러운 요구를 만족시켜 주는 일이 너무 만연되어 있어서 철학자나 교육학자들은 아동을 응석받이로 기르는 부모들에게 경고의 필요성을 느꼈다. 그리하여 아동기의 순수함은 보호되고 강화되어야 하며 아동양육과 교육에 더 많은 관심을 기울이도록 부모들에게 강조하였다.

부모교육의 기원은 17세기 코메니우스Comenius의 '학교제도론'에서 찾을 수 있다. 그는 아동이 성장하면서 다녀야 할 학교를 6년 주기로 설명하면서, 0~6세까지의 아동이 가장 첫 번째 가야 할 학교의 명칭을 '모친학교mother's school'라고 하였다. 이 시기에 교육을 주로 담당하는 사람은 가정의 어머니이며, 교육이 주로 이루어지는 장소는 바로 어머니 무릎이라는 것을 강조하면서 유아기 교육이 학교교육의 기초가 됨을 강조하였다. 코메니우스는 어머니들을 위한 양육지침서 《유아학교》를 통해 어머니 무릎이 최초의, 그리고 가장 중요한 학교이며 학교라는 시설을 통한 교육의 중요성을 강조하였다. 《유아학교》는 세계 최초의 양육지침서라 할 수 있다. 이 책은 1633년 독일어로 처음 출판되었으며 20년 후에는 유럽 전역의 사람들을 교육시킨다는 목적으로 라틴어로 번역되었다. 이 책은 유럽사회에서 유아교육과 부모교육이 시작되는 첫 출발점이 되었다.

코메니우스는 자녀를 모유로 키워야 하고, 건전한 가정환경에서 성장하게 해야 하며, 자연주의에 기초한 방법으로 교육해야 한다고 주장하였다. 자녀들에게 만 6세 이전 자녀양육의 목적은 경건성 기르기, 도덕성 기르기, 건전한 학습하게 하기, 건강하게 키우기였다. 어머니들은 고정된 양식을 따라 영유아를 가르치기보다는 일반적인 것만 가르치고 융통성을 가지고 영유아에게 적합한 교육을 하여야 했다.

코메니우스는 유아교육의 장으로 어머니의 무릎만을 강조한 것이 아닌 집단교육을 통한 또래와의 놀이도 강조하였으며, 모방성이 강한 유아들에게 설교가 아닌 어른들의 모범과 훈련을 통한 도덕교육이 습득될 수 있어야 한다고 했다.

2) 18세기

중세 암흑시대를 지나 르네상스시대에 이르러 로크Locke는 "인간이 경험한 바가 모든 사상의 근원"이라고 주장하면서 어머니들은 아동마다의 독특한 특성과 능력을 고려하여 교육해야 한다고 권고하였다. 1693년 그는 《교육에 대한 생각》에서 일련의 편지 형식으로 부모를 위한 충고를 썼고 유아 고유의 개성을 기초로 개별 유아에 대한 적절한 교육과 인간 본성에 대한 견해를 재조명하였다.

로크는 《교육의 고찰》에서 유아기부터 훌륭한 경험과 습관이 중시되고 체육, 덕육, 지육, 예의범절 교육, 교양, 손재주 등 영유아를 위한 광범위한 교육사상과 교육과정론, 방법론 등을 전개하였다. 로크가 주장하는 유아들의 발달은 놀이를 통해 발달되고 자유스러워지며, 엄격한 체벌보다는 아동의 발달단계와 흥미, 능력에 따른 교육방법을 찾고자 하였다. 좋은 습관을 들이기 위해서는 아동에게 가장 자연스러운 놀이와 스포츠가 중요하다고 하였다. 아동을 이성적으로 대하며 대화를 통해 설득하고, 아동의 자유성을 인정해 줄 때 아동은 자발성에 의한 학습을 하게 된다고 하였다.

루소Rousseau는 대표적인 저서 《에밀Emil》(1762)을 통하여 인간은 선하게 태어나는 존재이므로 아동을 양육할 때에는 그 선함이 유지되고 자연스럽게 전개될 수 있도록 해주어야 한다고 주장하였다. 그러므로 부모의 역할은 아동의 연령이나 능력에 적절한 과제를 제시해 주되 개인차를 고려하여 하고자 하는 동기가 자연스럽게 펼쳐질 수 있도록 지나친 간섭은 피하는 것이 바람직하다고 보았다.

18세기의 로크와 루소 또한 가정에서의 자녀교육을 강조하였는데, 로크는 인간은 태어나면서 백지와 같은 순수한 상태라고 주장하면서 학교교육보다 부모나 가정

교사에 의해 이루어지는 가정교육을 중시했다. 루소는 교육이란 선한 인간의 본성을 살리기 위해 자연스러운 발달을 돕는 소극적 교육이어야 하므로 어린이에게 있어서 최선의 교육방법은 종일 뛰노는 것이며 부모의 협력으로 인격의 형성과 생활의 기쁨을 맛보도록 해야 함을 강조하여 부모역할을 중요시하였다.

3) 19세기

19세기 페스탈로치Pestallozzi, 프뢰벨Froebel과 같은 교육학자들이 부모가 갖는 교육적 중요성을 강조하면서 어머니의 교육적 역할과 어머니 교육방법에 대한 지침을 주고 있다. 페스탈로치의 경우 그의 저서 《겔트루드는 어떻게 그의 자녀를 가르치나》에서 어머니가 자녀를 어떻게 가르쳐야 하는지에 대한 지침을 주고 있고 프뢰벨의 경우 그의 《인간교육학》과 《어머니와 아기의 노래》에서 훌륭한 어머니란 자녀의 잠재력을 일깨워주는 사람임을 강조하였으며, 유희와 작업을 교육방법으로 생각하여 은물이라는 교구와 작업을 부모들에게 가르침으로써 구체적 사물을 통한 교육방법의 선구자라 할 수 있다. 그는 어린이들이 놀이를 통하여 자기들의 생각과 느낌을 자발적으로 표현하며 놀이를 자기 나름대로 잘 처리할 줄 아는 아이들은 효율적이고 의지가 있는 사람으로 성장하며 자기 자신이나 타인을 위해 좋은 일을 할 줄 알게 된다고 하였다. 따라서 부모들은 자녀들이 놀이를 하도록 마련해 주고 격려해 주어야 함을 강조하였고, 특히 아버지는 후에 자녀의 교육에 가장 많이 직접적으로 관여할 사람이기 때문에 아버지는 어린 시기의 어린이들을 교육함에 있어 우선적으로 중요한 것은 되도록 일찍부터 집중해서 생각하는 습관을 갖도록 해주어야 한다는 것이다.

루소의 영향을 받은 페스탈로치는 가정교육과 어머니 역할의 중요성을 거듭 강조하여 부모교육의 어머니로 불린다. 그는 유아가 어머니의 무릎에 앉는 순간부터 가르쳐야 하며, 어머니와 자녀의 관계를 통해 도덕교육과 종교교육이 실시되어야 한다고 했다. 그 방법은 교리나 문답에 관한 것이 아니라 어머니와 자녀와의 상호관계 속에서 가정을 벗어나기 전에 가르쳐야 한다고 주장하였다.

프뢰벨은 어머니가 자녀에게 들려줄 수 있는 노래와 그림, 손 유희를 담은 책인 《어머니와 아기의 노래Mother Play and Nursery Songs with Finger Play》(1843)를 출판하였다. 그는 유아가 가지고 태어나는 신성을 강조하였으며 부모는 이 신성을 잘 계발해야 한다고 주장하였다. 이 신성을 계발하는 데 있어 유희와 노작교육의 필요성을 강조하였으며 놀잇감인 은물gaben을 고안하였다.

이처럼 시대적 관점으로 부모교육을 살펴볼 때 19세기 이전의 부모교육이론은 기독교적 또는 도덕적 훈육을 강조하는 경향이었다면 후반으로 접어들면서 학자들은 객관적 · 과학적인 방법을 강조하게 되었다. 또한 부모의 자녀양육관도 어린이를 인격적으로 대우하지 않던 경향에서 인격적인 존재로 인식하게 되었으며, 양육방식 또한 성인 중심에서 아동 중심으로 또는 부모관계의 수직적 관계에서 수평적 관계로 발전하게 되었다.

4) 20세기

서양에서 부모의 자녀양육에 대한 이론이 정립되기 시작한 것은 20세기 초의 일이며 다양화 · 체계화된 것은 20세기 후반의 일이다. 자녀를 어떻게 키워야 하는지에 대한 규준이나 방법은 시대에 따라 달라져 왔으며 그 시대의 보편적인 문화 및 가치관의 영향을 많이 받아 왔다.

20세기로 접어들면서 부모-자녀관계에 관한 이론이 다양하게 전개되었다. 특히, 정신분석과 사회심리, 성격이론, 환경적 영향을 강조한 행동주의이론 등이 발달하자 심리학계 및 교육학계에서는 이러한 이론들을 교육현장 및 일상생활에 적용하고자 하는 움직임이 크게 일어났다. 프로이트Freud의 정신분석이론, 에릭슨Erikson의 사회성발달이론, 피아제Piaget의 인지발달이론, 콜버그Kohlberg의 도덕성발달이론, 로저스Rogers의 인본주의이론뿐만 아니라 듀이Dewey와 몬테소리Montessori의 이론들도 아동의 교육은 물론이거니와 부모교육에 영향을 미쳤다. 1909년 미국의 루스벨트 대통령은 백악관회의White House Conference on Children를 개최하여 세계 각국의 전문가를 초청하여 아동발달 및 자녀양육 그리고 가정에 관한 문제들을 다루었다. 1912년에는 제1회 백악관회의의 결과에 따라 노동성에 아동국을 설립하였는데, 여기에서는 부모를 위한 자녀양육에 관한 책자를 발간하기 시작하였다. 1914년에 《영아양육infant care》이라는 책을 출판하여 이후 1976년까지 여섯 번 개정되어 총 6,000만 권이 배포되었다.

CHAPTER

03 부모교육이론

1. 민주적 부모교육이론 | 2. 인본주의 부모교육이론 | 3. 상호교류분석이론 |
4. 부모효율성훈련이론 | 5. 행동수정이론 | 6. 자녀의 힘을 북돋우는 부모 프로그램

CHAPTER

03

아동관의 시대적 변화에 따른 부모역할이나 다양한 이론이 연구되어 부모들에게 대화법이나 자녀양육방법에 대해 많은 영향을 미쳐 왔다. 이에 본 장에서는 민주적 부모교육이론, 인본주의 부모교육이론, 상호교류분석이론, 부모효율성훈련이론, 행동수정이론, 자녀의 힘을 북돋우는 부모교육이론에 대해 살펴보고자 한다.

1. 민주적 부모교육이론

1) 이론적 배경

드라이커스(Rudolf Dreikurs)

드라이커스Dreikurs는 1897년 비엔나에서 출생하여 비엔나의대를 졸업한 후 가족상담과 정신치료법에 관한 연구를 하였다. 그는 아들러의 초기 학생 중 한 명으로 아들러의 개인심리학을 부모교육에 적용하여 부모들에게 민주적 양육의 원리를 소개함으로써 민주적 부모교육이론을 정립하였다. 또한 1939년 시카고 아브라함 링컨센터에 최초로 부모상담센터를 설치하고 1958년에는 오레곤 대학에 아들러학파의 부모-교사 교육센터를 설립 운영하였다. 그는 부모교육의 목적이 자녀가 성인과 평등하다는 가정하에 부모-자녀의 상호작용이 적절히 이루어지도록 부모를 교육시키는 데 있다고 하였다. 올바른 부모의 태도는 잘못한 일에 벌을 주기보다는 어린 자녀에게 올바른 길을 제시하면서 격려해야 한다고 하였다.

민주적 부모교육이론의 근간이 되는, 아들러가 제안한 '부모교육의 기본가정'을 설명하면 다음과 같다.

첫째, 사회적 존재인 인간은 출생 직후부터 가족을 비롯한 다양한 사회적 집단에 소속되고자 하며, 이러한 소속감에 대한 욕구를 끊임없이 추구한다. 둘째, 인간은 선천적으로 목적을 이루기 위하여 행동하는 존재이므로 모든 인간의 행동은 우연히 일어나는 것이 아니라 목표와 동기가 있다. 셋째, 모든 인간은 부모-자녀관계도 평등하다고 보아야 한다. 넷째, 평등한 부모-자녀관계에서는 자녀에게 사유를 준다. 다섯 번째 자녀는 시행착오를 통해 상황을 파악하고 그 상황에 적합한 행동양식을 학습한다는 내용이다.

드라이커스는 자녀 삶의 생활양식이나 성격, 가치관 그리고 자신과 타인 및 세계에 대한 개념과 행동규범이 자녀는 부모와 함께 생활하면서 형성해 나가기 때문에 가정환경의 중요 요소 중 하나는 '부모의 자녀양육태도'로 보았다. 따라서 이러한 아들러의 부모교육 기본가정을 바탕으로 하여 드라이커스의 부모교육이론에서 말하는 '부모-자녀 간의 관계'를 설명하면 다음과 같다.

첫째, 적절한 권위와 허용을 통해 민주적 태도를 증진시켜야 한다.

둘째, 자녀와 동등한 입장에서 이해하고 격려하여 자신감이 생기도록 동기유발을 해주어야 한다.

셋째, 민주적 가정 분위기에서 자기 조절과 통제를 할 수 있도록 하고 마지막으로, 자녀와 부모 간의 평등주의를 강조하는 내용이다.

민주적 부모교육의 목표는 부모와 자녀관계를 평등성에 기초하여 보다 바람직한 방향으로 발전시키고자 하는 것이다. 이를 위하여 자녀를 양육할 때 일어나는 일반적인 문제를 해결하기 위해서는 전문가의 이론교육을 실시하고, 각 가정에서 일어나는 구체적인 문제를 해결하기 위해서는 같은 입장에서 자녀를 양육하는 부모들의 실제 경험담을 나누는 집단 모임을 갖는다. 이러한 다양한 방법을 통하여 부모는 자녀의 행동에 관한 동기를 이해하고 평등한 부모-자녀관계를 유지하면서 문제를 해결할 수 있게 된다(오영희 · 엄정애, 1999).

드라이커스의 부모연구회는 보통 8~12명이 한 팀으로 구성되어 있고 부부가 함께 참여하는 것을 이상적으로 여긴다. 부모연구회를 통한 부모교육은 약 8~12주간 매주 1회 2시간씩 시행된다. 부모연구회에서는 부모의 상황, 아동의 상황, 훈련방법과 구체적인 기술 익히기, 그리고 문제 있는 아동의 이해와 적용할 수 있는 교육을 실시하고 있다.

드라이커스의 부모교육 유형은 두 가지로 나눌 수 있다. 첫째는, 아동양육에 관한 아들러 개념을 연구하고 토의하면서 부모의 지도력을 강화시키는 부모연구회이다. 둘째는, 부모-교사교육센터 운영으로 부모, 아동, 교사상담을 위한 것이다. 또한 드라이커스는 부모 자질 향상을 위하여 연구집단의 중요성을 강조한다. 부모교육 연구집단에 있어서 아동양육의 목표는 아동의 행동을 단순히 수정함에 그치지 않으며 자기 만족감, 협동심 등을 길러주는 것이 핵심이다.

2) 민주적 부모교육의 내용

(1) 생활양식

아들러와 드라이커스는 모두 생활양식life style을 강조하였는데, 생활양식이란 사회화과정을 통해 형성되는 한 인간이 가지고 있는 인성, 태도, 신념, 능력 등으로 이는 유아기에 부모–자녀 간의 관계뿐 아니라 가족의 크기, 형제 관계, 출생순위 등에 의해서 형성된다고 하였다. 아들러는 4~5세경이 생활양식을 형성하는 중요한 시기로 보았고 드라이커스는 더 이른 시기인 3~4세경 가정에서 시행착오를 통해 생활태도가 형성된다고 하였다. 생활양식에 영향을 미치는 대표적인 요인은 가족분위기와 가족가치관, 가족구도 등이다. 아들러는 한 개인의 행동이 생활양식에 의해 절대적으로 결정되는 것은 아니지만, 이러한 생활양식은 크게 변하지 않으며 개인의 신념이나 태도에 큰 영향을 미치게 된다고 주장했다.

생활태도가 형성되는 이 시기에 부모는 자녀가 행동을 통해 얻고자 하는 바가 무엇인지 가상적 행동목표를 깨달아야 하며 이때 자녀의 목표를 바람직한 방법으로 달성하고 잘못된 행동이 나쁘다는 것을 자녀 스스로 알도록 해야 한다.

(2) 가상적 목표

가상적 목표는 현재 유아의 행동에 영향을 줄 수 있는 목표로 실제로 미래에 실현될 것과는 별 상관이 없는 목표라고 할 수 있다. 가상적 목표는 영유아들의 행동원인, 동기, 충동, 본능을 설명하는 단서가 된다. 따라서 가상적 목표를 이해함으로써 자녀들이 행동을 통해서 얻고자 하는 것을 알 수 있게 된다. 영유아에는 실현 가능성에는 상관없이 가상적 목표를 달성하기 위하여 행동하므로 부모가 부모역할을 제대로 수행하여 긍정적 부모–자녀관계를 형성하기 위해서는 자녀행동의 가상적 목표를 이해하여야 한다(김애란 외, 2017).

영유아는 인간의 가장 기본적인 욕구 가운데 하나인 소속감에 대한 욕구를 충족시키기 위하여 잘못된 목표를 설정하기도 하는데, 관심 끌기, 힘 행사하기, 보복하기, 무능함 보이기 등으로 나타난다. 이러한 잘못된 행동들이 차례대로 순서대로 나타나는 것은 아니며 모든 아동들에게 나타나는 것도 아니다. 아동의 인식에 따라 네 가지 행동 중 어떤 행동이라도 먼저 나타날 수 있다. 잘못된 행동목표는 10세 이하의 아동에게서 쉽게 관찰되는데, 아동은 부모가 자신을 사랑한다고 느끼고 가정에서 소속감과 안정감을 느끼게 되면, 위와 같은 잘못된 행동목표를 세우지도 않고 환경에 잘 적응하게 된다.

① 관심 끌기

영유아들이 타인의 관심을 끌고자 하는 것은 지극히 정상적인 행동이라고 볼 수 있다. 대부분의 영유아들은 긍정적인 방식으로 타인의 관심이나 주의를 끌려고 하지만, 그렇지 못한 경우 부당한 방식으로 관심 끌기attention seeking를 시도한다. 이는 보통 자신이 가정에 의미 있는 존재가 되지 못하고 가족에게 대우받지 못한다고 느낄 때 사용하는 방법으로 소속감을 느끼기 위해 사용한다.

자녀가 바람직하지 못한 방법으로 부모의 관심을 끌려고 할 때, 부모가 단순히 귀찮다는 이유로 자녀의 행동에 관심을 보여 주고 이러한 행동을 수용해 준다면, 이후에도 자녀는 자신이 원하는 것을 얻기 위해 잘못된 행동목표를 설정하게 될 것이다. 그러므로 자녀가 부당한 방식으로 관심 끌기를 시도할 경우 부모는 자녀의 잘못된 행동에 대해 관심을 보이지 말아야 한다. 또한 동시에 자녀의 건설적인 행동에는 관심을 보여야 하며, 부모의 관심은 자녀가 원해서 얻어지는 것이기보다는 부모가 주는 것이라는 인식을 갖게 해야 한다. 영유아의 관심을 끌려고 하는 잘못된 행동에는 무시하여야 하고, 영유아가 좋은 행동을 했을 때는 칭찬해 주며 장점을 찾아주기 위해 노력하여야 한다.

관심 끌기의 예

- 이리저리 돌아다니면서 자기를 나타내려고 하는 행동
- 징징거리면서 엄마의 옷을 붙잡고 우는 행동
- 동생이 태어난 후 동생을 자꾸 귀찮게 하여 울리는 행동

② 힘 행사하기

아동들은 관심 끌기를 통해 주의집중을 받으려고 노력하지만 이 목표가 달성되지 못하면 두 번째 형태의 행동목표로 전략을 바꾸게 된다. 즉, 자기가 하고 싶은 대로 해버리거나 자기의 힘을 최대한 활용하여 반항하는 것이다.

힘 행사하기power seeking를 하는 아동은 항상 우세한 입장에 있기를 원하며, 자신이 최고가 되었을 때에만 가치 있는 존재로 느끼기 때문에 이 아동은 부모가 원하는 대로 행동하지 않는다. 이때의 부모-자녀관계는 매우 힘들어지고 갈등이 발생하게 되어 부모는 이를 어떻게 해결해야 할지 당황하게 된다. 이때 대부분의 부모들은 이러한 반항하는 태도를 이해하지 못하고 힘을 사용하여 자녀의 고집을 꺾고 이를 통제하려고 하기 때문에 자녀와의 사이에 갈등이 생기게 된다. 그러나 자녀를 힘으로 복종시키면 논쟁에서는 이길 수 있으나 부모-자녀관계는 깨지게 되며, 일시적으로 부모가 승리하는 것처럼 보이지만 자녀는 더 심한 행동을 초래하게 된다는 것이다.

힘 행사하기를 시도하는 아동에게 부모는 화를 내거나 흥분하지 말아야 하며, 주도권을 누가 잡느냐에 대해 관심을 두지 말아야 한다. 힘 행사하기를 하고 있는 자녀에 대항해서 힘을 사용하는 것은 자녀로 하여금 힘의 가치를 더욱더 실감하게 만들기 때문이다. 세상을 살아가면서 인간관계에서의 갈등은 필연적이다. 따라서 부모는 자녀와의 갈등 역시 자연적 현상으로 받아들이고, 자녀의 힘을 건설적으로 사용하는 방법을 가르쳐 주어야 한다. 부모는 자녀의 정서에 공감해 주고, 자녀들에게 도움을 구하거나 협동하게 함으로써 건설적인 방법으로 해결할 수 있도록 해야 한다.

힘 행사하기의 예

- 부모가 하라고 하는 것에 반대행동을 하는 것(청개구리식의 행동)
- '싫어'라고 하면서 자기 하고 싶은 대로 하는 행동(반항행동)

③ 보복하기

아동들이 관심을 끌거나 힘겨루기의 방법으로 부모와의 겨루기에서 이길 수 없다면 자신이 상처받은 만큼 다른 사람도 상처를 받아야 한다고 생각하여 앙갚음이나 복수의 방법을 계획한다. 그래서 잔인한 행동을 통해 자신의 위치를 확인하고자 한다. 그 결과 부모도 깊이 상처받게 되고 부모 또한 무의식적으로 함께 앙갚음하려는 자세를 취하게 되어 부모-자녀 사이에 악순환을 경험하게 된다.

부모는 보복하기revenge seeking 단계에서 보이는 자녀의 행동이 좌절에서 시작되는 것이라는 점을 재빨리 인식하여 보복을 멈추어야 하며, 자녀에게 관심을 보여주고 침착하게 대화함으로써 부모-자녀관계를 개선해 나가도록 노력해야 한다. 또한 이러한 아동을 위해서 부모는 절대 비난적인 태도나 무시하는 태도를 취해서는 안 되며 영유아와 신뢰적 관계를 형성하여 사랑받고 있다는 확신을 주는 것이 중요하다.

보복하기의 예

- 심술 맞은 못된 행동(동생을 꼬집거나 울림)
- 장난감을 부수거나 감추는 행동(다른 사람에게 상처를 주려는 행동)

④ 무능함 보이기

관심 끌기, 힘겨루기, 보복하기 등의 방법을 모두 사용해도 소속감을 가지지 못하고 자신의 행동목표를 달성하지 못했다는 느낌을 받으면 아동은 좌절되어 모든 것을 포기하고 무엇인가 하고자 하는 의욕이 상실되어 무능함 보이기displaying inadequacy와 부적절한 행동이 나타난다.

무능력하게 행동하는 아동은 극도로 좌절되어 있고 모든 것을 포기한 상태이며, 자신에 대해서도 상당히 실망하고 있으며, 자신을 쓸모없는 인간이라고 생각한다. 즉, 수동적 반응을 보이거나 전혀 아무런 반응도 나타내지 않는다. 이런 아동을 도우려면 자녀의 이러한 행동에 대해 절대 비판해서는 안 되며 오히려 장점을 찾아

칭찬해 주어야 한다. 동시에 자녀가 자신의 행동을 개선시키고자 하는 노력이 엿보이면 아무리 작은 것이라도 격려해 주는 태도가 필요하고 아동에게 크게 노력을 기울이지 않아도 할 수 있는 가벼운 과제를 주어 성취감을 느끼게 하는 것 또한 필요하다.

무능함 보이기의 예

- 게으름 피우는 행동
- 심술부리거나 엉터리로 하는 행동

(3) 창조성

영유아들은 자신들이 속한 사회관계 안에서 능동적으로 행동을 하면서 자신을 창조해 간다. 어릴수록 다른 사람에게 인정받고자 하는 욕구를 충족시키기 위해서 다양한 행동 양식을 창조해 간다. 이러한 행동 양식은 부모나 성인이 어떤 반응을 하느냐에 따라 증가하거나 감소할 수 있다. 부모는 자녀의 잘못된 행동을 변화시키기 위하여 부모 자신의 태도를 먼저 변화시키는 모델링의 모습을 보여 주어야 한다. 자녀들이 긍정적인 행동을 보였을 때는 칭찬하고 격려함으로써 자녀들이 바람직한 방법으로 자신을 창조해 나갈 수 있도록 해야 한다.

(4) 행동통제

가상적 목표를 세운 자녀들은 부모와 주위 환경의 영향을 받아 수집된 정보를 기초로 목표를 달성하기 위하여 어떠한 행동을 해야 하는지 결정한다. 즉, 자녀들은 사회적 상호작용의 영향을 받아 가상적 목표를 달성하기 위한 자신의 행동을 결정하게 되는 것이다. 따라서 부모는 자녀가 설정한 목표를 긍정적인 행동을 통하여 성취할 수 있도록 적절한 방법으로 자녀의 행동을 통제해 주어야 한다.

3) 구체적인 전략

(1) 자연적 · 논리적 결과

자연적 결과란 자녀가 어떤 행동을 했을 때 부모의 개입 없이 자연적으로 일어나는 결과를 경험하는 것으로서, 자연적 상황에서 아동이 자신의 행동으로 인해 보상과 벌을 받는다고 느끼도록 하여 행동을 통제하는 방법이다. 이는 자녀는 스스로 교훈을 깨닫고 배우게 되는 과정이다. 예를 들어, 자녀가 아침식사를 거르면 점심시간까지 배가 고프다는 것을 깨닫는 것, 눈싸움을 할 때 장갑을 끼지 않으면 손이 시리다는 것 등이 자연적 결과에 속한다. 이렇듯 자연적 결과는 자신의 경험을 통해 스스로 배워나간다는 과정이지만 간혹 이러한 과정에서 치명적인 결과를 초래할 수도 있다. 예를 들어, 차도에서 노는 것이 위험한 행동이라는 사실을 자연적인 결과를 통해 학습할 수도 있지만, 학습이 이루어지기도 전에 치명적인 사고를 당하는 것과 같이 돌이킬 수 없는 위험상황에 직면할 수도 있다는 문제점을 가지고 있다.

민주적 부모교육에서는 인간의 삶에는 자연적 질서와 마찬가지로 사회적인 질서도 존재한다고 생각한다. 논리적 결과는 자연적 법칙을 무시하고 행동을 하면 부정적인 결과를 경험하게 되듯이 사회적 규칙을 위반하고 행동하는 경우에 체득하게 되는 부정적인 결과를 의미한다. 자녀에게 자연적 결과를 적용하는 것이 불가능하거나 이를 적용하기가 위험한 경우에 논리적 결과를 사용한다. 논리적 결과는 논리적으로 행동과 관련된 결과를 부모와 자녀가 합의하여 결정하는 것이다.

민주적 부모교육이론은 민주적 양육방식에 근거한 것이므로 가족원 모두에게 동등한 권리가 부여되어야 하고, 부모나 자녀가 모두 동등한 권리행사를 위해 자신들의 행동을 주관하는 규칙이나 규범을 구성원 각자가 이해하고 준수해야 한다.

① 논리적 결과를 계획할 때 주의할 점

첫째, 논리적 결과를 적용하기 전에 자연적 결과를 먼저 찾아보도록 한다. 자연적 결과는 논리적 결과에 비해 보다 적용범위가 넓고 갈등의 소지도 적다.

둘째, 먼저 자녀에게 선택의 기회를 제공해 주어야 한다. 이때 부모는 대안을 제공하고 자녀의 결정을 받아들여야 하며 자녀가 아무런 외부의 압력 없이 선택하도록 존중과 수용과 선의의 태도로 선택의 기회를 제공한다.

셋째, 논리적 결과의 방법이 효율적으로 이루어지기 위해서는 무엇보다도 부모가 우호적인 태도를 유지하는 것이 중요하다. 화가 난 상태에서 논리적 결과를 사용하는 것은 자녀가 처벌로 받아들일 수 있다. 그러므로 이러한 상황에서는 논리적 결과를 사용하기 전에 존중과 격려를 통한 관계개선이 선행되어야 그 효과를 기대할 수 있다.

넷째, 일관성 있는 적용을 한다. 일단 선택해서 결정한 후에는 반드시 실천하도록 하며 일관성 있게 적용하여야 한다. 부모가 선택의 기회를 주고 나면 흔히 자녀는 부모의 한계를 시험해 보려고 한다는 점을 명심하고 일관성 있는 적용이 필요하다.

논리적 귀결을 계획하는 목적은 아동에게 부모나 성인의 명령에 복종하도록 강요하지 않고 스스로 책임 있는 결정을 하도록 격려하는 것이며, 부모로 하여금 아동과의 권력 투쟁에서 벗어나도록 하는 데 있다. 자연적 · 논리적 결과의 방법은 부모들이 사용하는 전통적인 상벌의 방법과 여러 가지 면에서 차이가 있다. 자녀의 행동을 통제하는 전통적인 방법 가운데 하나는 순종할 때 상을 주는 것과 순종하지 않을 때 벌을 주는 것이다. 그러나 이러한 훈육방법은 단점이 있기 때문에 민주적 부모교육이론에서는 자녀를 훈육하는 효과적인 방법으로 자연적 · 논리적 결과를 교육한다.

② 상벌보다 자연적 · 논리적 결과가 효과적인 이유

첫째, 벌은 자녀의 행동에 대해 자녀보다는 부모가 책임을 지게 된다. 그러나 자연적 · 논리적 방법은 부모가 아닌 아동이 자신의 행동에 책임을 진다. 즉, 자녀 스스로가 행동에 대한 책임을 지고 불이익을 감수하게 된다.

둘째, 벌은 자녀 스스로 결정을 내리는 기회를 제한하게 되고, 결과적으로 자녀는 효과적인 행동규칙을 습득할 수 없게 된다. 그러나 자연적 · 논리적 방법은 자녀가 스스로 어떤 행동이 적절한가를 결정하게 된다.

셋째, 벌은 부모가 권위주의적인 모습을 보일 때에만 자녀는 바람직한 행동을 하게 되고 강제로 순응하게 함으로써 반항이 생길 수 있다. 그러나 자연적 · 논리적 방법은 부모의 바람을 따르도록 강요하지 않고 자연적 · 사회적 사건의 질서로부터 스스로 배우게 한다.

(2) 격려의 사용

격려는 상황이나 결과에 무관하게 긍정적인 측면을 강조함으로써 궁극적으로 자녀가 이를 극복할 수 있음을 믿게 해주는 것이다. 실패에 직면해서도 절망감이나 패배감에 빠지지 않고 이후에는 성공할 수 있다는 믿음을 길러주는 것이다. 이처럼 존중과 신뢰에 바탕을 둔 격려는 자신의 시도가 언젠가는 성공할 것이라는 자신감을 심어준다는 점에서 중요한 의미가 있다.

부모들은 자녀를 위해 최선을 다하고 있지만 자녀를 돕는 방법은 바람직하지 못한 경우가 많고, 이러한 부모의 태도나 행동은 자녀를 좌절하게 만든다. 자녀에 대한 부정적인 기대, 비합리적인 높은 기대, 형제간에 경쟁시키기 등은 부모들이 흔히 사용하는 부정적인 방법 가운데 대표적인 것이다. 그러나 격려의 방법은 자녀의 장점과 성취에 초점을 맞춤으로써 자녀에게 자신감과 자아존중감을 갖게 하는 과정이다. 격력하는 부모의 태도는 다음과 같아야 한다.

첫째, 아무런 조건이나 전제 없이 자녀를 있는 그대로 수용하고 믿는다. 부모가 자녀를 믿지 않는데, 자기 자신을 신뢰할 수 있는 아동은 없다. 자신이 향상될 수 있다고 믿기 위해서는 먼저 자신의 능력에 대해 긍정적으로 느끼는 것이 필요하며, 이는 부모의 수용이나 인정이 전제가 되어야 한다.

둘째, 자녀가 주어진 상황이나 과제를 충분히 극복할 수 있을 것이라고 기대하고, 이러한 부모의 기대를 행동으로 직접 표현해 주도록 한다.

셋째, 고자질을 무시한다. 아동은 착하게 보이거나 앙갚음을 하기 위해 고자질을 하며, 이는 부모를 이용하여 자신이 원하는 목적을 달성하는 손쉬운 방법이다. 고자질을 다루는 가장 좋은 방법은 이를 무시하는 것이며, 동시에 긍정적 행동에 관심을 보이는 것이다.

넷째, 긍정적인 태도나 언어를 사용한다. 자녀를 격려하는 부모는 부정적인 태도나 언어를 사용하지 않는다.

다섯째, 자녀가 잘못된 행동을 했을 때, 자녀의 행동과 그러한 행동을 한 자녀를 구분하는 것이 필요하다. 행동에는 적절한 제재가 필요하지만 어떠한 행동을 하였든 자녀는 한 인간으로서 존중받고 수용되어야 한다.

여섯째, 장점, 잘한 점, 공헌한 점에 초점을 맞춘다. 아동의 재능을 인정해 주고 이러한 재능이 가족에게 공헌한 점에 초점을 맞춤으로써 자녀는 자신이 유익한 존재임을 느낄 수 있다.

일곱째, 노력과 성취를 인정한다. 자녀의 행동을 결과만으로 평가하지 말고 과정이나 노력을 인정해 주도록 한다. 자녀가 처음 활동을 시작한 시점부터 얼마나 발전이 있었으며 얻은 것은 무엇인가에 대해 언급해 주고, 자녀가 힘들어 할 경우에 그러한 과정을 극복함으로써 성취감을 맛볼 수 있음을 상기시켜 주어야 한다. 이는 자녀의 성공뿐 아니라 노력과 실패도 받아들이는 것을 의미한다.

여덟째, 칭찬하기보다는 격려한다. 칭찬과 격려는 모두 긍정적인 행동에 중점을 두고 있기 때문에 부모는 자녀를 칭찬하면서 격려하고 있다고 생각한다. 그러나 칭찬은 보상의 한 형태이며, 벌과 마찬가지로 사회적 통제의 한 방법이다. 그러나 격려는 비록 작은 것이라도 향상되고 노력한 것에 주어지는 것이며, 실패했을 때에도 주어진다. 이는 다른 사람과의 비교에 근거한 것이 아니며 스스로를 가치 있게 느끼도록 돕거나 동기화시키는 데 목적이 있다.

표 3-1 칭찬과 격려의 차이점

차이	칭찬	격려
관심 영역	• 외적 통제 • 외적 평가 • 자기 평가와 개인적 이익 • 과제 수행에 대한 보상	• 자기 존중과 성장 • 내적 평가 • 가치 인정 및 장점과 공헌에 대한 가치 부여
자녀에게 미치는 영향	• 과제 수행에 대한 보상 – 실패에 대한 두려움 – 지나친 기준과 가치 부여 • 자기 평가와 개인적 이익 – 과다 경쟁 의식 – 타인의 희생을 개의치 않는 최고 지향 성향 • 외적 평가 – 남을 기쁘게 하는 것에 대한 가치 부여 – 반대한 것에 대한 두려움 • 외적 통제 – 순종하는 것에 대한 가치 부여 – 반항 가능성 – 포기와 협동	• 노력과 향상 • 자기 존중과 성장 – 실패 경험에 대한 자기 극복 – 재시도하려는 노력 • 내적 평가 – 자기 성장과 진보에 대한 긍정적 평가 • 노력과 향상 – 노력에 대한 인정 – 지속적인 노력 • 가치 인정 – 개인과 모든 이를 위해 재능을 활용 – 자신과 타인의 성공에 대한 만족

출처 : 신용주 · 김혜수(2006), 자녀지도와 부모교육.

2. 인본주의 부모교육이론

1) 이론적 배경

기노트(Haim Ginott)

인본주의적 부모교육이론은 매슬로Maslow, 로저스Rogers, 액슬린Axline으로 이어지는 인본주의 심리학을 기노트Ginott가 부모교육에 적용하여 발전시킨 이론이다. 기노트는 매슬로와 로저스의 인본주의 심리학의 영향을 받았으며, 액슬린으로부터 놀이치료를 배우며 부모-자녀관계의 발달수준에 대한 이론을 배우면서 부모교육에 대한 관심을 가지게 되었다.

기노트는 정상적인 어린이가 정서장애나 행동장애를 일으키는 원인은 부모의 성격 때문이라기보다는 부모가 자녀양육에 대한 경험이나 정보가 부족하거나 효율적으로 자녀를 양육하는 방식을 모르기 때문이라고 보고 부모교육의 필요성을 강조하였으며, 액슬린의 심리역동이론을 적용하여 양육태도를 변화시킴으로써 부모-자녀관계를 향상시키고자 하였다. 또한 가정 내에서 일어나는 일상적인 문제를 해결하는 것에 중점을 두었다. 자녀가 올바르게 성장발달하기 위해서는 부모가 애정을 가지고 자녀의 욕구와 요구에 민감하게 반응해 주어야 한다는 것을 강조하였다. 인본주의 부모교육이론은 부모-자녀 간의 긍정적인 상호 경험의 기회를 제공하는 것을 강조하며, 부모-자녀 간의 의사소통기술을 증진시키는 방법을 제시하고 있다.

기노트는 사범대학을 졸업한 후 이스라엘에서 교사로 근무하였으나 아동을 관리하고 교육하는 데 있어서 이론과 실제가 다르다는 사실에 무력감과 좌절을 경험하고 교사직을 그만두게 되었다. 그 후 기노트는 미국 콜롬비아대학에서 임상심리학을 전공하고 액슬린의 놀이치료를 배웠는데, 아동이 성장하는 데 성인의 관심과 공감적 반응, 정서적 경험 등이 중요한 영향을 끼친다는 것을 알게 되었다. 이 과정에서 기노트는 아동의 성장을 돕는 기술을 연습하고 배웠으며, 아동에게 뿐만 아니라 성인에게도 가르칠 수 있다는 것을 알게 되었다.

그 후 심리학 인턴으로 일하면서 슬라브슨Slavson으로부터 심리역동이론과 부모–자녀관계에서 강조한 것처럼 그룹 심리치료에서도 내면의 정서적 힘의 균형을 재생시키는 참여자의 인성구조를 변화시키고자 하는 그룹 심리요법을 슬라브슨을 통해 배워 그 기법을 부모교육에 적용하게 되었다.

기노트는 그 후 플로리다 아동지도소 연구원으로 9년 동안 근무하면서 정서장애 아동과 청소년을 대상으로 심리치료를 하였으며 이러한 과정에서 아동과 부모의 문제, 부모개입방법에 대한 실험을 거쳐 부모교육의 기법을 개발하게 되었다.

그 동안의 경험을 통해 습득한 기술과 지식을 부모들에게 가르칠 수 있다는 확신을 가지고 부모교육에 응용하게 되었으며, 다양한 경험을 통해 부모의 문제, 아동의 문제 등을 이론과 임상적 방법을 적용하여 《부모와 자녀Between parent and child》(1965), 《교사와 학생Between teacher and child》(1972), 《십대와 부모Between parent and teenager》(1969) 등을 저술하였다.

2) 인본주의 부모교육 내용

기노트는 부모–자녀관계에서 아동은 '자신을 이해하고, 행동을 조정하며 적절히 통제할 수 있는 능력을 지닌 자'로 보았기 때문에 부모는 자녀의 감정과 행동을 있는 그대로 수용하는 태도를 취할 수 있어야 올바른 자녀교육이 이루어질 수 있다고 보았다. 아동 중심의 부모교육을 기본 목표로 하며, 부모역할을 보다 효율적으로 수행할 수 있도록 의사소통기술을 가르쳐야 하고, 부모–자녀가 긍정적인 상호작용을 경험하도록 하는 기회를 제공하며, 자녀에게 효과적으로 반응할 수 있는 기술을 갖도록 하는 것이 중요하다고 했다.

(1) 부모–자녀 간의 감성교류를 위한 몇 가지 원칙

첫째, 대화를 할 때에는 자녀의 인격을 최대한 존중하는 태도를 가져야 하고, 부모– 자녀 간의 관계도 상호신뢰와 자기신뢰에 바탕을 두어야 한다.

둘째, 부모–자녀 간의 대화는 이해를 바탕으로 이루어져야 한다. 부모가 자녀의 잘못된 행동과 행동에 숨겨져 있는 내면적인 목적을 파악하여 부모와 자녀 간의 관계에 미치는 영향은 물론 사회적인 영향까지도 이해해야 한다. 이렇게 함으로써 자녀의 심리상태를 보다 더 이해할 수 있다.

셋째, 부모는 자녀를 격려하고 긍정적인 면을 장려해 줌으로써 긍정적인 자아개념을 형성하도록 해야 한다. 유아를 사랑하고 신뢰하며, 지지하고 가치를 인정해 주는 일은 매우 중요하다.

넷째, 부모는 상과 벌 또는 자극과 반응형식의 행동주의적 조건형성보다는 자녀 스스로 느끼고 통찰하며 경험하게 하는 자발적 경험을 중요시해야 한다.

(2) 부모-자녀 간 대화의 기본원리

첫째, 부모와 자녀 간의 관계는 깊은 인간관계이기 때문에 민주적 태도와 관심 그리고 부드러운 어투를 보일 때 자녀는 부모의 관심과 사랑을 느끼고 신뢰할 수 있다.

둘째, 부모는 자녀의 행동 그 자체보다는 자녀의 감정을 먼저 생각하고 반응하여야 한다. 부모는 자녀에게 생긴 사건에 대하여 이야기할 때 그 사건 자체보다 사건을 둘러싸고 있는 자녀의 감정을 알고 이에 알맞은 반응을 보여야 한다.

셋째, 부모는 자녀를 판단하기보다는 이해하려는 방법을 택해야 한다. 자녀가 자신에 대해 어떤 정의를 내렸을 때 그것에 대한 동의나 부정보다는 좀 더 자세한 내용으로 이해할 수 있도록 한다. 부모가 유아에게 최대로 도움을 줄 수 있는 것은 그들이 느낄 수 있는 감정뿐 아니라 그 감정이 내포하고 있는 것까지도 이해한다는 것을 보여 주는 것이다.

넷째, 부모에 대한 감정은 두 가지 상반된 감정으로 존재하고 있다. 부모가 조용하게, 비난하지 않는 어조로 상반된 감정을 이해하여 줌으로써 유아를 돕게 되며, 그들의 혼동된 감정을 순화시킬 수 있다. 부모의 칭찬은 자녀에게 자신감과 안정감을 줄 수 있으며, 부모들의 태도나 언어는 감정을 정화시킬 수 있다.

부모들이 유아와의 관계에서 유의할 점으로는 첫째, 유아의 말을 귀담아 들어야 한다. 그렇게 하면 유아가 자신의 가치를 인식할 수 있게 되어 다른 사람들과의 인간관계에 대처하는 능력을 갖게 된다.

둘째, 미움과 증오를 조성하는 말이나 비판적인 언어는 삼가야 한다.

셋째, 유아의 인간성과 인격을 비난하지 않고 잘못된 행동 그 자체에만 관심을 두며, 그들의 감정과 생각을 이해하도록 한다.

(3) 칭찬과 비판

첫째, 효율적인 칭찬과 강화의 방법으로는 자녀의 바람직한 행동에 대한 실제적인 노력이나 성취에 대해서만 구체적으로 칭찬하여야 한다. 인성과 관련된 막연한 칭찬은 자녀들이 무엇에 대해 칭찬하는지 알 수 없어 어려움을 가질 수 있다.

둘째, 자녀의 잘못된 행동에 대해서 이야기할 때에는 잘못된 행동 그 자체만 지적하여야 한다. 과거에 잘못한 것이나 자녀의 성격까지 비난하는 말은 오히려 좋지 못한 결과를 초래한다.

셋째, 부모는 자녀에게 '바보', '멍청이' 등의 거친 말을 사용하지 않는다. 거친 말은 자녀들에게 앙심과 분노의 마음이 생기게 하고 자녀의 행동을 제한하고 소심하게 만드는 결과를 가져온다.

넷째, 부모-자녀 간의 관계에서 교육을 시키면서 부모가 화를 내야 할 때가 있다. 자녀의 인격을 손상하지 않으면서 잘못한 행동에 대해서는 지적해 주고 부모의 고통도 경감시킬 수 있는 적절한 분노는 필요하다. 부모가 오히려 화를 참고 있다면 자녀는 상대적으로 자신에게 관심이 없다고 생각할 수 있으며 부모 자신에게도 건강상 바람직하지 않다.

(4) 부모의 바람직한 감정표현방법

부모는 자녀와의 상호작용에서 생기는 갈등이나 압박감을 다룰 때 자녀들의 행동에 대해 화나는 느낌을 가질 권리가 있다. 자녀의 행동 때문에 갈등과 분노가 생기고 긴장될 때, 부모는 감정을 억압하지 말고 느낀 대로 감정표현을 해야 한다. 죄의식이나 미안한 마음을 가질 필요가 없으며 어른도 화낼 권리가 있음을 보여 준다.

자녀와의 효과적인 의사소통방법은 자녀와의 신체적 차이를 줄이는 것이 중요하다. 부모가 허리를 구부리거나 한 다리를 구부려 키를 낮추어 자녀와의 눈높이를 같게 하여 의사소통을 하는 것이 매우 효과적이다. 자녀를 부모의 무릎에 앉히거나 같이 바닥에 앉아서 이야기하는 것도 좋다.

(5) 책임감 형성 돕기

첫째, 매일의 일상생활에서 자녀에게 선택권을 부여하여 가능한 양자택일을 할 수 있는 기회를 준다. 스스로 선택하고 자신이 선택한 것에 대해 책임지는 것을 배울 수 있게 한다.

둘째, 가정에서나 공공생활에서 자연스럽게 생활함으로써 얻어질 수 있도록 지도해야 한다.

셋째, 긍정적인 가치가 부여되지 않은 책임감은 반사회적 · 파괴적 행동으로 나타날 수 있으므로 부모는 근본적인 가치를 추구하는 데서 책임감이 생길 수 있도록 지도해야 한다.

(6) 행동의 한계 설정

부모는 자녀가 행동할 때 지켜야 할 규칙이나 제한을 분명한 말로 표현해 주어야 한다. 부모가 어떤 말이나 어떤 행동으로 해야 할지 모를 때에는 오히려 주의를 주지 않는 것이 더 바람직하다. 자녀에 대한 수용은 그들이 갖는 감정에 국한되며, 실제 행동에서 수용할 수 없는 것에 대해서는 부모는 반드시 한계를 설정할 필요가 있다. 바람직하지 못한 행동을 했을 때는 부모는 그 행동이 왜 잘못되었는지를 분명하게 알려 주어야 한다. 분명한 한계를 설정해 주었을 때 자녀들은 오히려 안정감을 느낀다.

부모가 자녀행동의 한계를 설정해 주는 과정에서 효과적인 방법으로 다음 네 단계를 설명할 수 있다.

첫째, 부모는 자녀가 원하는 바를 먼저 반대하고 비판하지 않는다. 자녀들이 원하는 부분을 인정하고 간단한 말로 다시 반복해서 말해준다.

둘째, 잘못된 행동에 대해 분명하게 통제하는 말을 해준다.

셋째, 자녀가 원하는 바를 최소한 수용할 수 있는 다른 방법을 제시한다.

넷째, 자녀가 행동을 부모가 통제할 때 발생하는 분노의 감정을 표현할 수 있도록 허용하고 표현할 수 있도록 도와준다.

(7) 인본주의 부모교육의 형태

부모교육 그룹은 자녀의 연령에 따라 나누어지게 되며 구성원은 대개 10~12명으로 15주 동안 매주 1회에 90분 동안의 모임을 갖는다. 자녀의 발달상 비슷한 문제 유형을 가지고 모임에 참석하게 되므로 취학 전, 아동기, 사춘기, 청년기 등의 그룹으로 나뉘게 된다.

지도자의 권위를 최소화하기 위하여 참여 부모들은 원탁에 앉아서 모임을 갖게 되며, 참여 부모 앞에는 자기 자녀의 이름카드를 놓고 진행하게 되는데, 이는 아동 중심의 교육임을 강조하기 위한 방법이다.

① 불평 늘어놓기 단계(이야기 단계)

부모가 경험하고 있는 문제를 이야기하도록 함으로써 서로 공감대가 형성되고 위안을 받도록 하는 단계이다.

- 부모들은 자신의 고민과 골칫거리에 대한 경험을 서로 이야기함으로써, 서로에 대한 연민의 정을 느끼게 된다.
- 타인의 고통에 대해 감정이입의 경험을 하게 된다.
- 자신과 타인들의 공통점과 서로 다른 점에 대해 생각하게 된다.
- 자신들을 괴롭히고 있는 문제를 해결하고자 하는 마음이 생기게 된다.

② 감수성 형성단계(감수성 높이기 단계)

부모를 괴롭히는 문제 그 자체에만 관심을 갖고 괴로워하며 불평하는 대신, 부모-자녀 간의 의사소통에서 자녀의 느낌은 어떠한지 자녀의 입장에서 감수성을 갖고 깊이 생각해 보는 단계를 말한다.

- 부모-자녀관계가 어려울 때 자녀는 어떻게 느낄까에 대해 생각해 본다.
- 부모들이 일상생활을 할 때 겪는 정서적 경험과 관련시켜 이야기해 나감으로써 자녀의 감정적 반응을 생각해 본다.

역할극을 통한 효과를 설명하면 다음과 같다.

- 자녀의 입장에서 느끼는 바를 직접 경험해 본다.

- 그 외의 관계에서 경험하는 문제들에 대해서는 일상적인 상황에서 타인과 겪게 되는 감정적인 경험을 하게 된다.
- 문제를 일으켰던 사람이 자녀이든 부모이든 그들이 어떻게 느끼고 있는가를 알게 된다.
- 그러한 상황에서의 마음상태를 아는 감정탐색의 기술, 즉 감수성이 향상된다.
- 부모 자신의 잘못된 행동을 인식하게 되고 변화시키려는 의욕을 갖게 된다.

③ 개념 형성단계

부모로서 자녀양육에 대한 자신의 행동을 분석하여 새로운 지식과 개념을 갖게 하는 단계를 말한다.

- 자녀의 행동에 대한 새로운 개념을 갖도록 한다.
- 부모가 자녀의 행동을 이해하는 능력을 개발하도록 도와준다.
- 부모는 감정과 행동의 차이를 인식하고, 자녀가 자신의 감정을 표현하는 것이 발달적으로 바람직하다는 것과 자녀의 감정과 행동을 수용하는 기술을 습득한다.
- 인간에게는 나쁜 감정과 좋은 감정이 공존함을 이해한다.
- 자녀의 수준에 맞는 기대를 하여 자녀가 느끼는 분노, 좌절 등이 건설적으로 표현되도록 도와주어야 한다는 것을 인식하고 체득하게 된다.

④ 기술 익히기 단계

이론적으로 개념을 정리하는 데 그치는 것이 아니라, 문제해결에 적합한 양육기술을 발견해서 적용해 보는 단계이다.

- 부모들은 각자 문제에 대하여 새로운 해결방법을 생각하고 토의한 후 집에 돌아가서 적용해 보도록 한다.
- 적용한 결과의 성패에 대해서 다시 토의해 새롭고 합리적인 양육기술을 익히게 된다.
- 이 과정에서 부모는 자녀의 감정에 대해 정확하고 세련되며 애정 어린 표현을 하며, 부모가 갖는 분노와 원망을 자연스럽게 표현하도록 지도받는다.

3. 상호교류분석이론

1) 상호교류분석이론의 이론적 배경

상호교류분석은 미국의 정신의학자 번Berne(1910~1970)에 의해 1950년대 후반부터 제창하기 시작한 상담 및 심리이론이다. 이는 임상심리학에 기초를 둔 인간행동에 관한 분석체계로서 인간관계 교류를 분석하고 적용할 수 있는 이론이다. 상호교류분석이론은 모든 사람들이 이해할 수 있고 그들의 삶에 적용할 수 있는 준거를 제공해 준다.

번(Eric Berne)

번은 1910년 캐나다의 몬트리올에서 의사인 아버지와 작가인 어머니 사이에 둘째로 태어났다. 그는 맥길대학에서 의학공부를 하였으며, 그후 예일대학에서 정신과의사로 일을 하였다. 1941년부터는 뉴욕의 마운터병원에서 임상조교로 일하였으며, 또한 뉴욕 정신분석연구소에서 일하면서 페데른Federn의 지도와 영향을 받았고, 샌프란시스코의 정신분석연구소에서 일할 때는 에릭슨Erikson의 지도와 영향을 받았다.

번은 부모-자녀관계를 상호 교류적 측면이라고 강조하였으며 환자의 갈등이 해소되기 위해서는 환자 자신이 개선되어야 한다고 하였다. 이러한 관점에서 사회적 인간관계를 중심으로 한 상호교류분석이론이 발전하게 되었다.

교류분석이란 상호 반응하고 있는 인간 사이에서 이루어지는 교류를 분석하는 것으로 여기에서 교류transaction란 대화, 의사소통을 의미하며, 이것은 단순히 표면상의 말의 교환뿐만 아니라 마음속 깊이 전해지는 미묘한 의미, 정교한 의도, 숨겨진 느낌 등 여러 가지 측면을 포함한 깊은 수준의 의사소통을 의미한다. 상호교류분석이론 가운데 교류과정에서 형성된 심리적 자세의 특성은 현재의 인간관계에서 이루어지고 있는 의사소통의 질, 즉 개인이 갖게 될 대인관계의 특성을 좌우한다는 것이다. 이와 같은 입장에서, 번은 대인관계에 있어서 의사소통의 분석에 기초한 상담기법으로 상호교류분석이론을 구축하였다.

상호교류분석은 다양한 인간 상호작용에 대한 분석으로 대인관계의 친밀함을 도모하는 데 매우 중요한 영향을 미칠 뿐 아니라 개인의 인생태도를 결정하는 데도 결정적 영향을 미친다. 프로이트의 무의식에 대한 관심과는 반대로 상호교류분석은 관찰 가능한 의식적 행동에 관심을 둔다. 따라서 정신분석이론에서처럼 유아기에 형성된 것을 변화시키려고 하는 것이 매우 어렵다고 생각하는 관점을 부정하고 인간의 의식적인 변혁과 행동수정을 도모하고자 하는 것이 교류분석의 기초가 되는 사고방식이다.

번은 인간의 언어와 행동이 다양하며 여러 개체들이 모여 하나의 결합체로 표면화된다고 하였다. 번이 성격이론을 구성하면서 사용한 기본 단위는 세 가지 자아상태인데, 이는 일관된 생각과 감정, 행동이 체계이며 행동양식의 원천이다. 이 세 가지 자아상태의 유형은 사람들이 다른 사람들을 대할 때 어떻게 기능하는지, 즉 행위의 측면에서 보아 사람들이 자신의 성격을 어떻게 표현하는지를 이해하는 데 도움을 준다. 교류분석은 개인관계 그리고 의사소통에 대한 이해를 필요로 하고 있는 일상, 교육, 조직 등 어떤 장면에서도 사용될 수 있다.

2) 상호교류분석이론의 내용

상호교류분석이론의 기본개념은 개인의 인성은 성장하면서 형성된 개인의 행동양식으로서 세 가지 자아상태로 구성되어 있다. 즉, 인성은 부모자아parent ego, 성인자아adult ego, 아동자아child ego의 세 가지 자아상태ego state로 이루어져 있으며, 개인의 성격을 자아상태를 통해 분석하는 방법이 P-A-C 모델인 교류구조분석이다. 이 세 가지 자아상태는 프로이트의 성격구조와는 달리 관찰 가능하고 역동적이어서 각 개인의 의사소통과정에서 각각의 자아상태는 말하는 내용이나 태도 등으로 나타나게 된다. 번은 개인의 인성 내에서 일어나는 세 자아상태 간의 교류적 측면을 강조하였다.

(1) 인성의 구조

① 부모자아

부모자아P : Parent ego란 아동의 환경 내에서 부모나 형제 또는 다른 권위 있는 사

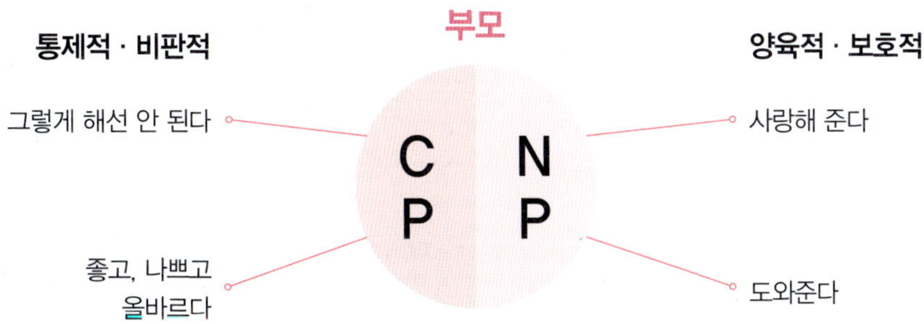

그림 3-1 상호교류분석이론 중 부모자아상태

람들을 통해 배워온 행동, 예절, 가치관 등에 관한 내면화된 인식이다. 부모자아 상태는 주로 부모의 행동이나 가치를 반영한 것이기 때문에 자녀를 돌보는 양육적 부모자아상태NP : Nurturing Parent ego state와 비판적이거나 통제적 부모자아상태CP : Controlling Parent ego state로 나눌 수 있다.

양육적 부모자아상태는 부모가 아동이 필요로 하는 정신적 및 육체적인 것을 제공해 주는 기능이 강하며, 아동을 통제하기보다 보살펴주고 격려해 주는 유형으로 양육했을 때 발달한다. 이러한 경우에 아동은 건전한 인성을 형성하게 된다.

반면에 통제적 부모자아상태는 통제적이고 간섭을 하며 아동의 의사보다는 부모의 주장대로 행동할 때 아동이 형성하게 되는 자아상태로서, 양육적 부모자아상태보다 바람직하지 못하다.

번은 부모자아상태가 특히 아동의 도덕성과 가치발달에 많은 영향을 미치므로 부모는 자녀를 양육할 때 아동의 권리를 존중하고 인성발달을 위해 심리적으로 배려하는 노력이 필요하다고 강조하였다.

② 아동자아

아동자아C : Child ego란 개인이 어린 시절에 느끼고 행동했던 것과 똑같은 감정이나 행동을 나타내는 상태로서 인간의 기본적인 욕구, 감정, 충동의 저장고라 할 수 있다. 다시 말해, 어린 시절에 보고 듣고 느끼고 이해한 것에 대한 자신의 반응이 기억되어 형성된 상태이다. 예를 들면, 생리적 욕구나 정서에 관련된 기억, 부모에 대해 습관적으로 사용했던 반응양식, 감정, 충동 등으로 구성되어 있으며, 자신에 대한 인식을 확인할 수 있는 것들이다.

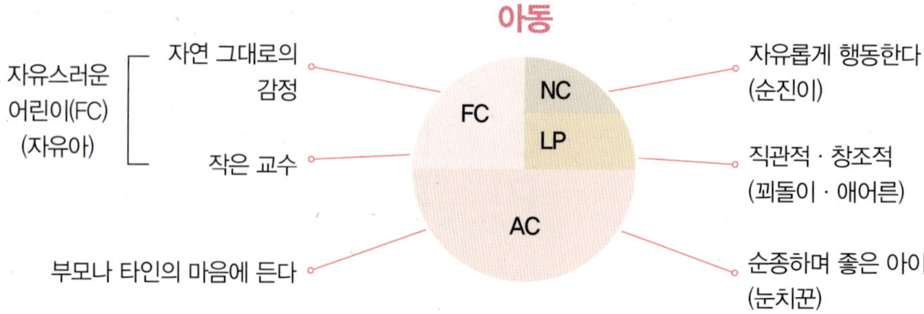

그림 3-2 상호교류분석이론 중 아동자아상태

아동자아는 상대방이 부모와 같이 행동하거나 자신이 의존적이라는 느낌이 들 때 또는 즐거울 때 주로 작용한다. 아동자아상태는 즐겁고 자유로운 감정상태인 천성적 자아상태natural ego state와 순응하는 감정상태인 순응된 자아상태adapted ego state로 분류된다. 천성적 자아상태는 아동이 자유로운 그대로의 개성을 지닌 자아상태로 좋거나 싫은 자신의 감정에 자유롭고 창의적인 면을 지니고 있다. 반면, 순응된 자아상태는 아동 스스로의 자율적 측면보다는 부모의 기대나 욕구를 중요시하며 그들의 의견과 느낌에 자신을 순응하려는 경향으로 인한 의존적인 상태라 할 수 있다. 번은 천성적 자아상태를 지닌 아동은 정서적으로 건강하고 자유로운 심리상태를 누리는 반면, 지나치게 순응된 자아상태를 소유한 아동의 경우 정서적 장애 및 적응문제를 유발하기 쉽다고 주장한다.

③ 성인자아

성인자아A : Adult ego란 개인의 인성 중에서 사실에 기초하여 자료를 모으고 분류

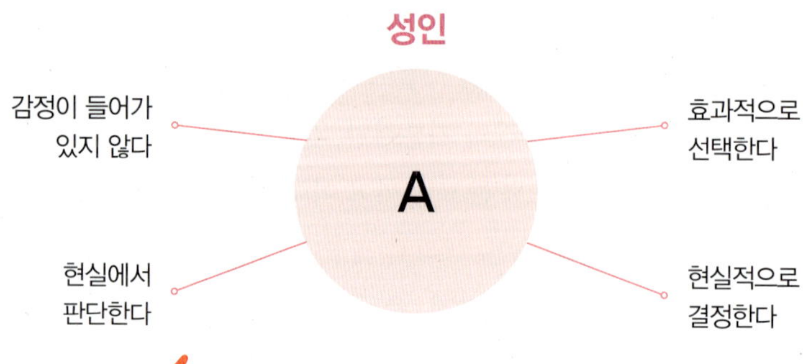

그림 3-3 상호교류분석이론 중 성인자아상태

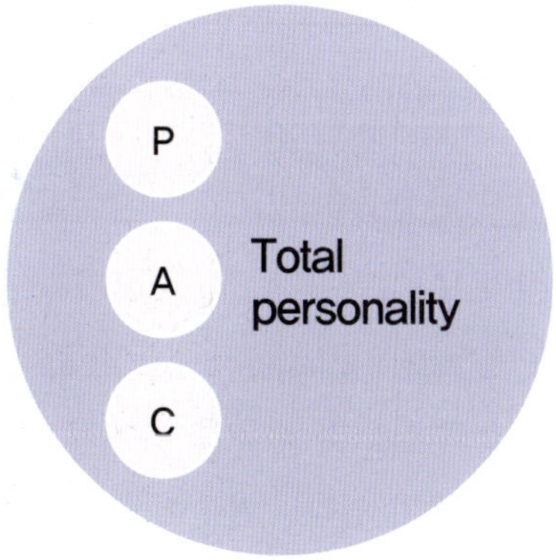

그림 3-4 균형 잡힌 자아상태

하며, 사물을 판단하려고 하고, 논리적 결론에 이르고자 하는 부분이다. 성인자아상태는 감정이 결여된 논리적인 처리의 기능을 가지므로 감정보다는 이성이 앞선다고 할 수 있다. 따라서 성인자아는 울기도 하고 웃기도 하고 걱정하기도 하는 부모자아상태나 아동자아상태가 하는 일 등은 하지 않고 감성에 자유롭고 냉정하며 논리적인 기능을 발휘한다. 성인자아상태의 원숙 정도는 개인마다 차이를 보인다. 지나치게 냉정하고 논리적인 성인자아상태를 지닌 경우에는 부모-자녀관계에 문제를 일으킬 수도 있다.

세 가지 자아상태는 인간이 생활하는 데 있어서 필요한 심리적 기제로 사용될 수 있으며 부모자아상태, 아동자아상태, 성인자아상태 이 세 가지의 균형이 잘 이루어져야 마음과 몸이 모두 평안한 상태가 되어 스스로 가질 수 있는 힘이 충분히 발휘되는 것이다.

(2) 교류분석의 형태

교류transaction란 두 사람 사이의 쓰다듬기stroke, 일종의 자극의 교환을 의미하며, 의사소통을 하기 위해 한 사람의 자극이 주어지면 다른 사람이 반응을 하는 것을 뜻한다. 교류분석은 부모자아 · 성인자아 · 아동자아상태를 응용하여 상호 간의 의사소통 형태를 분석하는 것을 의미한다. 번은 상호교류분석 형태를 상보적 교류complementary transaction, 교차적 교류crossed transaction, 그리고 이면적 교류ulterior transaction로 분류하여 설명하고 있다(정옥분 · 정순화, 2008).

① 상보적 교류

상보적 교류complementary transaction란 어떤 자아상태에서 보내는 메시지에 대한 반응이 기대한 대로 수신자가 반응을 보냄으로써 자극과 반응이 평행을 이루는 형태의 교류방식이다. 성인자아 대 성인자아, 부모자아 대 부모자아, 아동자아 대 아동자아와 같은 상보적 교류에서는 주고받는 자극과 반응이 평행하면 의사소통이 원활하게 이루어진다. 일반적으로 상보적 교류가 이루어지는 경우에는 '공감을 얻었다', '상대방이 내 이야기를 잘 듣고 있다', '기분이 좋다', '의사소통이 잘 된다' 등의 감정을 느끼게 된다.

② 교차적 교류

교차적 교류crossed transaction란 상호 간의 의사소통에서 주고받는 자극과 반응이 상대방에게 기대했던 반응과는 다른 예상 외의 반응이 오는 경우로서, 자극과 반응이 서로 교차하는 경우이다. 즉, 자극과 반응의 평행한 교환이 예상되는 상보적 교류와는 달리 자극과 반응이 기대한 자아상태로 되돌아오지 않아 서로 교차하는 교류이다. 예를 들어, 어떤 사람이 성인자아상태의 반응을 기대하고 자극을 보냈으나, 상대방으로부터 부모자아상태나 아동자아상태의 반응이 있게 되면 예상 외의 반응이 돌아오는 것이 된다(정옥분 · 정순화, 2008).

교차적 교류가 일어나는 경우에는 발신자는 예상했던 반응이 일어나지 않으므로 무시당하는 느낌이 들거나, 의사소통이 중단되거나, 갈등을 경험하기도 하며, 때로는 싸움이 일어나기도 한다.

③ 이면적 교류

이면적 교류ulterior transaction란 외부로 나타난 대화 내용과는 달리 그 이면에 숨겨진 메시지가 존재하는 경우이다. 암시적 교류는 잠재적 교류 또는 이면적 교류라고도 지칭한다. 외부로 드러나는 자극과 반응을 사회적 메시지라고 하며, 내부로 전해지는 자극과 반응은 심리적 메시지라고 한다. 암시적 교류는 표면적 메시지인 사회적 메시지와 숨겨진 메시지인 심리적 메시지 두 가지를 동시에 보내는 경우다. 따라서 이면적 교류는 상보적 교류나 교차적 교류와는 달리 동시에 2개 이상의 자아상태를 포함하고 있는 가장 복잡한 교류형태라 할 수 있다.

(3) 상호교류분석이론에 기초한 부모교육

번은 인간은 생존을 위해 자극의 욕구stimulus hunger가 있으며, 이를 위해 신체적 접촉의 중요성을 피력하였다. 상호교류분석이론에서는 아동에게 필요한 자극의 욕구로 쓰다듬기stroke를 들었다. 긍정적 쓰다듬기positive stroke의 예로는 부모가 자녀의 등을 가볍게 두드려 주거나 긍정적인 언어를 사용하여 자녀를 인정해 줌으로써 자녀의 자극욕구를 만족시켜주는 행위 등을 들 수 있다.

상호교류분석이론은 쓰다듬기를 주고받는 과정에서 유아들이 자기 자신과 타인에 대해서 어떻게 느끼고 어떤 결론을 내리고 있는가 하는 기본적 입장을 형성한다고 본다. 개인은 전 생애를 통하여 어떤 확고한 삶의 자세를 갖고자 하는 욕구가 있는데, 이 욕구는 6세 이전의 부모들의 쓰다듬기의 태도에 따라 크게 영향을 받는다. 이렇게 형성된 삶의 기본적인 입장에 따라 개인의 기본적인 '심리적 자세'가 형성되며 이를 기초로 하여 개인과 타인 간의 생활 방식의 가장 기본적인 모형이 만들어진다.

상호교류분석이론은 대인관계를 맺을 때 일어나는 개인의 심리적 자세 유형을 다음 4가지 형태로 표현하고 있는데, 설명하면 다음과 같다.

① 자기긍정-타인긍정의 자세(I'm OK, You're OK)

나도 옳고 다른 모든 사람들도 옳다는 것으로 이는 잠재적으로, 정신적으로 건강한 자세이다. 현실적으로 자기 자신과 다른 사람에 대해 이런 자세를 갖는 사람들은 자신의 문제를 건설적으로 해결할 수 있다. 그들의 기대는 타당한 것으로 보인다. 그들은 사람이 중요함을 수용한다. 이 자세를 갖는 사람은 우울해 하거나 불안하게 느끼지 않았고(Allen, 1973) 스스로 유능하며 인생은 살아갈 만한 가치가 있다고 생각하고 타인들도 전반적으로 신뢰할 수 있는 좋은 사람들이라고 생각하게 된다. 이러한 자세를 가진 부모에게서 자란 아이들은 '승자적 각본'을 갖게 되며, 자신과 부모를 사랑하게 되고 이후 다른 사람과 잘 지낼 수 있는 사람으로 성장하게 된다.

처음 어린아이는 자기부정-타인긍정의 자세로 시작하지만 궁극적으로는 자기긍정 -타인긍정의 심리적인 자세를 갖는 것이 바람직하다고 하였다. 일부 어려움에 있는 아이들은 자기긍정-타인부정의 자세나 자기부정-타인부정의 자세에 빠지기도 하지만, 성인자아가 발달하기 시작하면서 점차 자기긍정-타인긍정의 건강한 자세로 변화되기 시작한다고 하였다.

② 자기긍정-타인부정의 자세(I'm OK, You're not OK)

나는 옳고 타인은 옳지 않다고 생각하는 자세로서 이는 자신이 희생당하거나, 박해받는다고 느끼는 자세로 다른 사람들을 희생시키고 박해한다. 그들은 자신들이 불행한 이유를 다른 사람에게 돌리고 비난한다. 비행자나 범죄자들은 종종 이 자세를 취하며, 극단적인 경우에는 살인을 하는 정신병적 행동을 보인다. 이러한 심리적 자세의 특징은 보다 이기적이고 자유분방하며, 결손가정 출신 자녀에게 많이 나타나는 경향을 보였고(Thamm, 1972), 권태와 부적응행동과 관련이 있으며(Allen,1973), 대인관계에서 가장 파괴적인 자세를 보인다고 했다. 이러한 사람은 외면상으로 승자인 것 같지만 항상 자기는 타인보다 우위에 있어야 하고, 타인은 한 단계 낮아야만 한다는 신념을 가지고 있다. 이러한 자세를 가진 사람은 '너의 삶은 별로 가치가 없다'고 느끼는 사람으로 성장할 가능성이 높다.

③ 자기부정-타인긍정의 자세(I'm not OK, You're OK)

나는 옳지 않고 타인은 옳다고 생각하는 자세로서 다른 사람과 비교할 때 자신을 무기력하다고 느끼는 사람들의 일반적인 자세이다. 이 자세는 그들을 위축시키며, 우울증을 경험하게 하고, 심각한 경우에는 극단적인 선택을 하기도 한다. 이것은 열등감에 허덕이거나 우울해지기 쉬운 사람이 취하는 태도로서 자기 비하의 기분이나 소극적인 태도 때문에 스스로를 'OK'라고 하는 사람들과 함께 있는 것이 고통이 되어 친밀한 관계를 맺지 못하고, 혼자 고립되어 우울해지며 실패하고 나서는 후회하는 일이 많다.

④ 자기부정-타인부정의 자세(I'm not OK, You're not OK)

나도 옳지 않고 타인도 옳지 않다고 생각하는 자세로서 가장 나쁜 심리적 상태를 이야기한다. 어린 시절 사랑을 많지 받지 못한 상실함을 경험한 가정의 자녀들에게 많이 나타나는 경향을 보였고, 부모로부터 이해받지 못하고 있다는 감정, 내부지향적이기도 한 양면에서의 분노, 그리고 죄책감, 불신감, 대인공포, 원한과 자신 및 타인에 대한 부정적 감정을 특징으로 하고 있는 것으로 보고되었다.

이 자세는 삶의 흥미를 잃고 정신분열증을 보이며 심한 경우에는 극단적 행동을 하는 경우도 이런 심리적 자세를 가진 사람들에게서 많이 나타난다. 이러한 부모에게서 성장한 유아는 '삶은 전혀 가치가 없는 것이다.'라고 느끼게 될 가능성이 높다.

표 3-2 상호교류분석이론에 근거한 네 가지 유형의 생활 자세

생활자세	부모교육	내용	특징
자기부정/타인긍정의 자세 (I'm not OK You're OK)	자녀의 자율성을 존중하며 지지하는 양육방법	• 타인에 대한 긍정 및 자기에 대한 부정 • 출생 후 아동에게 흔히 발견되며, 부모를 긍정적으로 지각하여 부모의 지시에 전적으로 의존	• 열등감, 부적절함, 우울증, 죄의식 • 타인에 대한 불신 • 감정적 도피 또는 타인을 기피하는 경향
자기부정/타인부정의 지세 (I'm not OK You're not OK)	엄격한 지도와 감독, 긍정적 강화 및 격려	• 유아기에 흔히 나타남 • 무능력감을 경험하며 자기를 부정하거나 삶을 사포자기하는 경향	• 버림받았다고 생각 • 반항적, 자기부정 • 모든 사람에게 분노하는 감정이 있음 • 의욕 상실
자기긍정/타인부정의 자세 (I'm OK You're not OK)	인내와 관찰	• 생후 2~3년 유아기 특성 • 부모로부터 학대를 받거나 심한 신체적 · 정신적 학대를 경험한 아동의 특성 • 부모에 대한 부정과 타인을 무시하는 경향 • 자기 긍정 경향을 보이나 불안정한 생활 자세를 보임	• 자립하려는 강한 욕구 • 자만심 및 자기방어 • 극심한 불신, 비난, 증오 및 편집증적 자세
자기긍정/타인긍정의 자세 (I'm OK You're OK)	스스로 문제를 해결할 수 있노록	• 건강한 심리자세 • 자기 자신 및 타인존중 • 싱징기 부모의 바람직한 자세의 전수	• 긍정적 사고 • 자기 성장을 위한 노력

출처 : 김명희(2000), 현대사회와 부모교육.

(4) 쓰다듬기의 욕구

모든 인간은 탄생에서 죽음에 이르기까지 누군가 만져주기를 바라고, 타인으로부터 인정받고 싶어하며, 무엇인가 하며 시간을 보내려는 욕구가 있다. 이러한 심리적 욕구를 자극의 욕구라 하는데, 자극의 욕구란 번(1964)에 의하면 다른 사람으로부터 인정을 받으려는 욕구로서, 한 개인이 다른 사람에게 주는 신체적 접촉 또는 심리적 인정을 말한다(김성희, 1992). 상호교류분석에서는 타인을 인정하는 모든 행위를 스트로크stroke라고 부르는데, 이 욕구충족은 쓰다듬기를 통해서 이루어지며, 이 쓰다듬기는 개인의 행복한 생활을 위한 필수조건으로 상호교류분석의 핵심적 이론이다.

① 긍정적 쓰다듬기

긍정적 쓰다듬기positive atroke는 특정 상황에 직접적이고 적절하게 관련을 맺는 상호보완적 교류이다. 긍정적 쓰다듬기를 받은 사람은 유쾌하고 활기차며 자신이 중요하다는 느낌을 갖는다. 안정감이 증진되고 활동이 촉진되며 기뻐할 때가 많다. 내면의 느낌은 선의의 감정이고 '나는 OK이고 당신도 OK이다'라는 느낌을 전달한다. 만일 그 쓰다듬기가 진솔하고 정직하며 사실에 근거해서 이루어진다면 또 지나치지 않는다면 이는 한 개인에게 영향을 주어 인생에서 성공할 가능성을 증진시킬 것이다.

긍정적 쓰다듬기를 충분히 받지 못하면 부정적 쓰다듬기를 촉발시킨다. 쓰다듬기가 없는 상태는 무관심의 상태이기 때문에 아이들은 무관심보다는 부정적 관심이라도 받으려 하는 것이다. 이것은 자극이 충족되지 않으면 인성발달이 부정적으로 발달한다는 것을 의미하는 것이다.

② 부정적 쓰다듬기

유아의 감정과 욕구를 부모가 인정하지 않으면 건전한 성장이 위협받는다. 부정적 쓰다듬기negative stroke의 깎아내리기는 부족한 관심이나 부정적 관심으로서 정서적 · 신체적 손상을 초래한다. 무시되거나 부정적 관심을 받는 아동은 '너는 안 좋아 You are not OK.'라는 메시지를 받는다. 무시하고 조롱하며 차별하거나 웃음거리로 만들고 비난하며 신체적으로 괴롭히거나 별명을 부르며 놀리는 등의 행동은 어떤 의

표 3-3 스트로크의 종류

스트로크	신체적	정신적	조건부	무조건
존재 인식	접촉 등 직접적	말 따위 간접적	행위와 태도에 대하여	존재와 인격에 대하여
긍정적 상대가 쾌감을 느낀다	• 머리를 어루만진다. • 손을 잡는다. • 포옹한다.	• 칭찬한다. • 이야기를 듣는다. • 금일봉.	• 심부름 고마워. • 좋은 일 했구나. • 용감한 행위다.	• 자네와 함께 있어 행복해. • 훌륭한 사람이군요.
부정적 상대가 불쾌감을 느낀다	• 두드린다. • 꼬집는다. • 들이받는다.	• 꾸짖는다. • 노려 본다. • 얕본다.	• 공부 안하면 못써. • 뭐야, 그 태도가.	• 회사를 그만둬.

출처 : 우재현(2009).

미로 보면 중요하지 않은 것으로 취급하는 것이다. 즉, 그 개인은 자신의 실제 가치보다 '깎인' 것이다. 깎아내리기는 항상 잠재적 비난을 수반한다. 깎아내리기를 당하는 것은 항상 고통스럽다. 부모가 자녀를 깎아내리면 자녀는 패자의 성격을 갖게 된다. 성인들 사이의 깎아내리기는 불쾌한 인간관계를 만들거나 파괴적 감정, 패배적 각본을 형성한다.

4. 부모효율성훈련이론

1) 이론적 배경

PETParent Effectiveness Training 프로그램으로 불리는 부모효율성훈련이론은 1962년 고든Gordon이 로저스Rogers식 이론에 입각하여 개발한 부모 프로그램이다. PET프로그램은 부모뿐만 아니라 교사나 일반 성인들의 대인관계 향상 훈련에 적용되기도 한다. 미국의 임상 심리학자인 고든과 로저스 이론에 입각하여 만들어진 부모교육 프로그램으로 고든이 시카고 대학교에

고든(Thomas Gordon)

서 정서적, 지적으로 문제가 있는 어린이들을 치료해 오는 동안 자신이 배운 정신의학적인 지식이 맞지 않음을 발견하였다. 이런 임상적 경험에 따라 고든은 어린이의 정서적인 문제는 정신의학적인 문제로 다루어질 것이 아니라 부모-자녀 간의 인간관계에서 생기 문제로 보아야 하며 양자의 관계를 개선시킬 수 있는 방법을 부모들에게 교육해야 효과적이라는 생각에 부모-자녀관계 향상에 초점을 두게 되었다. 그러므로 일부 심리치료가에게만 통용되어 오던 인간관계에 관한 지식이나 기술을 자녀와의 관계에서 어려움을 겪고 있는 부모에게 실생활에서 적용하게 하려는 의도에서 1962년 캘리포니아주 패서디나Pasadena에서 17명의 부모집단을 대상으로 PET 부모교육 프로그램을 최초로 시작하였다(Cedar, 1985).

PET 부모교육 프로그램이 많은 부모들에게 신속하게 파급됨에 따라 고든은 부모효율성훈련협회Parent Effectiveness Training Associates를 창설하게 되었으며, 이 기구를 통하여 어린이 청소년을 위해 일하는 전국의 교사, 행정가, 부모들을 대상으로 전문적인 훈련 프로그램을 실시하게 되었다.

부모효율성훈련에 처음에는 주로 자녀와의 관계가 악화되어 있는 부모들이 참여했으나 점차 자녀의 문제를 예방하는 데 도움이 되는 기술을 교육하는 프로그램으로 인식되어 갔다. 지금은 문제를 가진 자녀 때문에 어려움을 겪는 부모보다 정상적인 발달과정을 거치고 부모-자녀관계가 원만한 자녀의 부모들과 영아나 유아의 부모와 예비 부모들이 참여하고 있다.

PET 부모교육 프로그램은 부모-자녀관계는 긍정적이며 치료적 변화를 위한 필수적 조건은 감정이입, 순수성, 긍정적 관심으로 특정지워지는 '관계'라는 데 초점을 맞추고 있다. 현대의 교육자 및 정신의학자들이 주장하듯이 고든 역시 부모와 자녀의 관계는 애정과 존경에 바탕을 둔 따뜻하고 절친한 관계여야 한다는 데 동의하고 있다. 즉, 부모-자녀관계가 개선되면 유아의 문제행동이나 십대의 반항, 그리고 분노의 수준 등을 감소시키거나 전혀 일어나지 않게 할 수도 있다는 것이다(이원영, 1995).

고든(1970)은 부모 자신의 감정에만 한정된 언어를 표현함으로써 수용 불가능한 행동을 하는 유아에 대처하는 능력을 얻도록 나 표현I messages의 활용을 제시하였다. 또한 부모가 유아의 문제를 의식할 때 능동적 경청active listening이 도움이 될 수 있음을 시사하였다. 더 나아가 고든은 부모-자녀 간의 의사소통에서 갈등을 해소하기 위한 방법으로 양자승리기법no-lose method을 제시하였다.

2) 부모효율성 프로그램의 내용

(1) 부모-자녀관계에 대한 견해

고든은 부모와 자녀의 관계를 애정과 존경에 바탕을 둔 따뜻하고 절친한 관계여야 하며, 부모의 중요한 역할은 자녀를 생산적이고, 협동적이며, 책임감 있는 시민으로 길러내는 것이다. 이것은 곧 부모와 자녀 간의 온징적인 관계를 유지하지 못할 때는 부모와 자녀의 상호작용방식을 면밀히 분석해 볼 필요가 있다고 하였다. 온정적이지 못한 부모-자녀관계에 영향을 미치는 주요 요인으로 다음과 같은 것들이 있다.

첫째, 전통적인 양육방식을 답습하는 것으로 발달된 지식과 양육방법이 아닌 그들의 부모로부터 받았던 양육방식, 그리고 전승되어온 전통 양육방식을 답습하는 것이다.

둘째, 이율배반적인 부모역할로 부모라는 지위와 체면 때문에 부모는 실수가 없고, 유능한 인간인 것처럼 자녀에게 보여 주어야 하는 이율배반적인 역할에 갈등하는 것이다. 이것은 자연히 자녀 앞에 나서지 못하고, 대화의 단절을 가져올 수밖에 없다.

셋째, 부모의 성인 중심적 인간관으로 부모들은 성인 중심적인 인간관을 견지하고 있으며, 따라서 부모와 자녀관계를 평등관계가 아닌 수직관계로 보는 경향이다.

넷째, 효과적인 의사소통기술의 부족으로 부모와 자녀 간의 효과적인 의사소통이 이루어지지 않는다는 것이다.

부모효율성 프로그램은 인간관계이론에 기초를 두고 부모-자녀 간의 기본적인 인간관계를 가장 바람직한 방향으로 발전시키려는 목적을 가지며, PET 프로그램은 부모에게 보다 효율적으로 자녀를 양육하는 데 필요한 기술을 가르치는 것에 다음과 같은 목적을 두고 있다.

첫째는 아이들이 스스로 자신의 문제를 해결하도록 도와주기 위한 것이고, 둘째는 아이들의 비수용적인 행동에 대처하기 위한 것이고, 셋째, 부모-자녀 간의 욕구갈등을 해결하기 위한 것이며, 넷째, 부모-자녀 간의 가치관 대립을 해결하기 위한 것이다.

이것은 부모와 자녀관계는 애정과 존경을 갖는 따뜻하고 평온한 관계이어야 하며, 이러한 관계가 유지되기 위해서는 효율적 인간관계 형성이 중요한데, 이는 부모- 자녀 간의 원만한 의사소통 수준에 따라 달라진다는 것을 알 수 있다.

(2) 부모효율성훈련의 기법

① 부모와 자녀 간의 의사소통에 걸림돌이 되는 언어표현

- 명령, 지시, 요구 : 명령하고 지시 하는 표현법이다예 : 문 닫아라. 숙제해라, ~해 등.
- 주의, 협박, 경고 : 자녀에게 어떤 행동을 하면 어떤 결과가 될 것이라는 것을 말한다예 : 한번만 더 그렇게 하면 아빠에게 말할 거야, 성적 나쁘기만 해 아무것도 안 해줄거야 등.
- 훈계, 설교 : 자녀에게 해야 할 일과 해서는 안 되는 일을 일일이 알려준다예 : 여자가 그렇게 행동하면 안 된다.
- 충고, 해결책 제안 : 자녀에게 어떻게 하면 문제가 해결이 되는지를 조언하고 제안을 한다예 : 숙제를 혼자 하려면 일정표를 짜야 되지 않겠니?.
- 강의, 교수, 논리적 논장의 전개 : 부모 자신의 의견과 사실과 정보 등으로 자녀의 판단에 영향을 주려고 한다예 : 내가 너처럼 어렸을 때는 두 배만큼 일을 했단다.
- 비판, 비난, 판단 : 자녀에 대한 부정적인 평가 판단을 내린다예 : 너는 아직 어려서 잘 몰라. 넌 늘 부주의해.
- 칭찬, 동의, 부추기기 : 긍정적인 평가, 판단을 무조건 내리고 동의하는 표현법이다예 : 너는 똑똑하니까 무엇이든 할 수 있어.
- 욕설, 조소, 수치감 : 자녀에게 욕을 하거나 수치감을 준다예 : 말썽꾸러기야, 넌 머리가 나쁘구나.
- 해석, 분석, 진단 : 자녀의 행동을 부모가 분석하고 원인을 분석하여 전달한다 예 : 너 동생이 미워서 그러는구나.
- 격려, 위로, 지원, 동정, 안심시키기 : 자녀의 기분을 맞추려 하거나 불쾌한 기분을 풀려고 하거나 자녀의 감정을 부정하려는 표현법이다예 : 어릴 때는 누구나 다 그러는 거야, 염려 마 다 잘 될거야.
- 질문, 탐문, 심문 : 원인, 동기, 이유를 알고자 하는 표현법이다. 부모가 문제를 해결하려고 하는데, 자녀로부터 정보를 얻으려고 한다예 : 너 엄마가 왜 싫은지 말해

봐, 누가 너에게 그런 짓을 가르쳐 주었니?.

• 퇴행하기, 화제 바꾸기, 주의 돌리기 : 부모 자신이 문제에서 도피하거나 농담으로 돌리며 문제를 회피하는 표현법이다예 : 잊어버리자, 그럼 그 친구를 어떻게 해줄까?.

② 적극적 경청

적극적 경청active listening의 적절한 사용 시기는 자녀가 문제를 가지고 있음이 분명해졌을 때이다. 이럴 때 부모들은 대개 자녀가 감정을 표현하는 상황을 알게 되는 것이다. 모든 자녀는 그들의 삶에서 친구, 형제, 부모, 교사 주위환경 또는 자기 자신의 문제 등으로 실망과 좌절, 고통과 불만 등을 경험한다. 이러한 문제를 해결하는 데 남의 도움을 구할 수 있는 자녀는 정신적으로 건강을 유지할 수 있으며, 더욱 힘차게 성장할 수 있는 사람이다. 그러나 반대로 그렇지 못한 자녀는 정서적인 장애를 가진 사람일 것이다.

부모는 자녀들의 이야기를 들을 때에 적극적으로 경청하여야 그들의 생각이 어떠한지를 알게 되므로 그들의 변화하는 세계를 이해하는 태도를 가지고 반응해야 한다. 부모가 적극적 경청을 하기 위해서는 많은 노력을 하여야 하고 계속적으로 사용해야만 효과가 있다.

적극적 경청은 자녀에게 문제가 있음이 분명할 때 사용하면 효과적이라 하겠다. 부모 입장에서는 적극적 경청을 통하여 자녀의 현재 상황을 알게 되어 문제를 해결하는 데 도움이 되는 역할을 할 수 있게 되며 자녀는 문제해결이 이루어짐으로써 정신적으로 건강해져 한층 성숙해지고 성장할 수 있게 된다.

적극적 경청은 자녀가 문제의 해결책을 발견하는 데는 도움이 되지만, 자녀의 행동이 부모에게 문제가 될 경우에 부모가 해결책을 발견하는 데 거의 도움이 되지 않는다. 즉, 적극적 경청은 문제를 소유하고 있는 사람이 스스로 해결책을 찾게 하는 효과적인 방법이긴 하지만 이것이 효과를 거두기 위해서는 조력자, 즉 듣는 쪽이 문제는 내담자의 소유인 것을 인정하여 스스로 해결방법을 찾도록 처음부터 끝까지 허용하지 않으면 안 된다. 적극적 경청은 자녀가 스스로 문제의 해결방법을 구할 수 있도록 자녀에게 기회를 부여하는 한 방법이다. 부모가 효과적으로 자녀의 말을 들어주는 방법에는 다음의 네 가지 방법이 있다.

첫째는 '조용히 들어주기소극적 경청'로 부모가 말을 많이 하기보다는 조용히 들어

주는 비언어적 메시지 전달법이다. 이 방법을 사용함으로써 자녀는 말할 수 있는 기회를 갖게 되어 자신의 감정을 부모에게 나타내게 되며, 처음에 나타냈던 문제보다 더 깊고 근본적인 문제에 접근할 수 있게 된다.

둘째는 '인식 반응하기'로 아직도 자녀의 말에 관심이 있고 열심히 듣고 있다는 것을 표현하는 방법으로 고개를 끄덕거리는 등의 비언어적 표현과 '그랬구나', '그래서' 등의 언어적 표현방법으로 자녀로 하여금 자신이 경청받는다는 느낌이 들어 자신감이 생기게 한다. 셋째는 '격려하기'로 자녀가 마음의 문을 열 수 있도록 판단이나 비평, 질책의 의미 없이 문제를 함께 걱정하고 싶다는 뜻을 전달하고 격려해 주는 것이다.

넷째, '적극적 경청' 혹은 '반영적 경청'으로 부모의 의견이나 메시지를 포함하지 않고 다만 자녀가 말한 메시지를 반영해 주거나 확인해 주는 언어적 반응이다. 자녀의 이야기를 비판하거나 판단하지 않고 그대로 수용하고, 자녀의 감정을 진심으로 이해하고 노력하는 태도를 가지며 적극적으로 의사소통에 참여하는 것이다.

적극적 경청의 3단계

- 제1단계 : 아동이 언어적 · 비언어적 방법으로 자신의 어려움을 전달하는 것이다(예 : 짝꿍이 다른 친구하고만 놀아요).
- 제2단계 : 부모가 아동에게 받아들인 정보를 해석하여 자녀의 생각이나 감정을 피드백하기이다(예 : 그 친구하고 친하고 싶은데 속이 많이 상하겠구나).
- 제3단계 : 아동이 부모의 피드백을 받아들여 반응을 보이는 단계이다(예 : 네, 그 친구랑 친했으면 좋겠어요).

적극적 경청을 할 때 부모의 태도가 공감을 불러일으키지 않으면 아이는 부모가 무슨 말을 하든 믿지 않을 것이며, 부모가 말할 때 진정한 공감이 느껴지면 아이는 자신의 마음을 진솔하게 털어놓게 된다.

③ 수용성 수준 파악하기

부모와 자녀의 관계는 상호작용에 의해 결정되는 것이기 때문에 자녀양육도 양면적으로 이해해야 한다. 부모는 그때그때마다 자녀에 대하여 두 가지 감정을 가지는데, 수용하는 감정과 비수용하는 감정이다. 자녀의 행동을 수용하는 정도는 다음의 세 가지 요인에 따라 달라질 수 있다. 첫째는 부모 자신의 현재 기분이나 행동, 욕구 등이며, 둘째는 자녀의 행동이 일어나는 시간이나 장소와 같은 환경적 요인이다. 셋째는 자녀의 연령이나 특성 등 자녀와 관련된 요인이다. 수용과 비수용을 구분하는 것은 이 세 요인의 상호작용의 결과에 따라 끊임없이 달라진다고 할 수 있다. 부모는 자녀의 행동을 무조건 혹은 언제나 일관성 있게 수용해야 하는 것은 아니며, 수용하지 않으면서 수용하는 척할 필요도 없다. 부모가 자녀에게 솔직한 감정을 표현하면 자녀는 부모의 감정에 대처하는 방법을 터득하게 되고 부모-자녀관계는 좋은 관계를 유지해 갈 수 있을 것이다.

④ 문제의 소유자 파악하기

부모의 수용성 정도를 파악했다면 그 다음은 문제의 소유자를 파악하는 일인데, 문제해결에 중요한 단서가 된다. 문제의 소유자란 그 문제로 인한 고통받는 사가 누구인가를 의미하는 것으로 세 가지로 구분할 수 있다.

첫째는 부모가 문제를 소유한 경우로 자녀의 행동이 부모에게 불쾌감과 분노를 일으키게 하는 경우이다. 이때는 부모가 자녀의 행동을 수용할 수 없게 되는데, 상황에 따라 솔직한 감정을 표현하는 직면기술confrontation skills을 부모에게 훈련시켜 이 영역을 좁혀가도록 한다.

둘째는 자녀가 문제를 소유한 경우이다. 자녀가 자신의 욕구를 만족시키지 못해 화를 내거나 좌절 또는 실망하는 경우로 부모에게는 전혀 문제가 되지 않으니 자녀 자신에 문제가 되기 때문에 자녀가 스스로 문제를 해결할 수 있도록 도와주는 방법인 돕는 기술helping skills을 사용한다. 셋째는 부모도 자녀도 문제를 소유하고 있지 않은 경우인데, 부모도 자녀로 인해 방해받지 않고 자녀도 욕구가 별 어려움 없이 충족되는 경우이다.

⑤ 나-전달법

나-전달법I-message은 부모가 자녀의 행동으로 인해 좌절하거나 갈등을 느껴 문제를 소유할 때 사용하는 의사소통기술이다. 부모에게 문제가 되는 자녀의 행동에 대한 비판, 질책, 훈화하기보다는 나-전달법으로 협동을 구하는 태도로 자녀의 판단을 신뢰한다는 의미를 전달하여 의사소통을 원활하게 하는 것이다. 이것은 자녀의 행동을 비난하지 않고 부모의 진실한 마음과 감정을 드러내기 때문에 자녀가 방어적이지 않고 책임감을 느끼게 되어 문제의 해결이 가능하게 된다.

나-전달법의 구체적인 방법은 다음과 같다. 첫째는 부모를 괴롭히는 자녀의 행동을 비난하지 않고 간단히 진술한다문제되는 행동을 구체적으로 서술. 둘째는 자녀의 행동이 부모에게 미치는 구체적인 영향을 진술한다. 셋째는 자녀의 행동으로 인해 부모가 느끼는 감정이 어떠한지를 표현한다. 예를 들면, "네가 장난감을 가지고 놀고 정리하지 않아서행동, 엄마는 너무 당황했어감정. 왜냐하면 바로 손님이 오신다고 했거든구체적 영향."이렇게 표현할 수 있다.

나-전달법을 실행할 때 주의해야 할 점은 부모 자신의 감정을 조절하는 일이다. 부모가 자녀의 행동을 비난하지 않고 묘사할 수 있을 정도로 자신의 감정을 어느 정도 통제할 수 있을 때 나-전달법을 효과적으로 사용할 수 있다.

⑥ 무승부법

부모-자녀 간의 갈등은 일상생활에서 피할 수 없다. 이럴 때 부모가 권위적 태도를 취하여 승자가 되든지 허용적 태도를 취하여 자녀가 승자가 되든지, 둘 중 하나를 택해야 하는 갈등을 겪게 된다. 이때 상대방의 입장을 배려하지 않는 갈등처리방법은 상대방의 마음에 상처를 주게 된다. 그렇기 때문에 부모는 자녀의 인격을 존중하고 자녀 역시 부모의 인격과 권위를 존중하면서 서로 해결책을 찾아나가는 무승부법no lose method이 적용되어야 한다.

무승부법은 다음과 같이 6단계를 제시하고 있다.

- 제1단계 : 갈등 확인하기 – 부모와 자녀의 갈등요인이 무엇인지를 확인하고 분명하게 밝힌다.
- 제2단계 : 해결책의 가능성 타진과 검토하기 – 확인된 문제를 어떻게 해결할 것인지 여러 각도에서 검토한다.
- 제3단계 : 가능성 있는 해결책 평가하기 – 가능성이 있는 여러 형태의 해결책을 평가한다.

- 제4단계 : 최상의 해결책 결정 – 결정된 최상의 해결방법을 어떻게 수행할 것인지 구체적인 방법을 결정한다.
- 제5단계 : 결정된 해결책 시행하기 – 결정된 해결방법을 어떻게 수행할 것인지 구체적인 방법을 결정한다.
- 제6단계 : 후속 평가하기 – 선택되어 시행된 방법과 선택한 일이 올바른지 평가한다.

이러한 무승부법의 장점은 첫째, 자녀와 함께 문제해결방안을 모색하는 과정에서 자녀의 인지발달과 자율성을 촉진할 수 있다. 둘째, 자녀에게 갈등 상황을 해결할 수 있는 선택권과 책임을 부여해 준다. 셋째, 권위에 의존하려는 부모의 욕구를 억제할 수 있다. 넷째, 대화를 통한 문제해결과정은 부모나 자녀의 심리적 상처를 배제할 수 있다. 다섯째, 자녀의 자율성을 신장하고 촉진할 수 있다는 것이다.

5. 행동수정이론

1) 행동수정이론의 이론적 배경

행동수정이론은 행동주의 심리학에 기초를 둔 행동원리 및 학습원리라고 할 수 있는데, 두 가지 유형으로 대별할 수 있다. 현대 학습이론의 아버지라 불리는 파블로프를 시작으로 왓슨Watson, 스키너 등에 의해 발전된 조건형성이론과 다른 하나는 다른 사람의 행동을 관찰하고 모방함으로써 행동이 학습된다고 하는 반두라의 사회학습이론이다.

왓슨(John Broadus Watson)

행동수정이론은 왓슨이 행동주의 심리학에 근거하여 《영아 및 아동의 심리학적 양육》이란 양육서를 출판하고 또 부모교육 강연을 빈번히 한 이후로 서구 세계에 커다란 영향을 미치게 되었다.

행동주의자들은 인간의 유전적 · 내적 요인에는 관심을 두지 않고 외적 환경을 강조한다. 그들은 인간을 태어날 때는 선하지도 악하지도 않은 백지상태이나 환경에 의해 선해지거나 악해질 수 있는 존재로 보았다. 극단적인 환경론은 왓슨의 인용구에 잘 나타나 있다.

"나에게 12명의 건강한 유아와 그들을 양육할 수 있도록 나에 의해 잘 계획된 특별한 세계를 달라. 그러면 나는 무작위로 어느 한 유아를 골라 그의 재능, 취미, 기호, 능력, 적성, 종족에 관계없이 내가 선택한 어떤 전문가-의사, 변호사, 화가, 상인, 거지, 도둑-로 만들 수 있다."

부모교육에 있어서 행동수정접근방법의 기본 가정은 인간의 모든 행동은 학습된 결과이고 학습은 개인과 환경의 상호작용의 결과라는 것이다. 따라서 행동이 학습된 것이라면, 학습된 과정을 잊게 한다거나 다시 학습하여 행동을 변화시킬 수 있다는 가정이 성립된다. 그리고 개인의 행동은 환경과 관계된 것이기 때문에 행동을 변화시키기 위해서는 우선 환경이 변화되어야 한다.

행동주의이론을 적용한 부모교육 프로그램의 목적은 부모가 스스로를 유아의 환경에서 가장 중요한 영향을 미치는 요소로 보고 유아의 문제행동을 변화시킬 책임을 가진 존재라는 것을 인식하도록 하는 것이다.

여기서 행동수정이론의 일반적인 목적은 이러하다.

첫째, 행동수정이론의 기본적인 원리를 배우고 훈련한다.

둘째, 자녀의 행동을 관찰하는 기술과 평가하는 원리를 습득한다.

셋째, 자녀의 행동에 행동수정의 원리를 적용하여 행동의 변화를 이루도록 한다.

행동수정이론을 적용한 부모교육의 목적은 유아의 행동을 평가하고 진단하기 위한 것이다. 즉, 아동의 행동을 지도하고 발달시키고, 통제할 수 있는 기술을 익히고 향상시키는 데 중점을 두고 있으며 부모들은 아동행동을 변화시키는 지도자로서의 역할을 하게 된다.

행동수정이론의 부모교육 목적은 유아의 환경에서 가장 중요하고 영향을 주는 부모들로 하여금 자녀들의 문제행동을 변화시킬 책임이 그들에게 있다는 것을 받아들이도록 하는 것이다. 부모의 향상된 기술은 일관성 있는 태도를 유지하게 하고 과잉행동을 보이거나 반응을 보이지 않거나 하는 부모의 잘못된 행동을 변화시키는 데 도움이 된다.

2) 행동수정이론의 내용

행동주의자들은 학습에 대해 다음과 같은 가정을 하고 있다.

첫째, 행동주의 심리학에서 바라보는 인간의 마음은 로크Locke의 주장과 같이 백지와 같아서 환경적 자극에 반응하는 수동적인 인간이라고 본다. 따라서 교사는 인간 학습자를 자극할 수 있는 환경을 조성해야 하고, 수업상황에서 교사의 가르치는 teaching 능력을 중요하게 여겼다.

둘째, 인간을 동물과 마찬가지로 유기체라 보고, 쥐나 비둘기 같은 동물로 연구된 학습이론을 인간의 학습상황에도 적용할 수 있다고 보았다.

셋째, 학습에 대한 연구를 과학적으로 실시하려 하여 관찰 가능하고 측정될 수 있는 행동에 초점을 두었다. 환경에 의한 자극과 유기체에 의한 반응들이 학습이론의 관심이 되었다. 내적 과정은 관찰할 수 없기 때문에 학습의 과학적인 연구에서는 제외되어야 한다고 보았다. 유기체 내부를 블랙박스black box로 보고 그 속에 발생하는 것은 보이지 않기 때문에 연구의 대상이 될 수 없다고 생각한다. 행동주의가 유기체 내부의 변화를 포착하지 않는다는 비판을 받게 되자, 신행동주의자들은 자극과 반응의 연결S-R보다는 유기체 내부 요소들S-O-R의 역할에 주목하고 있기도 하다.

넷째, 행동주의자들은 학습이라는 말보다는 조건화에 대해서 말한다. 조건화는 자극과 반응의 관계에 기초하고 있다.

다섯째, 행동 변화가 관찰될 때만이 학습이 발생된 것으로 간주한다. 극단적인 행동주의자는 행동 변화가 일어나지 않으면 학습은 발생하지 않은 것으로 본다.

(1) 고전적 조건형성이론

구 소련의 생리학자인 파블로프Pavlov(1849~1936)는 개의 소화선의 분비를 객관적으로 관찰 측정하는 방법을 고안하여 실험하던 중에 우연히 조건반사가 일어나는 것을 발견하였다. 개 입안의 침액 분비선에 고무파이프를 연결시켜 놓아 침이 나오는 것을 외부에서 알 수 있도록 장치하였다. 실험용 굶주린 개의 앞에 음식물을 제시했더니 개의 입에서 침이 흘렀다는 것이 외부에서 포착되었다이것은 본래 개가 가지고

표 3-4 파블로프의 실험단계

단계	내용
1단계 발견 개의 자연스러운 자극과 반응	고깃덩어리(무조건자극) → 침(무조건반응)
2단계 실험 인위적인 자극과 결합	벨소리(조건자극) + 고깃덩어리(무조건자극) → 침(무조건반응)
3단계 실험 인위적인 자극과 반응	벨소리(조건자극) → 침(조건반응)

있는 자극에 대한 반응이다. 그 다음 음식물을 주기 몇 초 전이나 혹은 음식물과 동시에 벨을 울리는 식으로 음식물을 제시하였다. 이것을 여러 번 반복했더니 벨만 울려도 개의 타액선에서 침이 흐르는 것을 발견하였다조건화된 반응. 실험을 단계별로 살펴보면 다음과 같다.

조건형성이론에서는 인간의 학습도 이와 같은 자극과 반응의 원리로 설명하려 한다. 인간의 행동도 자극에 의한 조건화에 의해 의도한 대로 지도할 수 있다는 입장으로 환경을 어떻게 조작하는가에 따라 인간성을 결정할 수 있다고 본다. 예를 들어, 인간의 우는 행동은 슬픈 마음 때문에 우는 것이 아니라 슬픈 장면의 자극에 의해 운다는 것이다기쁜 마음으로 영화관에 갔다가 슬픈 영화 장면을 보고 울고 나오는 경우에는 이 이론이 맞다. 공부하기 싫은 학생도 공부하기 싫은 마음을 가지고 태어난 것이 아니라, 그 학생의 주변 환경이 그로 하여금 공부가 싫도록 주어졌기 때문이라고 설명된다. 따라서 공부를 할 수 있는 자극을 준다면, 그 학생은 공부하고 싶은 생각이 드는 반응을 보일 것이다.

(2) 자극반응 연합학습

손다이크Thorndike는 자극과 반응에 대한 결합을 시행착오 실험을 통해서 증명하고자 하였다. 손다이크는 문제상자에서 고양이가 탈출하는 과정을 관찰했다. 고양이를 굶겨서 문제상자 속에 넣고, 고양이가 잘 볼 수 있는 곳에 생선을 놓았다. 문제상자 속에 갇혀 있는 고양이가 처음에는 헛된 동작과 많은 시간을 소비하다가 우연히 페달을 밟게 되고시행착오, 그 결과 문이 열리게 되며 고양이는 생선을 먹을 수 있게 된다강화. 그 다음 다시 고양이를 문제상자 속에 넣었다. 고양이는 많은 시행착오에 의해 문을 여는 행동을 학습하게 되어 페달을 밟고 나오게 되는 행동을 배우게 된다. 고양이가 처음 문제상자에서 탈출하는 시간은 160초 이상 걸렸던 것이 후에는 10초에도 가능하게 되며, 불규칙하던 시간소요가 실험횟수가 많아짐에 따라 규칙적인 시간으로 페달을 밟고 문제상자를 탈출하게 되었다.

손다이크는 이러한 과정을 시행착오trial and error라 하며, 위와 같은 실험을 통해 세 가지 주요 법칙을 제시하였다.

① 효과의 법칙

자극과 반응의 결합이 유쾌하고, 만족한 상태를 수반할 때는 그 행동의 수나 강도가 증가하고, 불쾌하고 불만족스러운 상태를 수반할 때에는 행동의 수나 강도가 감소한다는 효과의 법칙law of effect이다. 학생이 어떤 행동을 한 후 교사로부터 잘했다는 칭찬을 받게 되면 자극과 반응이 강하게 결합되어 그러한 행동을 계속하게 될 것이다. 반대로 불쾌한 상태와 연결이 되면 자극과 반응의 연합은 약해지고, 그 행동이 일어날 가능성은 적어진다.

② 연습의 법칙

자극 장면과 반응의 결합은 연습의 횟수가 많으면 많을수록 강해지고, 연습 횟수가 적으면 적을수록 결합은 약해진다는 것이 연습의 법칙이다.

③ 준비성의 법칙

자극과 반응의 결합은 준비가 되어 있을 때 만족스럽게 되고, 준비가 되어 있지 않을 때 만족스럽지 못하다. 이것은 준비성의 법칙을 설명하는 것이다. 만약 고양이가 피곤하여 움직이기 싫어한다거나, 배부른 상태라면 페달을 밟는 행동이 나타나지 않을 수 있다.

(3) 조작적 조건화 형성이론

스키너Skinner는 자신이 고안한 스키너 상자Skinner box를 사용하여 연구하였다. 스키너 상자에 배고픈 쥐를 넣어놓고 쥐가 우연히 지렛대를 누르는 행동을 하게 되면 반응 먹이가 떨어지도록 하는 자극을 주어 쥐의 지렛대 누르는 행동을 강화하게 된다. 쥐가 우연히 시도해 보는 행동 중에서 요구하는 행동을 하는 경우에 보상을 줌으로써 그 행동을 강화하고, 그렇지 않은 경우에 보상하지 않게 되면 그 행동을 할 확률이 낮아지게 된다. 보상을 통해 강화된 행동은 행동 변화에 핵심적인 변수가 된다. 강화스케줄을 조정하여 한 가지 행동을 학습시키게 된다.

인간의 학습에서는 한 가지 행동의 학습이 목표가 아니라 보다 복잡한 행동을 요구하게 된다. 이를 위해서 얻고자 하는 행동을 계기적 접근법을 통해 한 단계 한 단계step by step 강화시킴으로써 바람직한 행동을 조성해shaping 나가게 된다. 조작적 조건화에 대한 중요한 개념은 다음과 같다.

① 강화와 소거

강화reinforcement는 어떤 특수한 반응이 일어날 확률을 증가시키는 보상체제를 말한다. 쥐에게 주어지는 먹이, 학생에게 하는 칭찬과 상장, 자신이 하고 싶은 일을 하게 만들어 주는 것 등이 모두 강화물에 들어간다. 소거extinction는 특정한 행동을 하였을 때 강화물을 주던 것을 주지 않게 될 때, 그 특정 행동의 강도가 점차적으로 약화되는 현상이다.

- 정적강화 : 바람직한 행동을 한 후에 유아가 좋아하는 보상을 띤 강화물을 제공하여 그 바람직한 행동의 발생률을 향상시키는 과정으로 아동의 바람직한 행동을 증가시키는 행동수정의 가장 기본적인 방법이다. 정적강화의 효과를 높이려면 바람직한 행동을 하자마자 즉시 후속 자극을 주어 강화시켜야 한다.

표 3-5 강화의 종류

구분	물질적인 보상	사회적인 보상	간접적인 보상(토큰 강화)
보상 방법	바람직한 행동을 할 때 즉시 물질적인 보상을 제공하여 지속적으로 습관화시키는 강화이다.	자녀 스스로의 바람직한 행동에 대해 물질적 보상뿐만 아니라 언어적 칭찬 등을 통해 행동을 습관화시키는 강화이다.	바람직한 행동에 대해 상징적인 표시 또는 점수를 주는 강화이다. 이러한 강화물은 구매력을 지닌다.
보상물	자녀가 좋아하는 물질(장난감, 옷, 구두, 과자 등)	칭찬, 인정, 미소, 신체적인 애정표시, 안아주기 등	스티커, 동전, 별표 등

강화를 활용하는 데 유의할 점

- 강화는 아동의 바람직한 행동에만 주어져야 한다.
- 강화는 바람직한 행동이 일어난 즉시 주어져야 한다.
- 아동에게 제공할 강화물은 그 아동에게 적합한 것이어야 한다. 아동에게 효과적인 강화물에는 여러 종류가 있으나 아동마다 그 기호가 다르므로 효과도 다르다. 그러므로 강화물을 선정할 경우 그로 인한 부작용을 검토하여 아동에게 적합한 강화물을 선정하는 것이 중요하다.
- 강화는 행동의 증가를 이룰 만큼 충분히 그러나 지나침이 없게 주어야 한다.
- 강화를 주는 기간은 충분히 길어야 하며, 그 기간 동안 강화계획에 변화가 있어야 한다. 아동이 어떤 행동을 하기 바란다면 행동의 변화가 이루어질 만큼 지속적으로 그리고 충분한 기간 동안 강화를 주어야 할 뿐 아니라 강화의 비율이나 시간 간격의 변화를 주어야 한다.

- 부적강화 : 바람직한 행동을 증가시키기 위해 유아가 싫어 하는 자극을 제거해 주는 것이다.

강화방법을 계획할 때 우선 고려해야 할 것은 강화물이다. 강화는 보상이라고도 하며 그 종류에는 3가지가 있다.

② 강화스케줄

강화스케줄schedules of reinforcement은 강화를 매번 주지 않으면서도 특정 행동을 계속적으로 일어나게 만드는 계획이다. 크게 계속적 강화와 간헐적 강화로 나눌 수 있다.

계속적 강화는 반응이 나타날 때마다 그 반응을 강화하는 상황을 말한다.간헐적 강화는 고정된 비율이나 간격으로 강화하는 경우와 변동된 비율이나 간격으로 강화하는 경우로 나눌 수 있다. 연구 결과 변동된 비율이나 간격으로 강화하는 경우가 행동의 일관성과 함께 반응이 증가한 것으로 나타났다.

③ 벌

벌punishment은 불쾌한 자극이다. 스키너 상자의 경우 쥐에게 없애고자 하는 행동 반응이 나타난 경우 강화를 주지 않는 부적강화보다는 약한 전기쇼크 같은 벌을 줌으로써 불쾌감으로 특정행동을 없애고자 하는 것이다. 일반적으로 벌이라 하면 매와 같이 신체적인 제재를 가하는 것만을 생각하는 경향이 있다. 그러나 행동수정에서 말하는 벌은 어떤 행동 뒤에 그 행동이 재발될 확률을 감소시킬 수 있는 자극을 일컫는다. 벌의 기능은 벌을 받는 것이 불쾌하거나 고통스러운 경험이기 때문에 벌을 피하기 위해서 문제행동을 멈추게 하는 것이다. 행동수정에서의 벌은 어떤 행동에 대해서 혐오 자극을 적용하는 것과 선호 자극을 철회하는 것의 2가지이다.

- 혐오 자극을 적용하는 방법 : 체벌, 꾸중, 질책, 고통주기, 정적 연습과 상향교정법 등
- 선호 자극을 철회하는 방법 : 타임아웃과 반응대가 등이 있다.

학생들의 그릇된 행동을 수정하려 할 때, 상반행동의 강화나 소거의 방법이 적합하지 못할 경우에는 벌의 사용이 불가피하다. 벌은 바람직하지 못한 행동을 제거하는 데 효과가 가장 빠르다는 장점을 가지고 있다. 그러나 벌에는 부작용이 뒤따르기 마련이다.

벌로 인한 부작용

- 벌의 효과는 일시적이라는 것이다. 처벌을 받으면 처음에는 벌을 받지 않기 위해서 문제 행동을 덜 일으킬 수 있으나 문제행동이 완전히 제거되지는 않는다.
- 벌은 바람직하지 못한 행동을 감소시킬 수 있지만 벌 자체로 바람직한 새로운 행동을 가르칠 수는 없다.
- 벌은 벌을 주는 사람으로 하여금 아동의 적개심과 공격성의 대상이 되게 할 수 있으며, 벌을 받는 아동은 수치심, 모멸감 그리고 열등감 등 자신에 대한 부정적인 자아상을 갖게 하기 쉽다.
- 벌을 받는 아동은 교사의 벌하는 행동을 모방할 가능성이 있다. 특히, 처벌에 익숙한 아동은 다른 아동에 대하여 공격적인 행동을 하기 쉽다.
- 벌을 주는 경우 아동의 바람직하지 못한 행동에 아무런 영향도 주지 못하고 오히려 그러한 행동을 더욱 증가시킬 가능성도 있다.

벌의 효과를 높이기 위한 방법

- 벌의 기준을 확실하고 명쾌하게 설정해야 한다. 어떤 행동을 하면 벌을 받게 된다는 것을 사전에 아동들에게 명확히 알려주어야 한다. 그래야만 교사나 아동 모두 행동에 대한 일정한 지침을 가지게 되어 행동을 체계적으로 조절할 수 있게 된다.
- 벌을 처음부터 강력한 강도로 주어서 그것이 계속 유지되게끔 해야 한다. 처음에는 약할 벌을 주다가 효과가 없어 점차 벌의 강도를 증가시키게 되면 나중에는 처음의 상황에서 최후의 수단으로 벌을 사용한 것만큼 효과가 없다.
- 벌은 문제행동이 일어날 때마다 그 즉시 즉각적으로 주어져야 한다. 상황에 따라서 똑같은 문제행동이 어떤 때는 벌을 받고, 어떤 때는 벌을 받지 않게 되면 벌의 효과는 없어지고 문제행동의 감소는 일어나지 않게 된다.
- 벌을 줄 때는 정적 강화와 함께 제시되지 않도록 주의해야 한다. "벌을 받고 울기만 하면 안아준다."라고 아동이 인식하게 되면 벌은 오히려 아동의 행동을 강화시키는 식별 자극이 된다.
- 바람직한 행동에 대한 강화를 잊지 말아야 한다. 이것은 벌에서 가장 중요한 문제이면서도 흔히 간과되는 문제이다. 예로서, 아동이 주어진 과제를 하지 않고 교실을 돌아다니면서 다른 아동의 활동을 방해하는 경우에 교사는 엄하게 꾸중을 하여 아동이 자기자리로 가서 앉으면, "철이야! 너도 다른 친구들처럼 잘 할 수 있잖니!", "이제 철이도 열심히 하려는 모양이구나." 등 아동에 대한 관심을 보이거나, 긍정적인 피드백을 사용하여 강화를 하면 벌에 대한 부작용도 줄일 수 있을 뿐만 아니라 부적응행동은 더 빠르고 크게 감소하게 된다.

④ 타임아웃

타임아웃time-out은 아동들이 문제행동을 한 다음에 받게 되는 정적 강화의 기회를 차단함으로써 문제행동이 강화되지 않도록 하려는 것이다. 실제로 타임아웃이란 그릇된 행동을 하는 아동을 일시적으로 다른 장소에 잠시 격리시켜 두는 방법으로 이루어진다. 타임아웃의 장점은 과격하고 공격적인 행동이 일어나는 경우에 그 행동을 제지할 수가 있고, 벌을 받는 아동은 타임아웃 시간 동안 스스로의 행동을 반성할 수 있는 기회를 제공받을 수 있다.

타임아웃을 활용할 때 고려해야 할 점

- 문제행동이 발생하는 상황이나 장소(예 : 교실)에는 그 문제행동을 강화하고 있는 요소가 있다는 확정이 있어야 한다.
- 아동이 일시적으로 격리되어 있을 장소(예 : 복도, 빈 방 등)에는 강화자극이 없어야 한다. '관찰 타임아웃'인 경우에는 특별히 이 점에 유의하지 않아도 되지만 '제외 타임아웃'이나 '격리 타임아웃'은 교사의 시선에서 멀어지게 되므로 특히 이 점에 유의해야 한다.
- 타임아웃은 아동이 매우 보상적이라고 생각하는 상황이나 환경 내에서만 사용되어야 한다. 잘못된 행동을 제거하기 위한 약한 벌로 타임아웃을 사용할 수 있는데, 이런 경우에 교사는 그 아동이 지금까지 비교적 많은 보상을 받고 있었다고 보아야 한다. 왜냐하면 보상에 접근하지 못하는 것이 불쾌감을 충분히 일으킬 수 있어야 타임아웃의 효과를 충분히 나타낼 수 있기 때문이다. 자칫 정적 강화가 낮거나 혐오 자극이 높은 조건에서 타임아웃은 오히려 정적 강화를 제공하는 결과를 초래하게 되므로 유의해야 한다.
- 바람직하지 못한 행동이 일어난 즉시 감정적인 교류를 억제하면서 담담하게 사용해야 한다.
- 타임아웃의 시간은 짧게는 1분 내외에서 3~5분 정도로 하는 것이 좋다. 시간을 길게 하면 오히려 벌의 효과를 상실하게 되므로 10분을 넘기지 않는 것이 좋다.
- 특정한 격리 장소나 격리실을 이용하는 '격리 타임아웃'을 쓸 경우에는 먼저 강화나 소거, 반응 대가 그리고 관찰이나 제외 타임아웃 등 다른 방법을 고려해 보고, 사전에 부모에게 알려 동의를 얻은 후에 사용하는 것이 좋다.

교육현장의 실제지도에서 직접적인 벌은 비현실적이고 바람직하지 못한 경우가 많다. 소멸법도 행동을 유지하고 있는 강화자극을 발견하기가 쉽지 않으며 발견했다고 하더라도 통제하기가 어렵다는 약점을 가지고 있다. 이와 같은 경우에 타임아웃의 방법은 적절한 지도기법이라고 할 수 있다. 그러나 타임아웃의 장점과 실시상의 유의사항을 잘 알아 아동의 행동과 상황에 알맞게 적용할 수 있어야 한다.

⑤ 종착행동과 조형

종착행동terminal behavior은 강화 프로그램에서 마지막에 만들고 싶은 행동을 말한다. 한 가지 행동을 강화로 인해 만들어 놓고, 조형shaping을 통해 만들고 싶은 종착행동에 점점 더 접근해 가도록 연속적인 강화과정을 하게 된다.

⑥ 소멸

어떤 행동이 이전에는 존재하다가 없어지는 것은 그러한 행동에 대해서 주어지던 강화가 사라진 결과라 할 수 있다. 이와 같은 원리를 적용한 행동수정기법이 소멸법이다. 소멸이란, 바람직하지 않은 행동을 감소시키고자 할 때 그러한 행동이 더 이상 강화될 수 없도록 이제까지 주어지던 강화를 중지시키는 방법이다.

아동이 부적절한 행동을 할 때 교사가 신경을 쓰고 야단을 치면 그런 행동이 더 심해지는 경우가 있는데, 이는 선생님이 신경을 써주고 관심을 가져주는 것이 학생의 문제행동을 강화시키는 것이기 때문이다. 그 예로, 아동이 엉뚱한 행동을 했을 때 교사가 신경을 쓰면 그의 엉뚱한 행동을 더욱 강화시키는 경우를 들 수 있다. 이

소멸법 사용 시 문제점

- 소거과정의 초기에는 아동의 바람직하지 못한 행동이 더 자주 더 강하게 나타난다는 사실이다. 이는 관심을 한꺼번에 잃어버린 데 대한 일시적인 반동현상이므로 이때 무관심방법을 중단하면 안 된다. 만약에 중단을 해버린다면 오히려 간헐강화의 효과를 주기 때문에 소거에 대한 저항이 더 커지기 마련이다. 때문에 엄격한 일관성을 가지고 실시해야 한다. 그리고 친구들이 교사의 프로그램에 협조할 수 있는 분위기를 조성해야 한다.
- 어떤 자극이 행동에 강화를 주는지 정확하게 파악하기가 힘들다. 교사의 관심이 부적응행동을 계속 유지시키는 것이 아닌가 하고 짐작되어 관심을 철회해도 그 행동의 수준이 감소되지 않는 결과가 나타나기도 한다. 제거해야 될 강화요인을 파악한다는 것은 시간이 걸리는 시행착오적인 과정이라고 할 수 있다.
- 어떤 행동들은 그 자체로서 강화된다는 것이다. 예를 들어, 두 아동이 활동시간에 서로 다른 이야기와 장난을 친다고 했을 때, 이러한 행동은 교사나 친구들이 무시한다 해도 두 아동이 서로 장난치는 행동 그 자체가 강화요인이 되기 때문에 교사나 친구들이 무시해도 소용이 없다. 이런 경우에는 두 사람이 서로 장난하지 않을 때 선생님이 관심을 보이며 칭찬하는 것이 오히려 좋을 것이다. 즉, 상반행동을 강화하는 전략이 효과적이다.
- 어떤 행동(자신과 타인 및 재산에 대한 피해를 초래하는 행동)은 너무 위험해서 무시할 수 없다는 것이다. 이러한 행동은 교사의 직접적인 중재를 요한다.
- 한 아동이 부적응행동을 하는데도 꾸중 등 혐오자극을 받게 되지 않는 것을 볼 경우, 그 부적응행동을 또래들이 모방할 수 있다는 점이다.

런 학생에게는 문제행동을 해도 관심을 전혀 보이지 않으면 무관심이 오히려 처벌의 기능을 하면서 문제행동이 감소하게 된다.

그러나 소멸과정에서 처음부터 즉시 행동이 감소되리라고 기대해서는 안 된다. 왜냐하면 소멸과정의 특징은 첫째, 소멸되는 행동은 그 빈도가 천천히 감소하며, 둘째, 행동에 대한 강화를 중지하면 행동이 감소하기 전에 오히려 더 높은 비율로 그 행동이 발생하는 일이 많으며, 셋째, 자발적 회복이 일어난다.

(4) 사회학습이론

사회학습이론을 제안한 반두라Bandura는 인간이 직접적인 자극반응에 의해서만 아니라 어떤 모델의 행동을 관찰하고 모방함으로써 행동을 학습할 수 있다고 본다. 이러한 원리를 모방학습, 관찰학습이라 하는데, 이에 의하면 학생은 자신의 행동에 직접적으로 강화받지 못한다 하더라도 다른 학생이 보상이나 벌을 받는 것을 관찰함으로써 간접적으로 강화대리적 강화를 받는다. 이것을 모델링modeling이라 한다. 관찰하는 사람은 모델에 의해 강화되기도 하고, 제3자에 의해서도 강화된다. 사회적 학습이론에서도 강화는 학습에 중요한 역할을 하게 된다.

반두라는 사람이 모델의 행동을 관찰하고 모방하는 과정은 주의집중attention, 파지retention, 재생산reproduction, 동기유발motivation의 네 가지 과정을 거치게 된다고 하였다. 먼저 모방하려는 모델의 행동에 집중을 하게 된다. 다음 관찰된 내용이 기억되는 단계로 파지라 한다. 모델의 행동에 주의를 집중하고 그 행동을 사실적으로, 분석적으로 표상을 기억한다. 그리고 재생산은 모델링했던 행동을 실제에 옮기는 단계이고, 마지막으로 관찰을 통해 학습된 행동은 그 행동이 강화를 받을 때 지속적으로 일어나게 된다. 이 과정에서 학습자는 직접적으로 강화를 받지 않더라도 대리적 강화와 대리적 벌을 통해 행동에 영향을 받게 된다.

(5) 행동수정의 절차

행동수정은 한 인간의 행동에 영구한 변화를 일으키고자 하는 활동이므로 전문가로서의 교사는 실제지도에 앞서 세밀한 사전계획을 세워야 한다. 한 아동의 행동을 변화시킨다는 것은 그 아동에 있어서는 앞으로의 삶에 결정적인 전환의 계기가 될 수 있는 것이며, 가정과 지역사회에 중대한 영향을 미칠 수 있는 것이다. 부적응 유아의 행동수정은 다음과 같은 단계에 따라서 진행되어야 한다.

① 계획단계

- 목표행동 설정을 위한 행동 관찰 및 분석 : 행동수정기법을 적용하려면 우선 아동의 잘못된 행동이 무엇인지를 정확하게 인식하여 구체적인 목표행동을 정하고, 어떤 상황, 어떤 때, 어떤 장소에서 잘못된 행동이 일어나는지를 관찰하고 기록하여야 한다. 이를 통해 그 행동을 유발시키는 선행자극과 그 행동 뒤에 따르는 후속반응 또는 자극이 무엇인지를 발견해 내는 행동분석과정 및 행동수정계획을 순조롭게 이루어갈 수 있다.
- 행동기록 : 목표행동이 설정되면 행동의 우선순위를 정하여 자녀의 행동을 수정할 필요가 있다. 아동의 행동을 수정할 경우 가장 효과적인 방법 중의 하나가 목표행동을 결정한 다음 목표행동을 관찰하고 기록하는 일이다. 자녀의 행동기록을 하는 경우는 아동의 행동을 비디오, 카메라, 슬라이드 등으로 기록하는 자동기록방법이 있고, 심리적 기법을 활용한 직접 측정 등이 있지만 부모의 경우는 가정에서 관찰기록을 하는 것이 바람직하다. 부모는 아동의 행동을 평가하여 수정할 계획을 세워야 하기 때문에 되도록 자세히 기록하는 것이 좋다. 관찰기록을 할 때는 행동수정을 하고자 하는 목표행동의 빈도, 지속성, 강도 등을 개관적으로 평가해야 한다.
- 행동분석 : 관찰된 자녀의 행동을 분석하는 것으로서 행동 자체와 행동을 유발하는 선행자극, 행동 뒤에 오는 후속자극을 찾아내는 과정이다. 행동을 유발시키는 선행자극과 행동을 증감시키는 강화의 역할을 하는 후속자극이 무엇인지 알게 되면 행동을 변화시킬 수 있는 행동수정계획이 원활하게 진행된다. 자녀가 그 행동을 주로 언제, 어디서, 자주 또는 심하게 하는지 또한 그 행동을 할 때 주위에서 어떤 일들이 일어나고 있었는지 그 상황을 세밀하게 분석한다. 이러한 분석은 자녀의 행동에 영향을 미쳐 행동이 일어나도록 한 단서가 되는 선행자극과 행동을 계속 유지시켜야 할 목록, 증감시킬 수 있는 목록에 대하여 후속자극, 즉 강화를 사용할 것인지를 결정하게 된다.

② 적용단계

- 동기유발 : 행동은 강화强化에 의해서 변화되기 때문에 강화요인을 찾아 확인해 두어야 하며, 강화를 능률적으로 사용하기 위해서는 바람직한 행동이 일어난 뒤 즉각적으로 주어야 한다. 아무리 강력한 강화라 하더라도 시간이 지연될수록 그 반응에 대한 강화력이 급속히 줄어들기 때문이다. 그리고 강화는 포화감飽和感이 일어나지 않는 것으로 계속해서 주어질 수 있는 것이 좋다.
- 순응과정의 확인 : 행동수정을 성공적으로 수행하기 위해서는 대상아동에게 행동수정의 상황에 순응할 수 있는 충분한 시간이 주어져야 한다. 환경상황에 순응한다는 것은 그 환경에 존재하는 여러 종류의 식별자극에 따라 행동한다는 것이다. 행동발달사의 과정에서 제한된 환경에서 성장한 아동이라면 그 아동은 식별자극의 통제를 덜 받을 것이며, 그 만큼 그 아동의 행동도 제한되고 어색할 것이다.
- 행동 형성 : 행동 형성과정은 교사가 현재 시행하고 있는 행동 중에서 도달점 행동에 가장 가까운 행동을 수정 표적으로 선택하여 강화하는 것으로부터 시작된다. 그러므로 표적행동 이외의 다른 행동은 강화하지 않았기 때문에, 이러한 강화를 차별강화差別强化, differential reinforcement라고 말할 수 있다. 선정된 표적행동이 차별강화를 통하여 점점 강하게 일어나면 우리는 최종 희망하는 행동으로 진일보했다고 말할 수 있다. 그리하여 차별강화 도중에 점진적으로 강화준거强化準據를 올려 도달점 행동에 점진적으로 접근해서 목표에 도달하게 되는 것이다.
- 간헐강화 : 행동이 일단 학습되면, 그 행동은 강화 없이도 유지된다. 간헐강화間歇强化의 실행은 행동을 계속적으로 유지하는, 다시 말하자면 강화를 경제적으로 사용하는 방도일 뿐만 아니라 소멸消滅에 대한 저항이 강한 행동으로 학습시킬 수 있는 실용적인 방법이다. 행동을 가장 빨리 학습시키는 방법은 적절한 반응이 일어날 때마다 강화를 하는 것이지만 행동이 일단 형성되고 나면 그 행동은 대개 간헐적으로 강화되는 것이 보통이다. 강화계획 또는 강화스케줄은 강화를 하는 조건을 특징짓는 시간표라고 할 수 있다. 행동수정의 초기단계에서는 계속적 강화가 가장 효과적이지만, 도달점 행동을 학습시킨 뒤에는 간

헐강화를 하는 것이 좋다. 단, 계속강화에서 간헐강화로 서서히 하는 것이 안전하며 효과적이다.

(6) 부모교육 프로그램에 행동수정이론 적용

① 전문가로서의 부모

아동건강 및 인간발달기구의 후원을 받는 READ는 전문가의 개입을 가능한 적게 하고 부모가 행동수정기술을 자신의 자녀에게 적용할 수 있도록 설계되었다. 정신지체 유아의 부모들에게 유아의 자조능력, 사회성, 언어능력을 훈련할 수 있도록 행동수정기술을 가르치는 것이 목적이다. 부모가 훈련시키려는 행동을 선택하고 거기에 적절한 원리를 적용하도록 하며, 강화를 선택하게 하여 훈련 결과를 평가하도록 한다.

② 반응적 부모역할 프로그램

이 프로그램은 국립정신건강연구소에서 지원받아 개발된 것으로 전문인력의 부족을 보충하는 수단으로 개발되었고 부모가 자녀와의 관계에서 효과적으로 기능하도록 계획되었다. 부모들에게 행동분석 개념을 훈련하고 변화시키려는 행동을 선택하여 변화시키도록 하고, 자신이 실시한 행동분석과정을 다른 부모들에게 가르칠 수 있는 지도자로 훈련시키기 위해 개발되었다. 프로그램은 12주 동안 매주 2시간씩 실시되었으며 행동수정의 일반원리와 방법, 연습, 역할놀이 등을 훈련한다.

③ 유아에 대한 애정

아동 사랑하기For Love of Children라고도 하는데, 이것은 정상아동의 발달에 따른 행동 원리를 논하고, 행동을 변화시키는데 적용되는 행동수정과정을 설명하였다. 《아동에 대한 사랑을 위하여For Love of Children》McIntire(1970)라는 책은 이렇게 매킨타이어가 유아 및 청소년을 둔 부모를 위해 쓴 책으로 일반적인 문제행동의 다양성과 십대 문제를 다루는 행동수정의 원리와 적용을 다루었고 마지막으로 성공적인 가정생활의 주된 지지방법으로서의 강화에 대해 강조하고 있다.

④ 부모는 교사이다

베커Becker가 행동주의 원칙에 근거하여 쓴 것으로 자녀의 행동 변화를 계획하고 체계적으로 수행하도록 훈련하는 프로그램이다. 일상생활에서 부모들이 당면하는 자녀의 행동들을 어떻게 강화 또는 벌을 주는지를 체계적으로 밝히고 있어서 부모들이 부담 없이 관심을 갖고 적용할 수 있다.

6. 자녀의 힘을 북돋우는 부모 프로그램

1) 이론적 배경

자녀의 힘을 북돋우는 부모EPT : Empowering Parent Training 프로그램은 현대의 부모들이 자녀를 교육함에 있어서 느끼는 혼란과 아쉬움을 해결하고자 하는 취지에서 문화관광부 산하의 청소년 상담기관인 한국청소년상담원에 의해 1993년 개발되었다. '자녀의 힘을 북돋우는 부모'라는 명칭으로 프로그램의 총론이 개발되었고 1999년까지 '자녀의 힘을 북돋우는 대화, 바른 행동의 길 다지기, 생활의 기틀 세우기, 어울려 사는 지혜 기르기' 내용의 구체적인 자녀지도방법을 다룬 4가지의 각론 프로그램이 개발되고 개정되었다.

한국청소년상담원에서는 어떤 하나의 학문 분야나 이론에 치우치기보다는 여러 분야의 지혜를 모으고, 동양과 서양 전통과 현대의 차이를 극복하면서 우리의 현실에 가장 적합한 자녀지도의 지혜를 찾는 목적으로 EPT 프로그램을 개발하였다. 이 프로그램은 자녀의 내적인 힘을 올바르게 함양시켜 줄 수 있는 지도방법을 이 땅의 현실에 적합하게 제시하려는 공통적인 목적을 가지고, 전통적인 자녀교육방식과 현대적인 자녀교육방식에서 부모들이 느끼고 있는 혼란과 어려움을 해결하고자 하는 뜻에서 개발되었다. 또한 제작과정에 있어 종교계와 학계 대표 인사들의 참여로 양육의 지혜와 자녀교육의 원리, 다른 민족의 가정교육 및 사회각계각층의 의견을 수렴하여 프로그램 내용에 반영하였다. 각각의 프로그램은 저마다 자녀지도의 서로 다른 영역들 중 하나에 초점을 맞추고 있으며, 워크숍의 형태로 진행된다. 즉, 워크북에 소개된 내용을 바탕으로 부모님들의 경향과 생각을 공유하여 토론하는 방식으로 운영된다.

2) 자녀의 힘을 북돋우는 부모교육 내용

(1) '자녀의 힘을 북돋우는 부모' 총론 프로그램

자녀를 대하는 부모의 태도를 점검하고 바람직한 부모의 상을 그려보며, 자녀의 발달단계에 적응하며 함께 성장하는 부모의 역할을 제시한다. 구체적인 책의 내용을 보면, 자녀와 자녀교육에 대한 부모의 생각을 점검하고 자신이 어떠한 부모이며 어떤 과정을 거쳐서 그러한 모습을 갖게 되었는지를 자신의 부모와의 관계, 부부관계, 자녀와의 관계 속에서 조망한다. 다시 말해서, 부모 자신이 자녀로서의 모습과 부모로서의 모습을 검토하는 것에서 시작하여, 부모됨의 길을 점검해 보고, 자녀의 발달단계에 적응하기 위한 바람직한 부모의 태도를 제시한다.

구체적으로 구성된 내용을 살펴보면, 자녀지도에 관한 일반적인 생각 I, 부모 됨의 길, 부모 됨의 여섯 단계, 부모 됨의 유형, 성숙을 위한 길 다지기, 자녀의 힘을 북돋우는 부모, 자녀지도에 관한 일반적인 생각 II 등의 순서로 구성되어 있다. 첫 부분에서는 자녀와 자녀교육에 대한 부모의 철학과 방향, 또 일반적인 평소 생각을 점검하고 자신이 어떠한 부모이며, 어린 시절 자신이 어떤 과정을 거쳐서 현재의 모습을 갖추게 되었는지를 자신의 부모와의 관계, 부부관계, 자녀와의 관계 속에서 자화상을 기록해 본다. 다음으로 자녀가 출생하기 이전의 예비 부모상태에서부터 영아기, 유아기, 초등학교 시기, 청소년기, 성인기 자녀 등 자녀의 성장 시기에 따라 적응하고 변화해 가는 모습을 부모와 자녀가 함께 기록해 보고 바람직한 부모의 역할을 여섯 단계로 나누어서 제시하고 참가자 자신의 경우에 적용시키도록 하였다.

또한 부모의 유형별 장・단점을 검토하여 자기 통찰을 하도록 하며, 어떤 부모 밑에 어떤 자녀의 유형이 나올 수밖에 없는가를 제시해 주었고 또 각 유형별 자녀지도의 대책까지도 제시해 놓았다. 가장 바람직한 부모 유형은 엄격하면서도 자애로운 부모 유형이라고 강조한다.

① 성숙한 부모가 자녀를 대하는 과정에서 필수적인 조건

- 자녀의 욕구에 대한 민감성
- 무조건적 수용
- 공감적 이해의 태도

이 프로그램은 자녀교육의 기본 골격을 제시함으로써 참가자들이 자녀교육에서 반드시 알아야 하고, 고려해야 할 점들을 깨닫고 익히도록 할 뿐 아니라, 자녀교육을 위해서는 부모가 계속적으로 변화하고 성숙되어야 함을 강조하고 부모와 자녀가 함께 노력해야 할 것을 제안한다. 이 프로그램을 마친 후에는 부모 자신의 자녀지도에 관한 달라진 생각을 체크해 보는 난이 있어 부모 스스로의 피드백을 돕고 있다.

또한 총론인 이 프로그램은 자녀를 교육함에 있어서 기본적으로 갖추어야 할 태도와 지식을 개괄한 것으로, 자녀의 올바른 성장을 위해서는 부모가 자신을 돌아보고 성장하는 것이 중요함을 강조하고 있다. 자녀의 힘을 북돋우고 성장의 길을 닦는 역할을 하기 위해서 부모가 변화되어야 할 점 뿐만 아니라 자녀를 대할 때 항상 지녀야 할 태도를 익히도록 의도하고 있다. 각론 프로그램에서는 자녀를 생활 속에서 지도하는 구체적이고 세부적인 방법들을 익히도록 하였다.

② 자녀지도에 관한 바람직한 부모의 태도

- 훈육이란 곧 엄하게 벌하는 것이 아니다.
- 자애로운 것과 엄격한 것은 양립할 수 있다.
- 자녀의 기를 꺾지 않는다고 자식의 요구를 다 들어주어서는 안 된다.
- 내 자녀는 심리적으로 좌절을 겪을 수도 있다.
- 아이와 어른은 생각과 감정이 근본적으로 다르다.
- 자녀가 노력하는 만큼 부모의 사랑이 생겨나는 것은 아니다.
- 자녀들이 부모의 말에 무조건 따라야 하는 것은 아니다.
- 부모는 자신의 꿈을 자녀들을 통해서 실현하려고 해서는 안 된다.
- 자녀교육에 있어서 부부는 항상 의견이 같은 것은 아니다.
- 가족 간에 갈등은 있을 수 있다.
- 자녀교육에는 올바른 길이 여러 가지 있을 수 있다.

(2) '자녀의 힘을 북돋우는 대화' 프로그램

총론을 이수한 부모들을 위하여 부모-자녀관계에서 필수적인 대화의 원리를 익히고 감정을 적절하게 표현하고 듣는 방법을 익힐 수 있도록 하는 내용으로 이루어져 있다. 구체적인 내용을 살펴보면, 부모 자신의 진솔한 마음을 전하는 방법, 자녀의 마음을 구체적으로 이해하는 방법 등과 같은 대화의 원리를 소개하고 부모 자신의 마음을 적절하게 표현하는 방법이나 상대방의 말에 경청하는 자세를 숙지하게 하여, 가정에서 접하는 자녀와의 문제를 대화의 원리를 통해 해결하도록 하였다.

세 번에 걸친 콜로키움과 많은 전문가들의 자문과 여러 자녀의 실험 실시를 통해 얻은 현장체험을 바탕으로 1995년도에 만들어졌다. 이 프로그램은 부모들에게 자녀와의 관계를 이끌어 나가는 데 있어서 대화를 어떻게 할 것인가에 대한 실질적인 방법을 제시하려는 목적을 가지고 있다. 구체적인 문제상황에서 부모들이 겪은 어려움을 보다 현명하게 대화를 통해 해결해 나갈 수 있게 했다. 다시 말하면 부모가 자녀와 올바른 대화를 이끌어 나가는 데 보탬이 되고 자녀를 힘있게 키우는데 이바지하고자 하는 목적으로 만들어졌다.

이 프로그램의 구성은 프로그램 소개, 대화에 대한 점검, 대화의 네 가지 원리, 마음의 표현, 실습, 대화에 대한 생각, 재점검의 순서로 이루어져 있다. 첫 부분은 부모가 생각하고 있는 대화에 대한 자신의 생각과 대화의 방법 등을 기록해 본다. 그리고 대화에 대한 자신의 생각을 점검표에 체크한다. 대화의 네 가지 원리로 ① 진솔한 마음 전하기, ② 자녀 모습 받아 들이기, ③ 자녀 마음에 들어가기, ④ 구체적으로 이해하기를 소개하고 있다. 부모의 마음을 표현하는 내용에서 사랑하는 마음을 어

부모-자녀 간의 대화에 대한 부모의 올바른 생각

- 부모와 자녀의 관계에서 대화는 꼭 필요하다.
- 부모가 자녀를 사랑하는 것은 너무나 당연하지만 때로는 말로 표현할 필요가 있다.
- 부모와 자녀 간에는 섭섭한 감정을 대화로 풀어가야 한다.
- 대화의 목적은 부모와 자녀가 인격적인 관계를 성숙시키는 데 있다.
- 대화의 목적은 자녀로 하여금 부모의 말에 잘 따르도록 하기 위한 것만은 아니다.
- 대화는 말로만 하는 것이 아니다. 표정이나 태도로도 대화할 수 있다.
- 효과적인 대화를 위해서는 대화가 이루어지는 환경을 신중하게 선택할 필요가 있다.
- 자녀와 마음을 나누려면 말하는 기술만 가지고는 안 된다.
- 부모가 자녀에게 좋은 말로 뭔가를 가르치는 것은 대화가 아니다.
- 자녀와 대화를 나눌 때 부모가 결론이나 해답을 미리 가지고 있으면 효과를 거두기 어렵다.

떻게 전할 것이며, 자녀와의 갈등을 어떻게 받아들이고 해결할 것인지를 제시해 놓았고 3명이 한 그룹이 되어 대화의 원리를 기초해서 실습을 하게 하고 현장체험을 사실 그대로 기록하게 한다. 이 프로그램을 마친 후에는 대화에 대한 부모의 생각을 재점검하게 한다.

(3) '바른 행동의 길 다지기' 프로그램

자녀훈육단계와 내용 및 방향을 제시하고 부모들의 실제적인 지침서가 될 수 있는 프로그램으로 자녀가 자아 존중감을 유지하면서 책임감과 자기 통제력을 기를 수 있도록 지도하는 구체적인 방법을 담았다. 구체적인 내용으로는 바른 행동을 가르치는 방법이나 도벽, 욕설, 폭력, 거짓말 등의 문제행동을 바로잡는 원칙과 방법을 제시하고 있다.

이 프로그램은 자녀를 행복과 성공을 누리는 좋은 습관과 성품을 가진 자녀로 키우고자 하는 부모들에게 실질적인 길잡이 역할을 해준다. 제1부에서는 부모들이 가지고 있는 훈육에 대한 태도를 검토하고 문제를 분명히 인식하도록 하였고부모 자신을 돌아보기, 비효과적인 방법, 제2부에서는 바른 행동의 길 다지기 방법을 익히고 연습해 보도록 하였다바른 행동 가르치기, 올곧은 자녀행동 다지기, 제3부에서는 어긋난 자녀행동 바로잡기를 구체적으로 다루고 실제 자신의 자녀의 어긋난 행동을 바로잡는 적용연습을 하고예를 들어, 훔치는 아니, 욕설하는 아이, 폭력을 쓰는 아이, 거짓말하는 아이에 대한 연습, 제4부에서는 이 프로그램을 통해 새롭게 배운 바를 정리함과 아울러 실제로 적용하는 데 있어서 부모의 다짐을 세우게 하였다.

바른 행동의 길 다지기는 자녀 스스로 절제하며 책임질 줄 아는 자녀로 성장하게 하는 것을 말한다. 바른 행동을 가르치는 방법은 첫째, 단호하고 직접적인 대화법과, 둘째, 부모의 솔선수범이 있다. 이때 가르치는 원칙은 자녀에게 가까이 다가간다. 단호하고 진지한 표정, 눈빛, 음성으로 자녀의 이름을 부른다. 자녀의 눈을 마주보면서 자녀에게 바른 행동을 간결하고 명확하게, 직접적으로 말한다. 바른 행동에 대한 부부의 의견이 다를 경우 가르치기가 효과적이지 못하다.

자녀의 올곧은 행동을 다지기 위해서는 적절한 상과 격려를 해주는 것이 필요하다. 보상은 긍정적인 행동에 대해 물질적 보상, 사회적 보상, 기회의 보상을 주는 것

어긋난 자녀의 행동을 바로잡는 원칙

- 자녀의 어긋난 행동에 대해 감정적으로 반응하지 않는다.
- 자녀의 부정적 행동 뒤에 숨어 있는 자녀의 욕구, 필요를 명료하게 밝혀 공감해 준다.
- 자녀를 존중하는 태로를 유지하면서 결과를 경험시키거나 벌칙 주기를 통해 어긋난 행동을 바로잡는다.

을 말한다. 물질적 보상에는 돈, 음식, 옷, 물건 등의 물질적인 상품을 주는 것이고 사회적 보상이란 칭찬, 인정, 쓰다듬기 등을 말하며 기회의 보상이란 놀러나갈 수 있는 기회, TV를 볼 수 있는 기회 등을 주는 것을 말한다. 칭찬하는 방법은 아이의 성품이 아닌 구체적인 행동에 초점을 맞추어야 한다. 평가를 하기보다는 본 대로 느낀 대로 구체적으로 표현해 주어야 한다.

자녀의 어긋난 행동에 대해 적용할 수 있는 작전타임방법은 자녀의 행동이 지나치게 감정적이거나 공격적일 때, 또한 부모의 감정도 침착한 상태를 유지하기 어려울 때 유용한 방법이다. 자녀를 즉각 다른 조용한 장소로 약 3~20분까지 가 있으라고 명령하고 시간 경과 후 왜 자녀가 작전타임 장소로 보내졌는지 묻고 짧고 간결하게 자녀가 원인과 결과를 알고 있는지만 확인한다. 이 방법으로 얻을 수 있는 효과는 그 문제행동을 멈추게 할 뿐만 아니라 감정을 가라앉힐 수 있는 시간과 공간을 마련해 주는 장점이 있다.

(4) '생활의 기틀 세우기' 프로그램

부모들이 자녀의 기본적인 생활습관을 가르치고 지도할 때 참고해야 할 교육의 원리나 구체적인 방법을 담은 프로그램으로 영유아기 자녀의 부모 및 예비 부모가 주 대상이다. 부모의 지도방법을 실질적인 사례를 통해 소개하고 있으며, 자녀가 건전한 정신을 가지고 현실의 즐거움과 미래의 삶의 목표를 함께 고려하여 매 순간 바람직한 선택을 함으로써 자기 자신의 성장을 모모하며, 남의 입장을 배려할 줄 아는 자녀로 기르기 위한 방법을 집약하였다.

프로그램은 부모들이 자녀의 기본생활습관을 가르치고 인도할 때 참고할 수 있는 원리와 구체적 방법을 담은 프로그램으로 영유아기 자녀의 부모 및 예비 부모가 주 대상이다. 자녀가 건전한 정신을 가지고 현재의 즐거움과 미래의 삶의 목표를 함께 고려하여 매순간 바람직한 선택을 함으로써 자기 자신의 성장을 도모해 가도록 도울 수 있도록 하려면 자녀가 어릴 때부터 어떠한 기틀을 세워야 하는데, 그러한 생활의 기틀을 세우는 방법들은 무엇인지를 구체적으로 제시하고 있다. 원만한 가정생활을 위해서, 바람직한 유치원, 학교적응을 위해서, 건전한 놀이생활을 위해서, 또 내일을 준비하기 위해서 어떻게 부모가 지도하여야 하는지를 실례를 검토하면서 익히도록 하였다(남상인 외, 1998).

(5) '어울려 사는 지혜 기르기' 프로그램

이 프로그램은 삶과 더불어 직면하는 자신과의 만남을 비롯하여 가족, 친구, 웃어른, 나와 다른 이웃, 환경–자연과 함께 바람직하게 어울려 살아가는 모습을 제시하고, 자녀들이 그러한 모습을 갖추고 살아가도록 기반을 다지는 방법을 담고 있으며, 어울려 사는 삶의 모습과 원리를 기르는 것을 말하고 있다. 위의 다섯 가지의 운영방법으로는 워크숍의 형태로 진행되도록 개발되었으며, 어떤 규모의 워크숍이든 참가자들이 함께 이야기를 나눌 수 있는 형태로 자리를 배치하는 것이 좋다는 것을 말하고 있다. 또한 동질성이 높은 워크숍집단을 구성하는 것이 이 프로그램의 효과를 극대화할 수 있다는 것이다.

유치원 이상의 자녀를 가진 부모를 주 대상으로 하고 있다. 어울려 사는 삶의 모습과 원리, 그러한 모습을 기르는 방법 등이 생활의 각 영역별로 구체적으로 제시되고 실례를 통해서 토의하면서 익히도록 하였다(남상인 외, 1998).

CHAPTER

04

자녀발달과 부모역할

1. 발달의 의미 | 2. 발달의 규정요인과 원리 | 3. 발달단계의 특징과 부모의 역할

CHAPTER 04

부모가 인간발달의 원리와 발달단계에 대하여 알게 된다면 자녀의 성장속도와 특징을 알게 되고, 자녀의 발달단계별로 적절한 부모역할을 수행하는 데 도움이 된다. 자녀를 있는 그대로 받아들이고, 성장속도를 기다릴 줄 아는 지혜로운 부모가 되는 것이다.

1. 발달의 의미

발달은 인간의 탄생에서부터 죽음에 이르기까지 연령의 증가에 따르는 인간의 신체적 · 심리적 · 사회적 · 행동적 변화를 말한다. 과거에는 발달심리학의 관심이 인간의 출생으로부터 청년기까지의 변화에 그쳐 아동발달과 청소년발달에 해당하는 상승적 변화에만 주목했다면 최근에는 성인발달 나아가 노년기까지의 변화를 발달의 범주에 넣는 생애발달심리학이라 할 수 있다.

발달이 성장과 변화를 이야기하는데, 여기에는 신체 성장, 체중 증가 같은 양적인 면의 변화뿐 아니라 기능에 있어 유능하게 변해가는 질적 과정의 변화 개념도 포함하고 있다. 다른 차원에서 본다면 출생으로부터 청년기까지의 변화는 상승적 변화과정을 뜻하는 것이지만 생애발달심리학에서 본다면 죽음까지의 하강적 변화의 개념도 발달의 범주 속에 포함된다.

발달이라는 단어를 사용할 때 성장 · 성숙 · 학습이라는 개념을 동시에 사용할 수 있는데, 이러한 단어를 공통으로 사용할 수도 있지만, 약간의 개념적 차이를 가지고 있다. 우리가 일상생활에서 쓰는 성장growth은 신체적인 변화 중에서 양적인 변화를 주로 말하게 된다. 즉, 신체의 크기, 근육의 세기 등의 증가를 뜻하고 있고, 발달의 개념 중에서 상승적 변화를 성장이라 할 수 있다. 유기체는 연령의 증가로 인해 노화하며 하강적 변화를 가져오기도 하는데, 그런 의미에서 성장과 발달을 같은 의미로 사용하지 않는다. 성숙maturation은 유기체에 이미 프로그램된 유전적 기제에 의해 나타나는 신체적 · 지적 · 정신적 기능의 변화로 분화와 통합이 이루어지는 과정이다. 성숙은 훈련이나 경험에 의한 변화가 아니라 인체 내부의 발달단계에 따라 성장해 나가는 것을 의미한다. 세포의 변화로 예를 든다면 성장은 세포 수의 증가를 의미하는 것이고, 성숙은 세포의 발달이라는 기능의 변화로 말할 수 있다. 학습learning은 의도성을 가진 연습이나 경험의 결과로 일어나는 변화를 말한다. 여기에서 변화를 이야기할 때는 주로 행동의 변화이고, 그것이 의도성을 가진 노력에 기인해야 한다. 그뿐만 아니라 피로나 감각적 반응 등으로 인해 일시적으로 이루어진 변화는 학습의 범주에 포함하지 않는다. 학습은 적당한 성숙이 일어날 때까지 이루어지지 않기 때문에 학습은 성숙에 의존한다. 예를 들어, 추상적 개념을 배우는 능력은 추상적 사고를 위해 사용되는 대뇌피질의 성장과 성숙이 모두 준비된 상태에 있을 때 발생한다.

인간발달의 원리와 발달단계에 대해서 알게 된다면 자녀의 성장속도와 성장단계를 파악할 수 있게 되고, 그에 따른 적절한 부모역할을 수행하는 데 도움이 된다. 즉, 자녀를 있는 그대로 받아들이고, 성장속도를 기다릴 줄 아는 지혜로운 부모가 될 수 있으므로 자녀의 발달단계를 아는 것은 중요하다.

2. 발달의 규정요인과 원리

개체가 수정란이라는 단세포로부터 수십억 개의 세포로 구성되는 성인으로 발달하는 과정은 굉장히 복잡한 과정이다. 이러한 발달에 유전적 요인과 환경적 요인이 동시에 작용하게 된다. 발달의 규정요인을 유전적인 측면에서 보는 견해에서는 발달을 규정하는 원동력이 주로 개체 내에 있다고 본다. 즉, 인간의 특성은 부모로부터 유전되고 있다고 본다. 그러나 인간의 발달은 유전적 요인뿐 아니라 환경의 영향도 중요하다고 보는 견해가 있다. 여기에서는 인간발달에 영향을 미치는 유전적 요인과 환경적 요인의 관계, 발달의 일반적인 원리에 대해 살펴보도록 하겠다.

1) 발달의 특징

(1) 유전적 요인

인간이 구성되는 시초는 두 개의 살아있는 생식세포, 즉 정자와 난자의 결합인 수정란으로부터 새로운 개체가 발생한다. 난자와 정자는 각각 23개의 염색체를 가지고 있고, 이 염색체에 유전인자가 있어 유전을 결정하게 된다. 염색체의 교환이 이루어진 개체가 단세포에서 수십억 개의 세포로 구성된 성인으로 발달하는 과정은 상당히 복잡하다. 최근 인간 게놈 프로젝트의 연구가 축적되고 있어 DNA 분자의 지도 작성과 염기 배열 순서를 일정 부분 밝혀내고 있어 인간발달에 있어 유전적 요인의 영향력에 대한 부분을 증명하고 있다.

발달에 있어서 유전적 요인의 규정요인을 주장하는 학자들은 가계분석이나 쌍생아 연구를 통해 그들의 주장을 입증하고 있다. 가계분석은 가족의 혈연관계를 가계도로 정리하는 것이다. 대표적인 연구로는 고다드H. H. Goddard는 칼리칵Kallikak의 가계분석을 통하여 《두 번 결혼한 가계분석》으로 생득설을 주장하였다. 처음 결혼에서의 자손 488명 중 정상적인 자가 46명, 지적장애 143명, 사생아 36명, 매음녀 33명, 알코올중독자 24명, 간질환자 3명, 횡사자 82명, 취업한 자 87명, 불명 292명의 분포를 보인 반면 두 번째 결혼에서는 496명 중 2명을 제외하고는 모두가 정상이고 그들의 직업은 변호사, 의사, 교수, 공무원, 대학 총장 등 명사가 많이 배출된 연구 결과를 비추어 볼 때 발달에 유전적 요인의 결정요인이 크다고 주장하고 있다. 오늘날 관점에 따르면 가계분석의 연구방법을 신뢰하기 어려운 면이 있지만, 범죄나 지적장애의 원인이 유전이라는 이들의 주장은 그 당시 사회적으로 큰 파장을 일으켰다.

갈톤Galton은 영국의 저명인사 332가족을 대상으로 한 연구에서 우연히 성공할 수 있는 기대 수보다 이들은 1,200배 이상의 성공률을 보인다는 점에서 저명인사의 가계는 유전되고 있다고 보고하였다. 홀징거K. J. Holzinger는 쌍생아 연구를 통하여 일란성 쌍생아는 이란성 쌍생아와 비교하면 유사한 점이 많다는 것을 밝혔다. 일란성 쌍생아는 하나의 수정란이 이분되므로 유전자 특성이 같기에 발달에 있어서 유전적인 요인의 영향력이 크다고 주장을 제기하였다.

(2) 환경적 요인

인간의 성장과 발달에 있어 유전적인 요인이 영향을 미치는 것뿐 아니라 인간을 둘러싼 환경의 영향력도 중요하다. 환경이란 개체의 발달에 영향을 미치는 외적인 조건으로 물리적 환경과 사회적 환경으로 나눌 수 있다. 물리적 환경은 지리적 환경, 생태적 환경으로 형태가 있는 유형적有形的 환경을 말하는 것이고, 사회적 환경은 심리적 환경 또는 행동적 환경으로 무형적無形的 환경을 말한다. 환경적 요인을 강조하는 견해에서는 유전은 발달의 경향성, 또는 가능성을 말해 주는 것이고, 그 유전적 가능성이 발달할 것인지, 아닌지는 외부에서 주어지는 변화에 의한 영향, 즉 가정환경, 학교환경, 사회환경, 생활방식, 친구의 영향 등 그 사람에게 주어지는 환경에 의해 결정된다는 주장이다. 아동의 발달이라는 측면에서 환경이란 학력, 지능, 인성에 미치는 환경 변인을 찾아 가정, 학교, 사회의 영역에 구성하여 주는 것이 중요하다고 할 수 있다.

(3) 유전과 환경과의 관계

인간발달에 있어 유전과 환경의 영향력에 대한 논란은 심리학뿐만 아니라 철학, 교육학, 윤리학 등에서 문제로 삼고 있는 생득설과 경험설의 대립 문제와 일맥상통한다. '천성nature인가, 교육인가nurture', '성숙인가, 학습인가', '본능인가, 훈련인가'에 대한 논란은 오랜 시간 많은 학자의 연구 대상이었고, 연구의 결과 또한 유전과 환경은 하나의 요인으로 인간의 발달에 결정적으로 작용하는 것이 아니다. 유전과 환경의 상호작용적 접근이 필요하다. 유전과 환경은 개인의 발달을 이루는 두 조건이지 어느 것이 더 중요하다고 할 수 없다는 것이 현대의 관점이다.

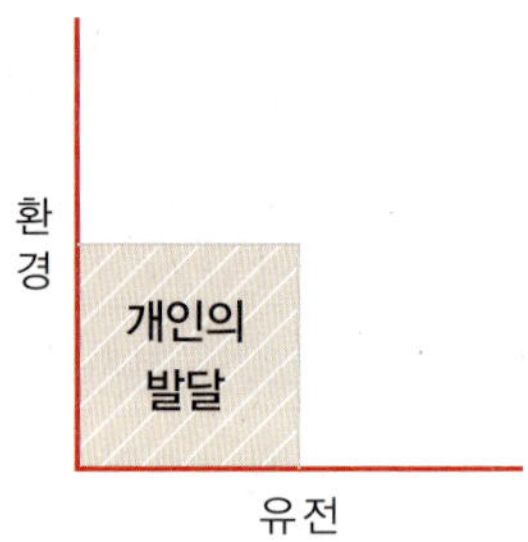

그림 4-1 유전과 환경에 의한 개인의 발달

그림 4-2는 같은 유전적 특성을 가졌더라고 개인이 처한 환경적 요인이 얼마나 풍부했느냐에 따라 각각 다른 성취를 보일 수 있다는 것을 보여 준다.

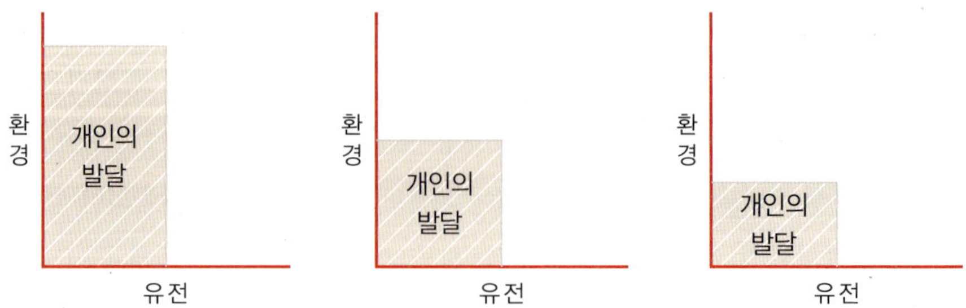

그림 4-2 동일 유전적 소인에 환경적 요인으로 인해 달라진 개인의 발달

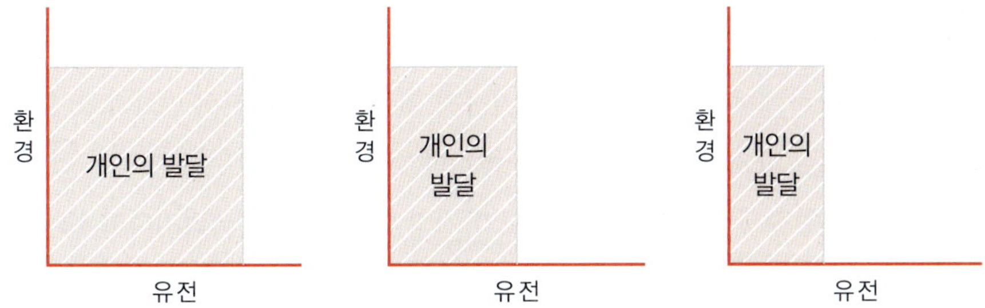

그림 4-3 다른 유전적 소인에 같은 환경이어도 달라지는 개인의 발달

그림 4-3은 환경이 같다면 유전적 소인에 따라 발달적 성취에 개인차를 가져옴을 볼 수 있다. 교육적 측면에서 본다면 유전은 우리가 통제할 수 없는 부분이기에 환경을 되도록 좋은 환경으로 구성함으로써 유전적인 소질을 가진 개인의 발달을 최대한 발휘할 수 있도록 돕는 것이 유전과 환경을 바라보는 관점으로 바람직할 것으로 보인다.

2) 발달의 원리

인간의 발달은 개인차가 존재하기는 하지만 발달의 일반적 원리를 따라 변화하게 된다. 그 특징을 살펴보면 다음과 같다.

(1) 발달은 일정한 발생학적 순서에 따른다

동물이나 인간의 모든 발달은 그 종 특유의 발달형태를 따라간다. 그러기에 인간의 신체적 발달, 지적 발달, 심리 · 사회적 발달 등의 순서나 발달상황을 일정 부분 예측할 수 있다. 발달은 일정한 순서를 가지고 있다. 신체발달은 머리 부분에서 발달하기 시작하여 다리 부분으로 전개된다두미법칙. 신경계통의 발달은 중추신경에서부터 시작하여 말초신경으로 발달한다근원법칙. 근육은 대근육부터 시작하여 소근육으로 발달한다. 유치는 아랫니부터 돋아나고, 최초로 돋아난 유치가 제일 먼저 영구치와 교대하게 된다는 등의 일반적 발달원리가 존재한다.

(2) 발달은 계속적이고 점진적인 과정이다

발달은 수정란에서부터 죽음에 이르기까지 연속적이며 점진적 변화과정이다. 점진적인 과정이긴 하지만 일정한 속도가 아니라 급성장기와 완만한 시기가 있다. 일생을 통해 볼 때 출생 후 1년이 성장속도가 가장 빠르고 점차 느려지다가 12~14세경 제2차 성징의 발현으로 발달속도가 다시 빨라지는 급성장기가 존재한다. 신체적인 발달에만 급성장기와 완만기가 있는 것이 아니라 지적 · 심리 · 사회적 영역에도 발달속도의 변화가 있다. 출생 후 1년 동안은 신체적 발달뿐 아니라 지적 · 심리 · 사회적 발달속도도 빠르고 일생을 통한 발달에 지대한 영향을 가지고 있기에 상대적으로 중요한 시기라 볼 수 있다.

(3) 발달은 개체의 유전과 환경의 상호작용으로 이루어진다

개체의 유전과 환경은 아주 밀접한 관련이 있고 상호작용하게 되므로 개체가 발달하게 된다. 예를 들어, 인간의 키는 유전적 소인을 타고나지만, 환경의 영향수면의 질과 양, 음식물 섭취, 스트레스 정도 등에 따라 개인이 발달시킬 수 있는 범위는 각각 다르다. 음악적 재능을 가지고 태어난 사람이 음악적 재능을 발현시킬 수 있는 환경의 여부와 연습의 양에 따라 성취할 수 있는 정도는 다르다. 또한 같은 환경이라면 타고난 재능의 여부에 따라 개인의 발달 차이를 가져오게 된다.

(4) 발달은 분화의 과정임과 동시에 통합의 과정이다

출생 후 초기에 유아의 신체에 자극하면 몸 전체가 움직이는 미분화된 반응을 일으키다가 성장함에 따라 특수한 부분의 운동으로 분화differentiation된 반응을 한다. 예를 들어, 작은 인형을 본 영아가 잡을 때 팔로 잡으려는 행동이 분화된 과정으로 손 전체로 잡게 되고, 손가락으로 잡을 수 있는 과정으로 발달하게 된다. 이것은 분화의 과정이다. 동시에 분화는 단순히 세분되는 것만이 아니라 분화된 각 부분이 일정한 계열에 의해 조직되고 통합integration되어 체제를 형성하게 된다. 보다 발달한 수준에서 전체적이며 통합적인 반응으로 연결이 된다.

(5) 발달속도에는 개인차가 있다

발달의 일반적인 원리가 있기는 하지만 각 개인에 따라 발달의 형이 같지 않고, 기능의 양과 질마저 같지 않다. 성숙에 도달하는 연령 수준에는 개인차가 존재한다. 이러한 차이는 소질, 경험, 환경, 성별 등에 의해 다르게 나타난다. 남녀 간에는 의사소통영역에서 발달속도와 표현의 질에 차이가 있는데, 일반적으로 여자아이가 남자아이보다 언어적 소통이 빠른 경향이 있다. 이런 일반적 사실을 모르고 남자아이를 키울 경우, 아이의 발달이 늦어 조바심을 내는 경우가 있다. 지적인 재능을 많이 가지고 있는 아이는 그렇지 않은 경우보다 지적 발달속도가 빠르다. 같은 아이인 경우에도 다양한 영역에서 성장속도의 차이를 가져올 수 있다. 일반적으로는 신체적·인지적·사회적·정서적 발달이 서로 영향을 주고받아 보조를 맞추어 발달한다. 어떤 경우에 지적 발달이 다른 영역에 비해 월등하게 빠른 경우에 지적으로는 뛰어나지만 다른 면에서 미숙할 때도 있어 곤란한 것처럼 개인의 다양한 영역에서 발달속도의 변화가 크면 적응상의 문제를 가져오게 된다.

(6) 연령 증가에 따라 발달성향의 예언이 어렵다

인디언 종족들에 관한 비교연구로 한 부족의 어린아이들에게는 걸음 연습을 시키고, 다른 부족의 어린이에게는 걸을 기회를 주지 않고 업어주었다. 생후 1년이 지났을 때 두 부족의 어린아이들은 같은 시기에 걷게 되었다. 이것은 발달에 일정한 순서가 있으므로 가능한 것이다. 신체적인 성숙이나 성장이 어렸을 때는 유전적 소인에 의해 프로그램된 성숙에 의한 발달이 많기에 비교적 발달의 예언이 가능하다. 그러나 의도적 학습이 많아지고, 환경의 영향을 많이 받아 경험의 양과 질이 달라지는 아동기 이후에는 개인차 때문에 발달성향을 예측하는 것은 어려운 편이다.

3. 발달단계의 특징과 부모의 역할

자녀가 탄생하는 날 엄마와 아빠로 같이 태어난다. 부모는 자녀가 잘 성장할 수 있도록 발달단계와 특성을 이해하면서 키워야 하고, 자녀의 욕구를 파악하여 충족시키며 애정과 신뢰로 상호작용을 하면서 보살펴야 한다. 발달단계마다 개인이 환경에 적응하기 위해서는 배워야 하는 과제인 발달과업developmental task이라는 개념이 존재한다. 발달과업은 해비거스트의 이론으로 개인의 생애에 있어 성취하게 되면 다음 단계로의 발달이 원만하게 수행하게 될 기초를 마련하게 되고, 그렇지 않으면 다음 단계의 과업 수행에 곤란을 가져오게 된다고 주장하였다. 아동의 발달과업을 잘 이해하게 된다면 부모가 자녀의 발달단계에 적합한 양육이 될 수 있다고 본다. 여기에서는 아동의 발달단계별로 발달적 특징, 발달과업, 그리고 그에 대응하는 부모의 역할, 도움을 받을 수 있는 프로그램을 중심으로 살펴보겠다.

1) 예비 부모

가정은 결혼하면서 저절로 만들어지는 것이 아니다. 두 사람이 서로의 차이를 수용하고 갈등과 불일치를 지혜롭게 해결하기 위해 끊임없이 노력해야 얻어낼 수 있다. 그러려면 결혼을 준비하기 위해서, 부모가 되기 전에 부모기를 준비하는 교육 등이 필요하게 된다.

태어나면서 부모에게서 부모역할을 포함한 생존방식을 가정에서 배우고, 다른 사람과 교류하거나 교육을 받으며 생존방식을 확장하게 된다. 부모는 자녀에게 큰 영향을 주는 사람으로, 자녀의 자존감, 인성, 성격 형성, 사회화 등에 영향을 주게 된다. 그러기에 부모나 부모가 되는 예비 부모들은 부모 됨에 대하여 부모역할에 대해 준비를 해야 한다. 과거에는 확대가족 속에서 부모 됨과 부모역할에 대한 다양한 모습을 어렸을 때부터 보게 되어 모델링이 되었다. 현대사회는 급격한 사회적 변화와 가족구조의 변화를 가져오게 되어 핵가족 세대에서는 부모세대로부터 배울 수 있는 시간과 기회가 많지 않다. 또한 가족의 구조가 이혼과 별거로 분리된 가정, 한부모가정, 다문화가정, 조손가정 등의 다양한 형태가 존재하면서 이들을 위한 서비스, 이들이 가정을 보존하면서 부모의 역할을 할 수 있도록 도와주는 부모교육의 필요성과 관심이 높아지고 있다. 또한 저출산시대에 건전한 가족 형성의 기반이 되는 사랑과 결혼의 의미와 가치에 대해 알아볼 필요가 있다. 행복한 가정을 만들어 가기 위한 부모교육의 개념은 부모뿐만 아니라 예비 부모를 포함하는 성인을 대상으로 성인들에게 부모 됨에 대한 자신감을 주고 부모역할을 잘 할 수 있도록 긴장감을 완화해 부모로서 전인적 삶을 균형 있게 유지하도록 돕는 데 있다. 예비 부모교육의 필요성은 다음과 같다.

첫째, 부모역할에 대한 태도, 기술, 지식 습득을 위해 예비 부모교육이 필요하다.

현대의 핵가족제도에서는 과거의 확대가족제도에서처럼 3~4대가 같이 살면서 부모역할 수행을 조언해주고 지지해주던 어른들의 도움을 기대하기 어렵고 자녀양육의 책임을 부모가 혼자 수행해야 한다. 부모 됨과 바람직한 부모역할에 대해 충분히 배우지 못한 채로 갑자기 부모가 되면서 아동발달 및 자녀양육방법, 가족 내 역할, 의사소통기술 등에 대한 이해 부족으로 자녀양육 그 자체가 짐으로 여겨지게 되고, 부모역할 수행에 어려움을 가지게 된다. 따라서 자녀양육에 필요한 지식과 기술들, 가정을 가지게 되면서 수행하게 될 역할 및 태도 등을 적절하게 습득하기 위해 부모가 되기 이전에 학교교육 등의 기회를 통하여 체계적인 예비 부모교육을 받아야 할 필요가 있다.

둘째, 영유아기 초기 경험이 중요하기에 예비 부모교육이 필요하다.

발달이론에 관한 많은 학자는 인간발달에 있어 영유아기의 초기 경험의 중요성에 대하여 강조하였다. 인간이 태어나서 6세 이전의 초기 경험이 그들의 전체 인생에 영향을 지대하게 미친다. 영유아기 아이가 가장 많은 시간을 보내는 것은 부모이고, 직접 접촉하여 영향력이 크기에 미래 부모가 될 예비 부모를 대상으로 하는 교육이 상당히 중요하다. 자녀를 출산하는 것으로 부모가 된다. 그러나 자녀를 기다리며 준비과정을 거친 '준비된 부모'와 아무런 준비과정 없이 갑작스럽게 '부모가 되어버린' 경우는 자녀양육과정에 있어서 질적으로 다른 양상을 보일 수 있다. 부모가 될 준비는 세상에 태어나 새로운 인생을 살아갈 자녀를 위해 꼭 필요하다.

셋째, 청소년기와 성인기 초기의 발달과업을 위해서 예비 부모교육이 필요하다.

헤비거스트는 성인 초기의 발달과업으로 배우자를 선택하는 것, 배우자와 함께 생활하는 방법을 학습하는 것, 가정을 꾸미는 것, 자녀를 양육하는 것, 가정을 관리하는 것, 직업생활을 시작하는 것, 시민의 의무를 완수하는 것, 마음이 맞는 사람과 사회적 집단을 형성하는 것 등을 들고 있다. 이를 성취하기 위해서 이전 단계인 청소년기에 자아정체감을 확립하고 유능한 시민으로서 갖추어야 할 지적 기능과 개념을 알아야 한다. 부모와 다른 성인들로부터 정서적으로 독립할 준비를 하기 위해 직

표 4-1 교과서에 나타난 청소년 대상 예비 부모교육

번호	주제	교육 내용
1	사랑과 결혼	• 사랑이란 무엇일까? • 결혼의 의미와 가치는 무엇일까? • 행복한 결혼의 가치 탐색하기
2	배우자 선택	• 배우자상에 대한 고정관념은 무엇일까? • 현명한 배우자 선택, 무엇을 고려해야 할까? • 배우자 선택기준 제안하기 • 현자들에게 듣는 배우자 선택의 지혜
3	부모가 된다는 것	• 부모가 된다는 것은 어떤 의미일까? • 부모 됨에 필요한 준비는 무엇일까? • 책임 있고 좋은 부모가 되기 위한 역량 탐색하기
4	건강한 임신과 출산	• 왜 계획적인 임신이어야 할까? • 임신 중 태아와 모체의 변화와 관리를 알아볼까? • 건강한 출산과 산후조리, 어떻게 해야 할까? • 건강한 출산을 위한 사회적 배려
5	지혜롭게 자녀 돌보기	• 발달단계에 따른 자녀 돌보기, 어떻게 해야 할까? • 현대사회에서 필요한 부모역량 키우기

출처 : 고등학교 기술 · 가정 교과서, ㈜ 삼양미디어(2018)에서 발췌.

업을 선택하고 준비하는 시기의 발달과업을 성공적으로 성취해야 성인 초기의 발달과업이 순조롭게 이루어질 수 있다. 따라서 청소년기와 대학생 시기에 결혼과 가정생활에 대한 준비를 할 수 있는 체계적인 교육이 필요하다. 최근에는 중학교, 고등학교 교과서에도 이와 같은 내용을 다루고 있다.

2017년 변화하는 현실에 맞추어 여성가족부에서는 자녀의 발달특성과 가족의 특성을 반영하여 부모교육 매뉴얼을 개발하였다. 부처별 부모교육 통로온라인, 오프라인를 종합하여 생애주기별, 가족특성별로 강사가 활용할 수 있는 PPT와 부모교육 매뉴얼, 동영상 등의 강의자료를 개발하였다. 그중 예비 부모교육에 해당하는 내용은 청소년 대상 예비 부모교육 I, II, 성인 예비 부모교육 세 종류가 이에 해당한다. 표 4-2의 내용은 청소년 대상 예비 부모교육 I과 II의 내용을 요약한 것이다.

표 4-2 청소년 대상 예비 부모교육(여성가족부)

번호	주제	교육 내용
Ⅰ-1	행복한 가족, 행복한 아이 (가족 안에서 함께 성장하는 부모와 아이)	• 행복한 가족이 행복한 아이의 성장을 위한 바탕임을 설명 • 행복한 가족을 만들기 위해 청소년 자녀로 할 수 있는 일과 실천 • 가족의 위기관리능력인 회복 탄력성의 소개와 적응
Ⅰ-2	미리미리 Check 첵! Check 첵! (부모 됨의 준비와 책임)	• 성숙한 부모 모습의 개념과 준비되고 책임지는 부모됨의 중요성 • 부모로서 수행해야 하는 신체적 · 정서적 돌봄의 역할을 이해
Ⅰ-3	함께 키우는 부모 (부부 공동양육)	• 부부가 함께하는 공동양육의 의미와 효과성 • 부부 공동양육의 실천방안과 예비 부모로서의 필요한 역량
Ⅰ-4	지역사회와 함께 키우는 아이 (사회적 부모 됨)	• 사회적 부모 됨의 의미 • 공동체의식을 바탕으로 한 사회적 부모 됨의 정체성 • 지역사회의 공동체적 아동 돌봄과 예비 부모로서 필요한 역량
Ⅱ-1	예비 부모 愛 (부모 됨의 의미)	• 부모 됨의 의미, 부모 됨의 준비의 필요성 • 예비 부모로서 실천할 수 있는 부모 됨의 역량 강화
Ⅱ-2	엄마, 아빠가 말하는 사랑의 방정식 (성숙한 사랑)	• 사랑의 의미와 요소, 성숙한 사랑에 필요한 실천요소 • 성숙한 사랑과 부모 됨과의 관계, 성숙한 사회적 관계 맺기의 역량 강화
Ⅱ-3	조부자(조부모-부모-자녀)네 집으로 놀러가자 (세대 간 소통)	• 세대과정으로 나타나는 다양한 가족의 현상 알기, 우리 집 세대과정의 비판적 사고 • 건강한 세대관계 형성에 기여할 수 있는 가족문화 실천
Ⅱ-4	쑥쑥 자라는 우리 아이! '부모' 옷을 입어요 (자녀발달과 부모역할)	• 자녀가 성장함에 따라 기대되는 부모의 역할 변화 이해 • 자녀발달단계별 부모의 역할 변화를 이해하여 건강한 부모관 형성
Ⅱ-5	놀이로 부모-자녀 행복 시간 쌓기 (놀이를 통한 부모-자녀관계 증진)	• 아동발달에 놀이의 중요성과 기능을 이해 • 부모-자녀 상호놀이의 중요성 이해 • 아동의 신체적 · 인지적 · 사회정서적 발달을 도모할 수 있는 부모-자녀 놀이 실습
Ⅱ-6	아이의 마음을 읽는 부모 되기 (정서적 지원과 상담)	• 자녀의 건강한 발달에 안전한 정서적 환경의 중요성 • 자녀의 감정에 대한 바람직한 부모의 반응, 예비 부모로서 정서지능의 역량을 함양

출처 : 여성가족부, 청소년 대상 예비 부모교육 I, II에서 발췌.

표 4-3 성인 대상 예비 부모교육

번호	주제	교육 내용
1	내 안의 보물 찾기 (자기 이해)	• 자기 이해의 중요성 • 다양한 접근으로 알아보는 자기 이해 • 있는 그대로의 '나' 사랑하기
2	우리 썸타는 것 맞지? (친밀하고 평등한 교제)	• 이성교제의 모습 및 기능 • 사랑의 구성요소로 살펴본 성숙한 사랑 • 이성교제에서 발생할 수 있는 문제 및 예방법
3	Marry Me, 나와 함께 할래요? (결혼 제대로 이해하기)	• 현대사회에서의 결혼의 의미 이해 • 배우자 선택 시 고려해야 할 요소 • 행복한 부부관계를 위한 요소
4	이제 부모역할은 선택하는 거야 (부모 됨의 의미와 준비)	• 현대사회에서의 부모 됨의 의미 이해 • 부모가 되기 위한 준비사항 점검 • 공동양육의 중요성
5	부부가 함께 하는 행복한 아기 마중 (임신과 출산)	• 준비된 임신의 필요성 • 임신과정에 대해 알아보기 • 임신 중 부모역할 • 다양한 분만방법 및 건강한 출산

출처 : 여성가족부, 성인 예비 부모교육 I, II에서 발췌.

넷째, 사회적 문제를 예방하기 위한 예비 부모교육이 필요하다.

사회적으로 미혼모의 증가, 청소년 성문제, 성폭행, 낙태 등 각종 심각한 성 관련 문제들이 증가하고 있다. 따라서 이를 예방하기 위해 예비 부모들을 대상으로 임신 및 출산의 과정, 인간 생명의 존엄성, 낙태문제, 성교육, 결혼과 가정생활에 대한 준비 등의 교육을 통해 사회로부터 지지받을 수 있는 부모가 되도록 도움을 주고 부모역할에 대한 확신을 가질 수 있는 교육이 필요하다. 표 4-3은 성인 대상의 예비 부모교육 내용을 요약한 것이다.

2) 태내기

부모역할은 언제부터 시작될까? 자녀를 출산하는 순간부터 부모역할이 시작된다고 생각할 수 있지만 부모역할이라는 개념이 자녀를 위한 모든 행동을 포함한다고 가정한다면 임신기간부터 부모역할이 시작된다고 볼 수 있다. 우리나라는 예로부터 태아를 하나의 인격체로 생각하여 태교의 중요성을 인지하고, 임신기간에 태아와 산모가 편안하게 보낼 수 있도록 하였다. 즉, 임신이 시작된 순간부터 부모역할이 시작되는 것이다.

(1) 태내기 발달

생명의 시작은 정자와 난자가 결합하여 수정란으로부터 시작되고, 수정란이 착상하여 출생할 때까지 평균 9개월임신주수 40주, 280일을 태내기라 한다. 수정란은 하나의 세포로 시작하여 수정 후 2주일 이내에 착상되어 모태로부터 영양공급을 받으며 성장한다. 수정 후 약 3~8주까지를 배아기embryo라 하고 이 기간에 세포는 계속 분열하여 성장하며, 세포가 각 기관으로 자리를 찾아가며 발달하게 된다. 이때까지 태아는 비교적 소극적 존재로 양수 속에 떠 있으면서 순환계로부터 발달하기 시작하여 내장도 형성되고 신경세포가 자라나며 뇌가 형성된다.

8~40주까지는 태아기fetus라 부르고 신체구조가 더 커지고 더 정교해진다. 3개월이 되면 남녀의 성 기관이 형성되고 4개월부터 태아는 자발적 운동이 생겨나 5개월 정도에 모체가 태동을 느낄 수 있을 정도가 된다. 7개월경에 모체에서 나와도 생존할 수 있을 정도로 자라게 되는데, 현대의학의 발달로 이전에 출생하여도 생존 가능성이 커졌다. 태아는 태내에서 반사적으로 여러 운동을 하는데, 생존에 직결되는 것들이다. 예를 들어, 입을 벌리고 삼키거나 빠는 반응, 도피반응 등을 하게 되는데, 이것은 모체의 공포나 불안, 슬픔 등과 같은 정서에 크게 영향을 받는다.

(2) 태내기의 부모역할

임신 기간 40주 동안 부부는 부부에서 부모로 전환될 준비를 하게 된다. 태교하고 태아와 교감하면서 부모–자녀 간의 유대감을 가지기 시작한다. 임신 후기에 이르면 출산 준비를 해야 한다. 태내기 동안 부모의 역할에 대하여 살펴보도록 하겠다.

첫째, 임신에 대한 긍정적 태도를 보여야 한다.

임부의 정서상태는 태아에게 직접 전달되므로 임신 사실에 대해 기쁘고 반갑게 받아들이는 긍정적인 태도를 보여야 한다. 그리고 출산을 통해 자녀와 만날 때까지 엄마와 아기의 정서적 안정을 위해 아이를 가진 어머니와 남편이 함께 노력해야 한다. 임신 기간 동안 안정적인 정서를 유지하는 것이 중요한데, 임신하게 되면 임부는 호르몬의 영향 때문에 예민해지기 쉬우므로 남편과 가족원들이 옆에서 배려하고 편안한 마음을 유지할 수 있도록 도와주어야 한다.

둘째, 태아에 대한 배려로 태내 환경조성을 위한 노력을 해야 한다.

임신 기간 동안 수정란은 하나의 생명체로 완성되어 가는 중요한 발달이니만큼 어머니는 자신의 건강과 태아의 발달을 위해 안전한 환경을 만들도록 노력해야 한다. 태내기의 부모는 임신에 대한 긍정적인 마음으로 필수적인 관리를 하고 좋은 생활습관을 들이는 것이 바람직하다. 정기적인 산부인과 검진을 통해 태아의 상태를 잘 관리하고, 충분한 영양 섭취를 통해 태아발달에 필요한 영양분을 충분히 공급해야 한다임신 전 정상 체중이었던 임부의 경우 적정체중 증가량은 약 11~16kg. 임신을 하게 되면 흡연, 음주, 약물의 복용 등은 태아의 발달에 부정적인 영향을 줄 수 있기에 자제해야 한다. 가족의 도움도 필요한데, 남편의 가정 내 흡연도 영향을 미칠 수 있으므로 본인의 건강뿐 아니라 아내와 자녀를 위해 금연하는 것이 좋다. 임신 기간 환경오염이나 방사성 물질, 전염병특히, 풍진에 노출되지 않도록 조심해야 하며, 과로하지 않도록 주의해야 한다.

셋째, 출산을 위해 다양한 준비를 해야 한다.

임신 말기가 되면 출산을 준비하기 위해 출산할 병원, 산후조리에 도움을 줄 곳을 미리 생각해야 한다. 산전 진단을 받아 편안한 마음으로 출산을 준비해야 하며 분만방법도 사전에 논의하는 것이 좋다. 사전에 논의한 분만방법이 가능한지 의료진의 조언을 받아들여야 하고, 남편의 분만과정 참여에 대한 부분도 이야기 나누는 것이 좋다. 출산 전 아기를 위한 용품도 미리 준비해 두도록 한다. 출산 후 6주 동안을 산욕기라고 하는데, 산후조리를 위해 2~3주가량 산후조리원을 이용하는 예도 있고, 집에서 가족이나 친지 혹은 산후도우미의 도움을 받을 것인지에 대한 논의도 미리 해둘 필요가 있다. 태내기 부모역할의 주된 과업은 표 4-4와 같다.

표 4-4 다음 세대를 위한 예비 부모교육

준비영역	부모의 역할
심리적 준비	• 임신 계획과 부모 됨의 마음준비 • 부모의 인생 계획과 조화 • 부모로서의 자신에 대한 이미지 형성
신체적 준비	• 건강검진(담배, 약물 등 조절, 질병 검사 및 치료) • 영양 섭취
경제적 준비	• 양육비 및 교육비 확보 • 양육에 적합한 생활환경 조성
관계의 재정립	• 부부 중심에서 자녀 중심의 생활로의 변화에 대비 • 부부 사이의 양육과 가사분담계획 • 부모와의 관계 재정립

출처 : 김신영(2007)에서 인용.

(3) 태내기에 이용할 수 있는 도움

① 출산 축하선물

서울시에서 2018년 7월 1일 이후 출생한 모든 출산가정에 출산 축하선물을 제공한다. '출산 축하선물'은 각 가정에서 필요한 제품을 선택할 수 있도록 수유/건강/외출 세트 3종 중 하나를 받을 수 있으며, 출생신고 시 또는 출생일로부터 3개월 이내에 주민등록지 관할 주민센터에서 신청이 가능하다.

② 산후도우미 서비스

소득이나 출생 자녀의 출생순위에 따라 지역 보건소 등에서 서비스를 지원한다. 출산 예정일 40일 전부터 출산 후 30일 이내 산모의 주민등록지 담당 보건소에 방문하거나 복지로 홈페이지(www.bokjiro.go.kr)에서 신청이 가능하다. 출산 유형과 신생아의 출생순위, 서비스 기간에 따라 5일단축 시에서 최대 25일연상 시까지 지원하며, 발생하는 비용 중 일부가 지원된다.

③ 임신부터 육아까지 원스톱 서비스

임신 · 육아 종합포털 아이사랑(www.childcare.go.kr)은 임신, 출산, 육아는 물론 어린이집과 유치원 정보 비교까지 원스톱으로 제공하고 있다. 임신 스트레스, 출산 준비물, 모유 수유법 등과 같은 기본정보부터 난임 지원, 출산 휴가, 영유아보육 지원 등의 지원정책을 한 번에 확인이 가능하다.

④ 각 시 · 도별 보건소

모든 임산부는 거주지 보건소에서 무료로 건강관리를 받을 수 있다. 관리 항목으로는 풍진 항체검사, 임신 후 초음파검사, 혈액검사, 기형아검사, 철분과 엽산제 등을 제공한다. 전문가로부터 태교와 모유 수유, 신생아 돌보기 등을 배울 수 있으며 신생아의 선천성 대사 이상 검진, 만 12세 이하 어린이 필수예방접종도 시행한다. 보건소에 따라 지원 서비스가 다를 수 있으므로 전화나 해당 홈페이지를 통한 확인이 필요하다.

⑤ 해산급여

아동을 건강하게 출산할 수 있도록 도와주는 제도이다. 소득인정액 기준 중위소득의 43% 이하, 부양의무자가 없거나 부양할 능력이 없는 경우, 부양능력이 있어도 부양을 받을 수 없는 경우, 수급자 가구의 임산부가 출산 예정이거나 출산한 경우 1인당 60만 원쌍둥이 출산 시 120만 원을 지원하고 읍 · 면 · 동 주민센터에서 신청 가능하다.

3) 신생아기

자녀와의 만남을 기다리며 보낸 임신 기간은 출산을 통해 막을 내리게 되고 이제 본격적으로 부모역할을 할 시기가 도래하게 된다. 출생 후 한 달 동안을 신생아기라고 하는데, 이 시기는 자녀가 세상에 처음 나와 환경에 적응하는 중요한 시기이며, 부모에게 있어서도 자녀와 함께하는 생활에 적응하는 중요한 시기이다. 신생아기의 부모역할은 위생관리와 적절한 환경조성을 하는 데 비중을 두게 되며, 부부가 함께 수행하는 것이 바람직하다.

(1) 신생아기의 발달

신생아기출생 후 1개월는 일반적으로 신장은 약 50cm, 체중은 3.2~4kg 정도로 태어난다. 머리 크기는 몸의 1/4 정도이고, 머리둘레가 가슴둘레보다 크거나 비슷하다. 신생아의 뇌는 두내강의 97% 용적을 차지하고 있고, 수분함량이 많아 매우 부드럽다. 따라서 신생아를 흔들어주게 되면 뇌가 두개강 속에서 흔들리며 부딪히며 작은 충격에도 쉽게 손상을 받게 되기에 흔들지 않고 머리를 보호해 주어야 한다흔들린 아이증후군. 머리에는 6개의 숫구멍천문이 있는데, 머리의 위쪽대천문과 뒤쪽소천문에 있는 천문만 눈에 보인다. 이는 신생아의 큰 머리가 어머니의 좁은 산도를 통과할 때 뼈가 겹쳐 분만을 쉽게 하는 작용을 한다. 출생 후 점차로 간격이 작아지다가 2세 정도가 되면 대천문도 닫히게 된다.

신생아의 피부는 약간 붉은색이며, 주름이 많고 솜털이 돋아 있다. 생후 첫 주 안에 많은 아이가 신생아 황달을 경험하게 되고 생리적 체중 감소가 나타난다. 생후 1~3일경 암녹색의 끈적끈적한 태변 배설을 하며 맥박이 빠르고 불규칙하며 체온이 높은 편인데, 체온 조절능력이 미숙하여 특별한 보호가 필요하다. 신진대사가 활발하여 대소변을 자주 보는 편이다.

신생아는 신비한 능력을 갖추고 있는데, 생존에 필요한 필수적인 능력도 있고, 부모의 관심을 끄는 반사능력을 보유하고 태어난다. 신생아기에 보이는 반사능력은 생존에 필수적인 반사능력의 종류인 빨기반사신생아의 입에 손가락을 넣으면 규칙적으로 손가락을 빨게 됨, 파악 반사신생아의 손바닥을 손으로 건드리면 손을 움켜쥠, 찾기 반사입 가장자리 근처의 뺨을 건드리면 자극이 오는 곳으로 머리를 돌림, 눈 깜박임 반사눈에 빛을 비추거나 머리 옆에서 손뼉을 치면 눈꺼풀을 빠르게 움직임, 수영 반사얼굴을 아래로 향하게 하면 수영하는 것처럼 손과 발을 움직임 등이 있다. 또 다른 반사로는 모로 반사신생아의 목과 머리를 안고 있다가 갑자기 높이면 팔을 활모양으로 휨, 바빈스키 반사발바닥에 자극을 가하면 부채처럼 발가락을 폄, 걷기 반사팔을 잡고 발을 바닥에 놓으면 걷는 것처럼 교대로 발을 들어 올림 등이 있다. 파악 반사, 수영 반사, 걷기 반사 등은 영아 초기에 사라지게 되고, 자발적 잡기와 걷기 등의 운동 기능으로 발달해 나가게 된다.

(2) 신생아 돌보기

신생아는 울음으로 자신의 몸과 마음의 상태를 표현한다. 따라서 울음에 즉각 반응하여 왜 우는지를 긍정적인 태도로 파악하는 것이 중요하다. 아기의 울음은 부모에게 자신의 필요를 알리는 첫 의사소통의 수단이다. 배고프거나 놀아달라는 요구는 정상울음으로 높낮이가 규칙적이다. 불규칙적이고 길며 높은 비명의 울음은 통증을 알려주는 것이고, 복통이 있는 아기는 끊이지 않는 고음의 거친 소리로 운다. 생후 3~6개월경에 나타나는 신생아 복통의 원인이 밝혀지지는 않았지만 영아 산통이라 부른다. 칭얼거리거나 낮은 소리로 울 때는 현재 상태의 불만스러움-예를 들어, 놀아달라거나 졸린다는 표시-을 표현하는 것이다. 대부분 부모는 아기가 울면 적절하게 도움을 주려고 하지만 울음의 의미를 파악하지 못하고 적절하게 대처하지 못할 때는 울음 달래는 것이 실패하면서 부모가 좌절감을 가지게 만들기도 한다. 우는 아기를 달래는 방법은 일단 아기의 필요를 파악하고수유, 기저귀, 졸음, 통증 등 그에 맞는 대처를 하며, 그 외의 경우에는 아기를 안고 살살 흔들거나 걷기, 유모차나 요람에 태워서 부드럽게 밀어주기, 아기의 몸을 부드럽게 만져주기, 아기의 몸을 안정감 있게 속싸개로 싸는 방법 등을 한 가지 또는 복합적으로 사용하여 아기를 달래도록 한다.

(3) 신생아의 상태

신생아는 다섯 가지 상태로 하루를 보낸다. 신생아의 하루는 NREM 수면상태8~9시간, REM 수면상태8~9시간, 졸거나 나른한 상태대부분, 고요한 경계상태2~3시간, 활동과 울음1~2시간으로 구성된다. 신생아는 하루 16~18시간 정도의 시간을 자게 되는데, 수면상태는 NREM 수면상태non-rapid-eye-movement : 규칙적, 눈동자의 움직임이 없음와 REM 수면상태rapid-eye-movement : 불규칙적, 빠른 안구운동가 번갈아 가며 나타난다. 신생아의 수면상태는 빛의 밝기가 아니라 배고픈 정도에 달려 있다. 긴 시간 동안 잠을 잘 자는 아기의 부모는 휴식을 충분히 취할 수 있어 편안한 상태로 아이를 돌볼 수 있지만, 많이 울고 보채는 아기의 부모는 아기를 양육하는 데 더 큰 노력이 필요할 것이다.

(4) 신생아의 감각능력

① 촉각

신생아는 반사능력을 갖추고 태어난다. 발바닥이나 손바닥을 자극하면 반응하는 등의 촉각을 민감하게 느낀다. 남자 신생아가 포경수술을 받는 경우 종종 마취제를 사용하지 않는데, 신생아는 고통에 민감하게 반응하고 통증을 느끼는 것을 고려해야 할 것이다.

② 미각

모든 영아는 모유를 좋아하는 미각을 가지고 태어난다. 여러 가지 맛을 신생아에게 경험하게 만든다면 신생아가 맛을 구별하고 있다는 것을 알 수 있다. 단맛에는 편안한 표정을 짓고, 신맛과 짠맛에는 다르게 반응한다.

③ 후각

후각도 선천적으로 가지고 태어난다. 좋은 냄새에 편안한 얼굴로 반응하고 고약한 냄새에는 얼굴을 찌푸린다. 자기 엄마의 모유와 다른 아이 엄마의 모유를 구별하고 고개를 움직이는 반응을 한다.

④ 청각

소리에 대한 반응은 신생아가 환경을 탐색하도록 돕는다. 생후 3일 된 영아는 소리가 나는 방향으로 머리를 돌리는 반응을 보인다. 또한 사람의 말소리에 반응하고, 녹음된 엄마의 목소리를 들을 때 낯선 여자의 목소리나 외국어를 들을 때보다 젖꼭지를 잘 빠는 반응을 보이는 것으로 보아 출생 전부터 들은 엄마의 목소리에 반응하는 것으로 보인다. 청각은 태내에서부터 발달한 것이다.

⑤ 시각

시각은 감각 중에서 가장 늦게 발달한다. 신생아의 시각능력은 한계가 있어 가까이 보아도 멀리 있는 것처럼 흐릿하게 보인다. 무채색보다는 원색을 더 좋아하지만 아직은 색을 구분할 수는 없고 한두 달이 지나면 가능해진다.

(5) 부모의 탄생

신생아의 탄생은 부모에게는 상당히 많은 변화를 가져온다. 어머니는 아기를 잘 양육하기를 바라고, 자신의 몸이 빨리 원상태로 돌아오기를 바란다. 아버지는 새롭게 가족으로 편성된 아기와 아내를 배려하며 가족의 변화에 적응해야 한다. 신생아는 미지의 세계에 던져진 다양한 변화 속에서 편안하게 보호받고 싶어 한다. 점차

표 4-5 부모로서 변화에 대처하는 방법

제안	내용
가사분담 계획	• 가능한 한 빨리 대화를 시작해야 함 • 허드렛일부터 기술과 시간이 있어야 하는 일까지 변화된 가족 상황에 적합한 가족 계획표를 재구성
아기의 출생과 동시에 공동양육의 시작	• 아버지는 아기와 함께 시간을 보낼 수 있도록 노력 • 어머니는 남편과 부모가 되는 것의 가치와 중요성을 주제로 토론 • 부부가 역할을 분배함
의사결정과 책임에 관한 대화	• 부부는 자신의 감정과 요구를 분명하게 설명하고 표현함 • 서로 생각을 듣고, 이해하려고 노력하고 자발적으로 협상과 타협을 함
일과 부모 역할 사이의 균형	• 부모역할의 관점에서 일에 투자하는 시간을 비판적으로 평가함 • 일이 많다면 줄이려고 노력할 것
직장에서의 양육지원과 공공정책 촉구	• 부모의 양육이 어려운 것은 직장과 사회적 지원이 부족하기 때문이기에 직장에 양육지원(받을 수 있는 서비스, 융통적 근무시간 조정, 양육장소의 지원 등)을 제공하도록 권함

출처 : 박낭자 외 12인 공역, 아동발달에서 재구성.

가족의 일상이 불규칙하고 불확실해진다. 부부에게는 아기를 지속적으로 양육해야 하는 일의 증가, 경제적인 책임감의 증가, 부부가 함께 지내는 시간이 감소하게 되는 상황이 발생하게 되는데, 이를 슬기롭게 극복해 나가야 할 것이다. 첫 아기를 가진 산모 중 50~80%는 산후 우울postpartum이라는 정서적 슬럼프를 겪게 된다. 이러한 현상은 일시적인 것이고, 주변의 도움을 받으며 아기를 돌보는 데 자신감을 가지게 되면서 회복이 되지만 10%의 산모들은 회복이 한 주 또는 한 달 동안 지속되는 산후우울증을 경험하게 된다. 회복하며 부모로서의 변화에 대처하는 방법은 다양하다.

(6) 부모역할교육과 지원을 위한 프로그램

부모가 된다는 것은 현재 생활과는 여러 부분에서 변화를 가져오게 된다. 핵가족 구조 안에서는 부모역할에 대한 학습의 기회가 주어지지 않아 부모역할에 대한 안내와 교육의 필요성에 대한 요구가 증가하고 있다. 여성가족부에서는 기존 개발된 부모교육 자료를 검토하여 재구성한 부모교육 매뉴얼로 새롭게 부모가 된 사람들로

표 4-6 부모교육 공통 프로그램

번호	주제	교육 내용
1	부모 됨이란 무엇인가? (부모 됨이란?)	• '부모'에 대해 우리가 기존에 지닌 이미지 탐색 • 우리 안에 있는 '부모 됨의 신화' 발견 • '부모 됨의 신화'를 되짚어보며 올바른 방향 탐색 • 다양한 부모 됨의 모습 안내
2	나와 마주보기 (부모로서의 자기 이해)	• 가족과 나 • 건강한 나 • 노력하는 나
3	자녀와 함께 성장하는 부모 (부모의 발달과업)	• 나는 어떤 부모일까? • 생애주기에 따른 자녀의 발달과업 • 생애주기에 따른 부모의 역할 변화 • 적절한 양육행동이란 무엇일까? • 부모역할을 통해 성장하기
4	부모와 자녀 사이 (부모-자녀관계)	• 부모와 자녀 사이에 대해 생각해 보기 • 가족 주기에 따른 부모-자녀관계 • 자녀를 존중하는 대화 나누기 • 원칙과 책임감을 가르치기 • 자녀와 공감하고 협동하기
5	함께하는 육아공동체 (사회적 돌봄)	• 출산과 양육의 책임에 대해 해외 사례 안내 • 더 넓은 가족의 의미 소개 • 함께하는 육아의 중요성 소개

출처 : 여성가족부, 부모교육 매뉴얼.

부터 자녀의 성장에 맞춘 프로그램을 제공하였다. 신생아의 부모에게 도움이 되는 프로그램을 소개하면 표 4-6과 같다.

(7) 부모역할교육과 지원을 위한 기관 : 영아기, 유아기에 걸쳐 도움을 줄 수 있는 기관

① 예방접종 도우미(https://nip.cdc.go.kr)

감염병의 증상부터 예방접종의 대상과 시기, 지침, 이상 반응에 대한 정보는 물론, 보호자와 아이의 예방접종 관리까지 제공한다. 회원가입 후 아이의 정보를 등록하면 예방접종 내용과 일정, 어린이 국가예방접종의료기관을 확인할 수 있다.

② 아이 돌봄 서비스(www.idolbom.go.kr)

육아의 큰 어려움 중 하나인 아이 돌봄 문제를 지원한다. 현재 만 12세 이하 아동을 둔 맞벌이 가정 등에 아이 돌보미가 직접 방문, 아동을 안전하게 돌봐주는 서비스를 제공하며, 시간제 돌봄, 종일제 돌봄, 기관파견 돌봄, 질병 감염 아동 특별 지원을 한다.

③ 건강가정지원센터(www.familynet.or.kr)

아이 돌봄 도우미 양성 및 서비스를 지원한다. 부모교육, 미취학 아동을 위한 놀이교육, 가족 품앗이 등을 비롯해 아빠 육아교실 등의 다양한 프로그램도 제공한다.

④ 여성가족부(http://www.mogef.go.kr) > 부모교육 > 좋은 부모 행복한 아이

신생아 돌보기 기저귀 갈기와 재우기, 안기와 우유 먹이기 등에 관련된 정보를 제공하고 있다.

⑤ 아동수당

소득수준 하위 90% 2인 이상 전체 가구 기준의 만 6세 미만 0~71개월 아동에게 월 10만 원씩 지급함으로써, 아동의 건강한 성장환경을 조성하여 아동의 기본적 권리와 복지증진에 기여하기 위해 2018년 9월에 도입하였다. 국적 · 주민등록상 아동이 대한민국 국적을 보유 「난민법」상 난민 인정 아동 포함해야 하고, 주민등록번호가 부여된 아동이 대상이다. 신청방법은 보호자 또는 대리인이 아동의 주민등록상 주소지 읍 · 면 · 동 주민센터에 신청할 수 있고, 보호자가 부모인 경우 복지로 웹사이트(http://www.bokjiro.go.kr) 또는 모바일 '복지로' 앱으로 신청할 수 있다.

⑥ 가정양육수당

가정에서 아이를 돌보는 가정 양육 시 부모의 자녀양육에 대한 부담을 경감하고 보육 서비스 선택권을 보장하기 위한 제도이다. 소득 수준에 관계없이 보육료, 유아 학비, 종일제 아이 돌봄 서비스 지원을 받지 않고, 가정에서 영유아 최대 84개월 미만를 돌보는 경우에 지원한다. 지원 내용은 만 5세 이하의 영유아를 월령에 따라, 장애 유무에 따라, 사는 지역에 따라 차등지급한다. 신청방법은 보호자 또는 대리인이 아동의 주민등록상 주소지 읍 · 면 · 동 주민센터에 신청할 수 있고, 보호자가 부모인 경우 복지로 웹사이트(http://www.bokjiro.go.kr) 또는 모바일 '복지로' 앱으로 신청할 수 있다.

⑦ 자녀장려금

저소득 가구의 자녀양육 부담을 줄이고 출산을 장려하기 위한 제도로 행복한 임신과 출산을 장려하고 저소득 가구의 자녀양육 부담을 경감하기 위해 2015년부터 총소득 4,000만 원 미만이면서 부양자녀18세 미만가 있는 경우 자녀장려금을 최대 50만 원 지급한다. 신청방법은 국세청(www.hometax.go.kr) 홈페이지를 통하거나 세무서에 방문해 신청이 가능하다.

⑧ 입양가정 양육수당

입양아동을 양육하는 가정에 입양아동이 만 16세가 될 때까지 매월 15만 원장애아동 양육보조금은 별도 기준에 따름을 지원하고 시 · 군 · 구청에 신청한다.

4) 영아기

영아기는 출생 후 1개월부터 보통 2세까지를 말한다. 영아기는 일생 중 성장 속도가 가장 빠른 시기이다. 영아기 초기에는 말하는 것과 걷는 것이 불가능하지만 영아기가 끝날 무렵에는 운동능력과 언어능력의 발달로 자신의 신체를 조정할 수 있는 능력이 생기고, 의사소통이 가능해진다. 이 시기는 일생을 통해 가장 발달속도가 빠르며 신체적 · 지적 · 사회정서적 발달이 가장 왕성한 시기이다.

(1) 영아의 신체발달

신장은 출생 후 1년이 되면 출생할 때보다 1.5배 정도 자라며 2세가 되면 1.75배 정도가 된다. 체중은 5개월에 출생 시 체중의 2배가 되고, 1세가 되면 3배, 2세에는 4배가 된다. 신장과 체중의 증가에 영향을 미치는 것은 유전적 소인뿐 아니라 영아의 영양상태와 질병의 유무이다. 영아는 성장함에 따라 신체 비율도 변화하는데, 출생할 때에는 머리가 전체 신장의 1/4 정도이고, 2세가 되면 다리가 길어지면서 머리 내 전체 신장의 비율이 1/5 정도 변화하게 된다. 생후 14~18개월경에 두개골이 완전히 닫힌다. 두개골의 뼈가 서로 닿게 되면 이들은 봉합선을 형성하게 되고 뇌가 성장함에 따라 두개골이 쉽게 확장되는 역할을 하게 된다. 영아의 골격은 연골로 형성되다가 임신 6주 초에 연골세포가 뼈로 단단해지게 되고 아동기와 청소년기에 걸쳐 뼈는 점점 단단해지게 된다. 신체의 장골에 골단이 생기고 이곳에서 연골세포가 계속해서 생산된다. 성장함에 따라 골단이 가늘어지고 사라지기에 뼈를 엑스레이로 촬영하여 살펴보게 되면 성장판의 협착된 정도와 골단의 수로 골격 연령을 추정할 수 있다.

영아의 유치는 생후 6개월부터 2년 6개월 정도에 20개의 젖니가 모두 나게 된다. 유치의 발육은 모유 영양아가 인공영양아보다 빠르며, 치아의 발달은 두개골의 발달을 파악하는 대략적인 단서가 되기도 하여 뇌의 발육이 좋지 못한 영아는 치아가 늦게 나고, 불규칙한 경향이 있다.

출생 시 뇌는 성인 무게의 30% 정도인데, 걸음마기가 되면 70% 정도까지 성장한다. 태내에서 엄청난 숫자의 뉴런이 형성되고, 뉴런과 뉴런 사이에는 시냅스를 가지며 시냅스 연결을 형성하게 된다. 시냅스 연결을 할 때 필요한 공간을 확보하기 위해 기존의 뉴런을 정리하게 된다그러나 태내기 동안 뇌가 필요한 것보다 훨씬 많은 뉴런을 생산해 놓았기에 뉴런의 수는 걱정할 필요는 없다. 뉴런의 생존에는 시냅스 연결과 더불어 자극이 중요하다. 자극은 시냅스 연결에 영향을 미치게 되는데, 자극이 덜한 뉴런은 자신의 시냅스를 정리하게 되고, 자극 전달의 효율화를 위해 필요하지 않은 뉴런을 가지치기하며 정리하게 된다. 영아의 감각을 자극하는 환경은 시각뿐 아니라 촉각 · 청각 · 미각 · 후각 등 모든 감각기관을 통한 자극이 중요하다. 수유feeding와 이유weaning하는 방법도 영아의 발달에 영향을 미친다. 영아기 전반에는 주로 감각기관이 발달하고, 후반기에는 지능의 발달이 뚜렷하게 나타난다. 지능이 발달한다고 해서 지적인 자극을 많이 하려 노력하지만, 다양한 감각적 자극을 통해 뇌를 자극하는 것이 더 중요하다.

영아의 운동은 주로 신경계와 근육과의 상호작용 때문에 이루어지는데, 이동운동대근육발달과 조작능력소근육발달으로 구분할 수 있다. 이동운동의 발달을 살펴보면, 출생 직후에 영아는 자신의 몸을 스스로 조종하거나 통제하는 것이 거의 불가능하다. 4주 정도 지나면 엎드려서 고개를 가누기 시작하고, 고개를 옆으로 돌리는 운동으로 발달하게 된다. 차츰 몸 전체를 뒤집게 되고, 기어다닐 수 있는 이동능력을 갖추게 된다. 혼자 앉기도 하고 약 10개월이 지나면 다른 사람의 도움을 받거나 물건을 붙잡고 서게 되고, 차츰 물건을 잡고 걷는 연습을 통해 11~12개월이 되면 혼자서 걸을 수 있게 된다. 조작능력의 발달은 처음에 큰 근육을 사용하여 손이나 팔을 움직여 물체를 잡으려고 노력하게 되고 생후 5개월 이후가 되면 엄지손가락을 사용할 수 있게 된다. 이후 약 9개월 정도가 되면 엄지손가락과 다른 네 손가락을 이용하여 물건을 잡을 수 있게 되며 약 1세가 되면 눈과 손의 협응이 잘 이루어져 물건을 비교적 정확하게 잡을 수 있다. 2세경에는 손가락을 사용해서 손가락 끝으로 물체를 잡을 수 있을 만큼 조작능력이 발달한다. 영아의 개월별 대근육발달과 소근육발달은 표 4-7과 같다.

영아기는 대근육과 소근육이 발달하는 과정에 있어서 신체 조절이 미숙하고, 상황에 대한 판단력이 성인보다 떨어진다. 호기심이 많아지고 탐색하려는 이동능

표 4-7 영아의 개월별 대근육발달과 소근육발달

시기	대근육발달	소근육발달
1개월	• 턱을 든다.	• 꼭 쥔 주먹을 입으로 가져가 빤다. • 손을 폈다 오므렸다 한다.
2개월	• 가슴을 펴고 어깨를 든다.	
3개월	• 머리를 돌린다.	
4개월	• 목을 가눈다.	• 손에 닿는 물건을 잡는다. • 잡은 물건을 반대 쪽 손으로 옮기기도 한다.
5개월	• 받쳐주면 앉는다.	
6개월	• 뒤집기를 한다.	
7개월	• 혼자서 앉는다.	
8개월	• 손바닥과 무릎을 이용해 긴다.	• 물건을 힘있게 손으로 쥘 수 있고, 정확하게 물건을 잡을 수 있다. • 엄지와 검지를 사용하여 손가락 끝으로 정확히 물건을 잡는다.
9개월	• 누웠다가 혼자 앉는다.	
10개월	• 붙잡고 선다.	
11개월	• 손을 잡아주면 걸을 수 있다.	
12개월	• 힘이 세지고 균형이 잡혀진다.	
13개월	• 계단을 기어오를 수 있다.	• 크레용으로 낙서를 한다.
14개월	• 혼자서 선다.	
15~18개월	• 혼자서 걷는다.	
19~23개월	• 뛰어다니고 기어오르기 시작한다. • 넘어지지 않고 발로 공을 찬다.	• 손을 이용해 컵에 든 음료를 마시고 서투르지만 원을 그린다.

출처 : 김지현 외 3인 공저, 부모교육에서 재인용.

표 4-8 영아의 안전수칙

안전전략	영아의 안전 내용
안전한 놀잇감 제공	• 놀잇감은 아동의 연령 및 능력에 적합한 것으로 제공 • 작은 부품, 날카로운 모서리, 부서질 수 있는 놀잇감 피함 • 끈을 이용하는 옷과 장난감은 피함
모든 방을 아동에게 안전하게 구성	• 좌변기 뚜껑은 닫음 • 모든 약, 화장품, 청소 용품, 유독물질 등은 아이의 손이 닿지 않는 곳에 보관 또는 잠금장치 • 사용하지 않는 모든 콘센트에는 안전마개 • 키 큰 스탠드 등의 넘어질 수 있는 가구는 없앰 • 영아가 기어다니기 시작하면 계단과 현관 앞에는 안전문 설치
상해 위험상황에서 아동관찰	• 목욕을 시키는 중이나 책상을 바꿀 때, 어느 한순간도 영아를 혼자 두어서는 안 됨 • 식사시간에는 영아용 의자에 벨트를 채워 앉힘. 그리고 아동 혼자 둔 채 자리를 비우지 않음
차량 안전을 위한 카시트 착용	• 운전할 때 정부의 안전기준에 맞는 카시트에 앉히고 영유아에게 벨트를 채움 • 13세 이하의 아동은 항상 뒷자리에 타야 함 • 성인의 팔로 영아를 잡거나 무릎 위에 앉지 않음(사고 시 성인의 신체가 아동을 눌러 압착)

출처 : 박낭자 외 12인 공역, 아동발달에서 재구성.

력이 향상된다. 영아기 자녀를 둔 부모는 자녀의 안전에 특별히 주의를 기울여야 한다.

(2) 영아기의 지각발달과 인지발달

신생아기부터 촉각, 미각, 후각, 청각은 매우 잘 발달하여 왔다. 영아기의 지각발달의 변화에 관한 연구는 주로 청각과 시각에 집중되어 있다.

① 청각

영아는 모국어의 소리에 민감하게 반응하고, 의미 없는 말소리보다는 의미 있는 말소리에 초점을 맞춘다.

② 시각

시각발달은 대뇌피질에 있는 눈과 시각영역의 성숙으로 발달한다. 2개월이 되는 영아는 사물에 초점을 맞추고 색을 구별한다. 시각의 정확성은 영아기 동안 꾸준히 증가하게 되어 성인과 유사한 수준에까지 도달한다. 개월 차에 대한 시각절벽실험은 영아에게 사물과 사물, 사물과 자신의 거리를 판단하는 깊이지각의 발달을 보여준다. 신생아는 단순한 얼굴 모양의 자극을 지각했다면 영아기의 시지각은 서로 다른 얼굴의 특징을 구분할 수 있게 발달한다.

③ 인지발달

영아가 처음 가지고 있는 심리적 구조는 도식scheme이다. 환경에 반응하면서 네

표 4-9 감각운동기의 감각운동적 발달과 대상영속성 발달

단계	감각 운동발달	대상개념
반사 도식 (0~1개월경)	• 신생아의 최초 도식은 타고난 반사(주로 빨기) • 모든 대상을 빨기 도식에 동화시켜봄	• 시각영역 안에 있는 것에 초점을 두나 사라지면 다른 관심 • 기대나 탐색을 보이지 않음
1차 순환반응 (1~4개월경)	• 우연히 행한 움직임이 재미있으면 그 행동을 반복(순환반응) • 손가락 같은 일차적인 자신의 신체에 국한된 빨기 • 빨기-잡기 도식, 보기-잡기 도식의 협응이 이루어짐	• 대상이 사라진 곳을 보며 다시 나타나기를 기다리는 것처럼 응시 : 수동적 기대
2차 순환반응 (4~8개월경)	• 외부세계에 있는 대상이나 사건에 대한 반복적인 행위 • 모빌 등을 건드렸을 때 소리가 나면 흥미를 느끼며 반복행위	• 어떤 대상이 떨어지면서 그리는 포물선을 예측하여 정확한 지점에서 대상을 찾음 • 대상 영속성 개념의 초기
2차 순환반응의 협응 (8~12개월경)	• 이전에 획득한 두세 가지 도식을 결합 • 성냥갑을 장애물로 가리면 처음엔 무시하거나 돌아감, 후에는 장애물을 치움(잡기, 치우기 도식)	• 다른 사람이 감추었던 대상을 찾음 • 담요 밑의 인형을 찾아냄
3차 순환반응 (12~18개월경)	• 영아는 새로운 것을 능동적으로 찾고자 하면서 순환반응, 활발한 시행착오행동을 나타냄 • 손이 닿지 않는 곳에 있는 대상물의 끈을 잡아당김, 대상이 놓여 있는 깔개를 잡아당겨 대상물을 끌어당김	• 가장 나중에 사라진 곳으로 보이는 장소에서 대상을 찾음(보이는 이동에만 대처) • 위치 변화에 대한 상상과 표상이 어려움
정신적 표상 (18~24개월경)	• 직접 해보지 않고도 사고하는 것이 가능하기에 내면적으로 사고한 후에 행동하게 됨 • 서랍형 성냥갑에서 사슬을 꺼내려는 여러 시도 끝에 잠시 행동을 멈추고 있다가 서랍을 엶(사고 후 문제해결)	• 성숙한 대상영속성 개념 형성 • 장난감을 담요 속에서 베개 아래에 놓으면 담요를 치운 후 베개 밑에서 찾음

단계를 거치게 되는데, 그 단계 동안 심리적 구조인 도식들이 변화하게 된다. 피아제는 영아기의 인지발달단계를 감각운동기에 해당한다고 보았다. 감각운동기는 감각기관을 통해 정보를 받아들이고 사고를 한다고 보았다. 도식은 두 가지 방법으로 변한다.

첫 번째, 적응adaptation으로 환경과의 직접적인 반응을 통해 도식을 만든다. 외부세계를 해석하기 위해 기존의 도식을 사용하는 동화assimilation, 현재의 사고방식을 바꾸어 새로운 도식을 만들어 내는 조절accommodation을 통해 적응한다. 아동이 변화할 것이 많지 않을 때는 동화를 통한 적응을 하게 되고, 급격하게 변할 것이 많을 때는 조절을 통한 적응을 한다. 자신의 도식을 수정하게 되면 다시 동화로 돌아가게 된다. 가장 큰 조절의 시기는 아동발달 초기인 감각운동단계이다.

두 번째, 조직organization을 통해 도식들이 변하게 된다. 환경과의 직접적인 접촉이 없이 아동 내부에서 발생하는 것이다. 아동이 도식을 형성하게 되면 이것을 아동 내부에서 재배열하고 다른 도식과 연결하는 인지체계로 변화시키면서 도식을 변화시킨다. 신생아와 영아기 후기 아동의 차이가 커서 감각운동기는 6단계로 나누어진다.

(3) 영아기의 언어발달

영아는 처음에는 울음, 표정, 몸짓, 소리 등으로 의사표현을 하다가 점차 단어, 문장 등의 순으로 언어능력과 어휘력이 급속히 발달하게 된다. 영아는 생후 2~3개월부터 시작되어 6개월 정도가 되면 옹알이를 하게 된다. '맘마', '빠빠' 같은 소리로 시작하여 약 18개월 정도가 되면 말을 알아듣게 되고, 모방을 통해 언어를 배우기 시작한다. 대략적인 연령의 언어발달은 표 4-10과 같다.

언어발달에서는 세 가지 이론이 존재한다. 행동주의자 관점에서는 강화와 모방을 통해서 자녀의 언어기술을 훈련시킨다. 생득주의자이론은 아동이 언어습득장치를 타고났다고 생각한다. 언어습득장치LAD : Language Acquisition Device란 선천적으로 언어를 습득할 수 있도록 하는 보편적 문법 지식이 언어습득장치에 미리 프로그램화되어 있어서 아동이 언어를 입력할 때 별다른 노력을 기울이지 않고도 자동으로 언어를 습득할 수 있다는 것이다. 촘스키에 의하면 언어는 배우는 것이 아니라 습득

표 4-10 연령별 언어발달

대략적 연령	언어발달	언어발달의 조력
2개월	• 영아는 쿠잉을 하고 듣기 좋은 모음을 발화함	• 쿠잉에 언어음과 단어로 응답을 함(대화의 순서 교대 경험 제공)
4개월	• 영아가 쿠잉에 자음을 첨가하여 옹알이함	• 보육교사가 까꿍 놀이처럼 순서를 교대하는 게임을 하면 영아들이 관심을 보임
8~12개월	• 몇 개의 단어들을 이해함 • 영아가 순서 교대하는 게임에 적극적으로 참여함 • 언어 이전 몸짓 언어를 사용함	• 영아가 바라보는 것에 언어적으로 이름을 붙여줌
12개월	• 알아들을 수 있는 단어를 발화함	• 빈번하게 대화에 참여시켜줌
18~24개월	• 어휘가 50~200개까지 증가함(언어의 폭발적 증가) • 두 단어를 결합할 수 있음(엄마, 우유!)	• 책 읽어 주기, 그림책에 대해 대화하기 등으로 언어적 자극

하는 것이라 본다. 뇌에 언어를 담당하는 특정한 부위브로카 영역, 베르니케 영역가 있고, 언어발달에 민감한 시기가 있다고 주장한다. 세 번째 이론은 상호작용적 이론이다. 행동주의와 생득주의의 극단적인 견해에 타협점을 제공해준다. 선천적인 능력과 사회적 환경이 상호작용하여 언어발달을 이룬다는 것이다.

언어발달은 개인차와 문화의 차이가 존재한다. 일반적으로 여아가 남아보다 어휘 수가 조금 우수한 경향이 있다. 내성적이고 조심스러운 아동은 자신이 상당히 많이 이해하고 난 후에 말하기를 시작하게 된다. 부모는 기다리기가 쉽지 않지만, 말을 시작하게 되면 그들의 어휘력은 신속하게 증가한다. 많은 아동이 지시적 양식의 말사물을 지시하는 단어 위주을 하는 경향이 있고, 적은 수의 아동들은 표현적 양식고마워, 그만해 등의 말을 한다. 지시적 양식의 아동들이 언어발달이 더 빠르게 성장한다. 자녀의 언어발달을 시시해주는 것은 부모가 자녀에게 말을 가르쳐주는 것도 중요하지만 대화의 순서 교대에 대한 경험을 제공하는 것도 중요하다. 특히, 그림책을 통해 아동은 많은 언어자료어휘, 문법, 의사소통 기술, 상징, 이야기 구조 등를 접하게 되기에 집과 어린이집에서 날마다 독서를 하는 것이 아동들의 언어발달에 대단한 신선을 가져올 것이다. 전에 언어를 표출하는 시기는 약 2세 전후로 완선한 문장이 되지는 않지만 모방한 언어에서 발전하여 '엄마'하면 어머니를 가리킬 줄 알게 된다. 언어

지니의 이야기

언어습득의 결정적 시기가 있다는 것이다. '지니' 라는 아이는 1년 6개월일 때 뒷방에 고립되었고, 고립될 당시에는 정상적으로 발달하고 있었다. 13세 반이 될 때까지 지니의 부모님은 지니에게 그 어떤 말도 건넨 적이 없었다. 지니가 열세 살이 된 무렵부터 학자들이 4년간 언어를 가르쳤지만, 어휘 수는 늘어나고 대화는 이해하였지만, 문법과 대화기술은 제한적이었다. 이러한 사례는 언어발달의 민감한 시기가 있다는 개념과 부합된다.

는 사고의 도구이고 의사소통의 수단이기 때문에 사고력과 언어의 발달은 밀접한 관계가 있다.

(4) 영아기의 정서사회적 발달

출생 시의 정서는 막연한 흥분상태이고 정서는 분화되지 않았지만, 영아기에는 공포 · 분노 · 애정 · 애착과 같은 정서가 분화된다. 미분화된 정서상태가 생후 3개월 정도가 되면 쾌와 불쾌로 분화되고, 불쾌 정서는 5~6개월이 되면 분노, 혐오, 공포, 불쾌로 분화되며 18개월 정도에 불쾌 정서에서 질투가 분화된다. 쾌 정서는 18개월 정도 되며 어린이에 대한 애정과 어른에 대한 애정으로 분화된다. 24개월 이상 되면 쾌 정서에서 기쁨이 분화된다.

에릭슨Erikson에 의하면 생후 2년 동안 발달하는 성격특성이 다른 사람과의 관계성 속에서 발달하게 된다. 생후 첫 번째 단계는 출생에서부터 1세까지로 프로이트Freud는 구강기 단계로 음식과 구강 자극에 대한 욕구를 만족시키는 것을 중요하게 생각한다. 에릭슨은 기본적인 신뢰 대 불신감으로 설명하고 있다. 세상에 대한 영아의 예측성과 영아를 둘러싼 환경에 영향을 미치는 영아 자신의 능력에 대한 기본적 신뢰감의 발달이 그것이다. 주 양육인인 어머니에 의해 이루어지는 양육방식에 달려 있다. 아이에게 일관성과 계속성과 통일성이 있는 경험이 주어지면 어머니와 신뢰감이 형성된다. 이 신뢰감을 바탕으로 다른 대상과도 신뢰감이 형성된다. 반면, 부적절하고 일관성이 없고 부정적인 보살핌은 불신감을 불러일으킨다. 두 번째 단계는 1~3세까지로 프로이트는 항문기로 본능적인 에너지가 항문 주변

표 4-11 영아의 정서발달 이정표

개월	정서의 발달
출생	• 막연한 흥분상태이고 정서는 분화되지 않음
2~3개월	• 영아는 사회적인 미소를 보임 • 성인들의 표정에 본능적으로 반응
3~4개월	• 쾌와 불쾌로 분화 • 영아는 소리 내서 웃음
6~8개월	• 친숙한 사람과 상호작용할 때 잘 웃음(부모-자녀 관계 강화) : 친숙하지 않은 사람을 구분하여 반응(낯가림 불안) • 불쾌 정서는 분노, 혐오, 공포, 불쾌로 분화
8~12개월	• 외부 자극 때문에 반응으로 울음, 웃음, 두려움 등의 반응이 나타남
18~24개월	• 주목받는 성인에게 기쁨을 전달하기 위해 큰 미소를 보임 • 공감, 질투, 당황 등 성인에게서 볼 수 있는 모든 감정이 분화

으로 옮겨진다고 보았다. 프로이트는 성격발달에 있어서 배변훈련을 중요한 것으로 다루고 있다. 에릭슨은 배변훈련에 대한 부모의 태도가 아동의 심리적인 건강에 영향을 미친다고 보았다. 이 시기는 유아의 운동성발달로 자신의 조절력을 부모에서 인정받고자 한다. 주로 배설훈련을 통해 자기의 행동을 통제함으로써 자율성을 성취하게 되지만, 유아의 독립심과 자율성을 얻고자 하는 노력을 부모가 인정해주지 않거나 반복적인 실패를 경험하게 되면 지나친 수치심과 의심을 가져오게 된다.

어머니와의 신뢰로운 관계 형성을 통해 사회성이 발달하게 된다. 영아기에 사회적 발달의 가장 중요한 요소는 애착attachment이다. 애착은 영아와 주 양육자 사이에 형성되는 친밀하고 지속적인 정서적 유대감을 의미한다. 영아는 주 양육자와의 수유, 배변, 수면 등 생존에 필요한 욕구를 해결하면서 정서적 안정감과 유대감을 가지게 된다. 애착은 생후 6~8개월경부터 형성되기 시작하여 24개월 정도에 완성된다. 영아기에 형성된 애착은 아동의 인지와 정서, 사회성 발달에 큰 영향을 미치게 된다. 영아와 안정된 애착을 형성하려면 주 양육자가 영아에게 충분한 자극을 주고, 영아의 신호를 잘 받아들여 일관된 양육을 받으면서 형성된다. 그렇지 못하면 안정적이지 못한 애착불안-회피 애착, 불안-저항 애착, 불안-혼란 애착을 형성하게 된다. 부모와 안정적인 애착관계를 형성하면 다른 사람에게도 신뢰감을 느끼게 되어 이후 사회성 발달이 원활해진다.

(5) 영아 돌보기

영아기는 발달의 여러 영역에서 매우 빠르게 이루어지는 시기이고, 부모와의 관계에서 기본적인 신뢰감이 형성되는 시기이다. 따라서 따뜻하고 풍부한 애정표현을 바탕으로 충분한 영양 섭취와 다양한 자극을 제공하여 영아의 발달을 돕는 것이 중요하다. 영아기 아동의 부모들은 식사습관, 배변습관 등에 대한 양육방법에 대하여 아는 것이 중요하다.

① 식사습관

영아는 생후 5~6개월 이후부터 유동식에서 고형식으로 영양을 보충하고, 씹는 연습을 하기 위해 이유를 시작한다. 영아의 발달 정도와 건강상태에 따라 처음에는 쌀미음과 같이 자극성이 없는 식품으로 시작하여 차츰 다양한 식품으로 양을 늘려 간다.

② 배변습관

배변훈련은 절대적인 시기가 정해져 있는 것이 아니다. 아동 개인의 발달 정도에 따라 달라진다. 배변 의사를 표현할 수 있는 18개월경부터 서서히 시작하여 발달 정도, 건강상태 등을 고려하여 편안하고 자연스러운 분위기를 조성한다. 대부분 소변보다 대변을 더 빨리 가리게 되는데, 영아의 소변 간격이 두 시간 정도 일정하게 벌

모유 수유의 장점

- 모유에는 면역성분이 들어 있어 각종 질병에 강하다.
- 모유에는 6개월 이전의 아기에게 필요한 충분한 영양분과 철분, 미네랄 등이 거의 모두 들어 있다(미숙아에게도 도움이 된다).
- 영아의 두뇌발달에 도움이 된다.
- 비만, 당뇨병이 될 가능성이 작다.

어질 때, 혼자 바지를 내릴 수 있을 때가 배변훈련을 시작할 시점으로 적당하다.

③ 아동의 기질과의 적응

영아기부터 아동은 정서적인 반응, 행동수준, 주의집중 등에서 다른 양상을 보인다. 토마스와 체스 연구에서 아동 기질을 다루기 쉬운 아이40%, 다루기 힘든 아이10%, 서서히 변화하는 아이15%, 어느 유형에도 속하지 않는 아이35%로 구분하였다. 아이가 타고난 기질에 맞게 양육하는 것은 자녀가 성격 형성을 하는 데 영향을 미치게 된다. 다루기 쉬운 아이는 다루기 힘든 아이보다 양육하기가 쉽고, 떼를 쓰거나 강력한 요구를 하지 않기에 부모는 아이에게 먼저 관심을 가지는 것이 좋다. 서서히 변화하는 아이는 상황 변화에 대한 적응이 늦고 낯선 것에 대한 부정적인 반응을 보이는 경우가 있다. 적응이 늦을 때 답답하고 혼란스럽게 느끼고 아이가 빨리 적응하도록 재촉하는 경우가 많은데, 부모는 여유를 가지고 아이의 속도에 맞추는 것이 바람직하다. 다루기 힘든 아이는 낯선 환경에 적응할 때 부정적인 반응이 빨리 나타나거나 심하게 반응하는 때도 있다. 부모는 아이가 부정적인 감정 표출을 할 때 아이에게도 이유가 있다는 것을 알아야 할 필요가 있다. 훈육보다는 아이의 감정을 읽어주며 다독이는 것이 필요하다.

④ 자녀와 함께 놀기

영아기 부모는 아이에게 말을 걸어주고, 아이의 옹알이에 열심히 답해주는 대화의 경험을 제공해야 하고, 그림책 등을 반복하여 읽어 주거나 보여 주는 등 상황에 알맞은 언어적 자극을 통해 언어발달을 촉진해야 한다. 발달단계에 맞는 신체 여러 부위를 골고루 움직여 주는 놀이와 다양한 모양이나 촉감의 장난감으로 운동 및 감각 기능을 발달시키고 새로운 경험을 하게 해준다.

(6) 영아기 부모를 위한 부모교육

자녀가 태어나면서 부모도 태어난다. 모성은 본능이라고 하고 부성은 학습이라고 말을 한다. 그러나 모성과 부성은 본능보다는 학습으로 보는 것이 옳다. 아이와 교류하며 상호작용하면서 부모-자녀관계에 적응하고 어머니 역할과 아버지 역할을 경험하고 배우는 것이다. 자녀양육은 어느 한쪽의 본능이 아니라 부모의 역할이고 공동양육을 해야 하는 책임이다. 즉, 부부가 부모역할에 대해 함께 배우고 노력해야 한다. 영아기 부모를 위한 부모교육 내용은 다음과 같다.

자녀의 탄생은 어머니만이 아니라 아버지의 탄생을 가져온다. 오래전부터 가부장적인 문화가 이어져 오면서 임신이나 출산, 양육은 어머니의 일이고 가정의 경제적인 면은 아버지의 일이라는 인식이 있었다. 처음으로 아버지가 되었을 때 기쁨과 감동은 이후에 자신들에게 기대하는 높은 수준의 요구에 어떻게 맞추어야 할지 혼란스럽다. 요즘에는 많이 개선되어 아버지들은 아이가 엄마와의 특별한 애착관계

표 4-12 영아 부모교육

번호	주제	교육 내용
1	내 아이는 어떤 아이? (영아 개별적인 특성에 적합한 양육방식)	• 자녀의 특성을 파악하고 영아 개인 특성에 따라 양육방식이 달라져야 함을 안내 • 기질 및 성별에 따른 양육방식의 사례 안내 • 발달 수준에 따라 중점을 두어야 하는 양육방식 및 부모역할 안내
2	어떻게 재울까?, 어떻게 먹일까? (영아의 생활습관 및 식습관 형성)	• 잠자기, 먹기, 씻기 및 배변하기 등 기본생활습관 형성이 안정적으로 이루어져야 함의 중요성 안내(세부 연령별) • 영아가 떼 부리는 원인과 떼 부리는 과정 및 건강한 훈육지침 안내
3	마음의 소리를 듣고 답해요 (영아와의 의사소통 및 애착 형성)	• 언어능력이 덜 발달된 영아가 부모 및 타인과 의사소통하는 특징 및 영아와 효과적으로 의사소통하는 지침 안내 • 영아의 건강한 발달을 위해 가장 중요한 요소 중 하나인 부모(양육자)의 민감성의 의미를 설명 • 세부 연령별 영아의 반응에 민감하게 반응하고 상호작용하는 부모의 역할지침 안내
4	안전하게 키우고 바른 정보 이용해요 (영아 양육환경과 육아 관련 정보 선별)	• 영아기 자녀를 위한 육아정책 소개 • 영아기 자녀를 위한 부모 이용정보 소개 • 가정 내 양육환경 알아보기 • 가정 내 놀이환경 알아보기
5	우리 아이 부부가 함께 키워요 (자녀 출산 후 역할분담 및 관계 개선)	• 자녀 출산 이후 달라진 부부의 생활방식과 양육 분담 계획하기 • '부부 함께 육아'의 중요성과 배우자와의 의사소통을 위한 팁 제공 • 아이를 둘러싼 양육자 간 갈등을 이해함 • 양육자들의 갈등을 효과적으로 해결하는 방안 논의

출처 : 여성가족부, 부모교육 매뉴얼(2017).

에 있다고 보고 자신이 어떻게 그 관계 속에서 자리매김을 해야 할지, 어떤 시점에 들어가야 할지를 고민하는 경우가 많다. 스칸디대디스칸디나비아 + 대디처럼 자녀와 시간을 많이 보낼 수 있는지, 프렌디프렌드 + 대디같이 자녀와 친구처럼 놀아주어야 하는지, 라테파파라테 + 파파처럼 한 손에 라떼를 들고 한 손으로 유모차를 끌어주는 다정한 아빠처럼 지내야 하는지, 아버지 역할에 대한 1만 7,000명을 대상으로 지속해서 추적 조사하는 종단연구를 수행하고 있다. 자녀양육에 대해 엄마와 아빠의 양육방법과 놀이방법 등은 차이가 있는데, 아이는 양성성을 갖춘 균형 잡힌 성장이 가능해진다. 양육과정에 아이의 발달과 교육에 적극적인 아빠를 둔 아이는 학업 성취도가 높고 사회성도 좋으며, 결혼생활에서 성공적이라는 연구 결과를 보여 주었다. 이러한 결과를 파크 교수는 아버지 효과father's effect라고 하였다. 아버지의 양육 참여는

표 4-13 아버지교육

번호	제목	주제	교육 내용
1	신(新)나는 아빠 ('부담' 아닌 '즐거움')	자발적이고 즐거운 아빠가 되기 위한 아빠의 마음가짐	• 남녀와 부모의 차이를 통해 부성의 본질 • 아버지 효과에 대해 이해 • 아버지 참여와 관련된 쟁점 • 적극적이고 자발적인 아버지 참여
2	함께 하는 아빠 ('어쩌다' 아닌 '언제나')	일과 가정을 조화시키는 아빠의 시간계획	• 아버지상의 변화와 일 · 가정 균형 • 생활시간 분석을 통해 자신의 일 · 생활 균형 • 아빠 시간 15분을 계획하기
3	놀이하는 아빠 ('놀아주는' 아닌 '같이 노는')	아이와 아빠 모두가 즐기는 아빠식 놀이	• 아빠 놀이의 의미 • 아빠 놀이의 중요성과 필요성 • 자녀의 발달단계 특성과 발달단계별 놀이특성 • 아빠 놀이 실습
4	통하는 아빠 ('통제' 아닌 '공감')	존중하고 공감하는 아빠식 소통	• 가족 의사소통의 어려움 • 아버지의 3단계 소통법 • 판단하지 않고 아이의 마음을 읽는 공감훈련 • 비언어적 표현과 언어적 표현 • '나-전달법'을 연습함
5	키우는 아빠 ('지식' 아닌 '태도')	아이의 마음 근력을 키워주는 아빠식 교육	• 자녀교육에 대한 아버지의 책임과 역할 • 마음 근력에 대해 이해 • 더불어 살아가기 위한 아버지의 역할에 대해 생각해봄

출처 : 여성가족부(2017), 부모교육 매뉴얼.

엄마가 다른 놀이, 흥미로운 경험, 활동적 경험 등을 제공해주어 자녀의 건강한 성장발달에 긍정적인 영향을 준다. 그뿐만 아니라 양육 참여로 인해 결혼만족도와 가족의 유대감이 증가하게 되고, 아버지 본인의 삶의 만족에도 긍정적인 영향을 준다. 아버지의 역할은 제2의 엄마가 되는 것이 아니다. 아버지로서의 모습을 찾아가는 것, 자신이 참여해야 하는 역할을 찾아가는 것이 아버지로서의 성장인 것이다. 아이에게 친구 같은 아버지는 아버지로서의 권위를 상실하는 경우가 많으므로 '친구 같은'이라는 표현에 얽매이지 말고 아버지는 먼저 권위를 가진**권위적이지 않은** 아버지가 된 후, 친구가 되어야 한다. 아버지의 양육 참여에 관련된 부모교육 프로그램은 표 4-13과 같다.

(7) 영아기 부모에게 도움이 되는 기관

- 복지로 온라인신청(online.bokjiro.go.kr) : 어린이집 보육료, 가정 양육수당, 유치원 유아 학비, 아이 돌봄 서비스, 초 · 중 · 고등학생 교육비, 산모 신생아 건강관리, 임신 · 출산 진료비 지원, 한부모가족지원 등 다양한 복지지원 신청을 한자리에서 할 수 있다.
- 식품안전정보 포털 식품안전나라(www.foodsafetykorea.go.kr) : 식품안전정보, 건강 · 영양 정보 등 식품안전에 관한 지식을 얻을 수 있다. 특히, 가족의 건강한 식사를 위해 생애주기별 모범 식생활, 영양 조리법, 식단 등이 제기된다. 영유아와 어린이를 위한 건강 메뉴와 식품 정보, 교육용 자료도 갖추고 있으며, 급식 확인과 어린이, 청소년, 성인별 영양 및 식생활 진단 및 상담도 가능하다.
- 차이의 놀이(http://post.naver.com/my.nhn?memberNo=22348821) : 하루 15분 동안 아이와 가족이 함께 할 수 있는 놀이를 소개한다. 가족 놀이, 읽은 후 놀이, 만들기 놀이 등 놀이 프로그램을 소개하고, 가족이 잘하는 육아 및 놀이 습관을 주제로 연령별 놀이법을 소개한다.

5) 유아기

유아기는 만 2~6세까지를 말한다. 유아기는 영아기보다 성장 속도가 완만해졌지만, 신체운동 및 행동발달에 있어서 발달이 정교해진다. 유아기의 인지발달은 전조작기로 지적인 표상능력이 발달하게 되며, 많은 어휘를 습득하고 문법적 구조를 파악하기 시작하며 이를 통해서 의사소통이 활발해진다. 유아기는 자기 인식을 통해 자아개념을 형성하게 되며 가족을 넘어서 또래와의 상호작용으로 사회적 기술을 획득하게 된다.

(1) 유아기의 신체발달

유아기의 신체발달은 신장보다는 체중이 더 많이 증가하게 되는데, 신체발달을 저해하거나 촉진하는 조건은 영양, 규칙적인 생활습관, 수면, 질병 등이 있다. 특히, 남아의 경우 기초대사량이 여아보다 높고, 같은 신체 조직을 유지하는 데도 남아가 여아보다 더 많은 에너지가 필요하다. 이 시기에 유아는 자기 신체를 조절하는 능력을 갖추게 되고 환경을 탐색해 보고 행동하는 시기이기에 집 안과 밖에서 안전사고의 위험이 따르게 된다. 특히, 대부분의 시간을 가정에서 지내기 때문에 집안에서 일어날 수 있는 안전사고를 미리 방지하도록 배려해야 한다. 물품의 보관이나 가구의 배치를 유아에게 위험하지 않게 배치하고 유아들이 자유롭게 활동할 수 있는 환경을 만들어 주는 것이 좋다.

유아기는 운동발달영역에 커다란 진보를 보인다. 유아는 이전에 습득한 운동능력을 보다 복잡하고 역동적인 체계 안에 통합시킨다. 균형감이 향상되고 많은 대근육운동능력이 가능해진다. 대근육운동으로는 달리기, 균형 잡기, 기어오르기, 공 던지기, 자전거 타기 등의 전신운동이 가능해진다. 소근육의 발달은 블록 쌓기, 젓가락으로 물체 잡기, 종이나 풀 등을 가지고 조작 활동하는 것, 그리기 등의 활동이 가능하게 해준다. 영아기의 그리기는 의도적 표현활동이 아닌 끄적이기 등의 난필화라면 유아기는 상징적인 표현이 가능해지는 도식화기로 접어들게 된다. 유아기에 가능한 대근육운동과 소근육운동의 발달은 표 4-14와 같다.

뇌의 생리적인 발달은 4~5세에 성인의 약 80% 수준으로 발달하고 6세경에는 약 90% 정도에 이른다. 유아들은 신체 협응력, 지각력, 주의력, 기억력, 언어력, 논리적 사고, 상상력 등 다양한 능력이 발달하게 된다. 뇌는 무게가 증가하는 것 외에 더욱 정교해진다. 4세경에는 대뇌피질의 시냅스들이 과잉생산성인의 두 배 정도되었다면 이후에는 사용하지 않는 뉴런을 정리해 가지치기 함으로써 성인 수준으로 감소하게

표 4-14 유아기에 가능한 대근육운동과 소근육운동의 발달

연령	대근육운동	소근육운동
3세	• 리듬감 있게 걷는다. • 뛰어오르기, 깡충 뛰기, 던지기 받기를 할 때 상체가 유연하지 못하다.	• 단순한 옷을 입고 벗는다. • 숟가락 사용을 잘한다.
4세	• 발을 바꾸면서 계단을 올라간다. • 계단을 내려갈 때는 한 발을 먼저, 두 발을 모은 후 내려간다. • 뛰어오르기, 깡충 뛰기를 할 때 상체가 유연하다. • 약간의 상체를 사용하여 공을 던지고 받는다.	• 큰 단추를 풀고 채운다. • 도움받지 않고 음식을 먹는다. • 가위를 사용한다. • 간단한 형태(수직선, 원 등)를 그린다.
5세	• 발을 바꾸면서 계단을 내려간다. • 공을 손으로 받는다. • 세발자전거를 부드럽게 조정하여 달린다.	• 가위로 선을 따라 자른다. • 삼각형, 사각형, 약간의 글자들을 모방하여 그린다.

출처 : 박낭자 외 12인 공역(2007), 아동발달에서 인용.

되고, 뉴런들의 구조가 정교해진다. 유아기는 뇌의 활동이 많은 시기이기에 환경에서 경험하는 양과 질에 영향을 받게 된다.

(2) 유아기의 인지발달

유아기의 지각은 피아제Piaget의 인지발달단계 중 두 번째단계인 전조작기에 해당한다. 이 시기는 영아기와 비교해 볼 때 지적인 표상능력이 발달하여 사고가 가능하지만, 아직 개념적인 조작능력이 제대로 발전하지 못해 전조작기라 한다. 전조작기 유아의 인지는 상징적 사고, 직관적 사고, 자기중심적 사고, 물활론적 사고라는 특성을 보이게 된다.

① 상징적 사고

유아가 눈에 보이지 않는 사물이나 행동을 떠올리기 위해 상징을 사용하는 능력이다. 가상놀이는 유아가 생각하고 있는 사물이나 상황을 상징화하는 놀이병원놀이, 소꿉놀이 등로 유아기 표상능력을 보여 준다. 블록을 전화기인 양 사용하거나 소꿉놀이 컵을 사용하여 마시는 시늉을 하는 등의 놀이가 그 예이다. 가상놀이는 유아들의 특성이면서, 유아의 주의집중, 기억력, 상상력, 창의력, 언어이해능력, 타인조망능력 등을 발달시킨다.

② 직관적 사고

직관적 사고는 사물의 가장 두드러진 지각의 특성인 보이는 모양에 의존하여 판단하는 것을 말한다. 이 개념은 보존개념과 연관이 되는데, 보존개념은 대상의 모습이 변했다 하더라도 어떤 물리적 특성이 그대로 남아있다는 것을 이해하는 것이다. 전조작기 유아들은 상황의 한 가지 측면만 보고 판단하고 다른 중요한 특성을 무시하고 판단하게 된다. 예를 들어, 동일한 양의 동그란 밀가루 반죽 두 개를 하나는 그대로 놓고, 다른 하나는 모양을 바꾸었을 때 유아는 동일한 양이라고 생각하지 않는다. 이것은 머릿속에서 원래 모양을 바꾸기 전으로 되돌아가 생각하는 가역성reversibility의 능력이 부족하기 때문이다. 유아기에는 수, 길이, 양, 액체, 무게 등의 보존개념을 획득하지 못하다가 연령이 증가하면서 쉬운 개념으로부터 어려운 개념으로 보존개념을 획득한다. 수의 보존개념은 5~6세, 길이의 보존개념은 6~7세, 양, 면적, 무게의 보존개념은 7~8세, 부피의 보존개념은 11~12세에 획득한다(정옥분, 2005).

③ 자기중심적 사고

전조작기의 가장 두드러진 인지적 제한은 유아가 자기중심적 사고를 한다는 것이다. 유아는 자신의 관점에 집중한다. 자신이 생각하고 느끼는 것처럼 다른 사람도 똑같이 생각하고 느낀다고 인지한다. 이것은 이기적이라는 것이 아니라 유아의 보편적인 인지적 특성이라 할 수 있다. 유아는 자기가 좋은 것이면 다른 사람도 좋다고 생각하기에 엄마에게 선물할 때 자신이 좋아하는 장난감을 선물하는 등의 행동을 보인다.

④ 물활론적 사고

사물을 사물로서, 사건을 사건으로서 인지하지 않고 주관적으로 파악하는 경향이 있다. 특히, 유아기에는 상모적 지각相貌的 知覺을 하고 있어 사물을 활동하는 것, 용모를 지닌 것, 살아있는 것으로 파악하고 있다. 그래서 인형극을 할 때 극 속의 인형이 말하는 것을 사실로 받아들이는 경향이 있다.

(3) 유아기의 언어발달

유아기의 언어발달은 2세 이후 어휘, 문법, 문장 사용 등의 언어발달이 가장 왕성하게 진행되는 시기로 연령별로 사용하는 어휘의 수가 급격히 증가하게 된다. 유아가 이해하는 어휘의 수는 유아와 함께 있는 사람들이 유아에게 말의 의미를 배우도록 도와주었는가에 달려 있다. 비유적 표현과 과장된 표현이 많아지며, 6세경이면 언어 소통능력이 성인과 큰 차이가 없게 된다. 유아들은 모방을 통해 발음과 말 습관을 배우기 때문에 유아가 비록 '유아어'로 말하더라도 주위의 어른들은 모범이 되는 말을 하는 것이 좋다. 3세경 이야기에 필요한 기초적인 문법이 습득되고, 유아기 후반에는 일상생활에 필요한 회화능력이 크게 발달한다. 유아기에는 부정어를 앞에 쓰거나 문법 규칙을 과잉으로 적용하는 특징이 있다. 예를 들어, 성인들이 쓰지 않는 '안 밥 먹어', '선생님이가 불러', '내가 내가 할 거야' 등의 말을 한다. 일반적으로 유아의 언어발달에 영향을 미치는 것은 지능, 성차, 가정환경, 사회문화적 환경, 또래의 영향 등에 좌우되고 주 양육자인 어머니와의 관계, 놀이자료, 환경 등의 자극에 크게 영향을 받는다. 유아와 같이 책을 읽고 책에 관한 이야기를 통해 새로운 단어를 설명해주거나 내용에 관하여 이야기를 나누는 등의 활동을 하게 되면 유아의 언어발달을 도울 수 있다. 또한 도서관 박물관, 공원 동물원과 같은 공공장소를 방문하여 문자언어가 일상에서 어떻게 사용되는지에 대해 이야기하는 것도 유아의 언어발달 및 문해능력발달에 도움이 된다.

(4) 유아기의 정서사회성발달

에릭슨은 유아기를 자율성 대 수치감 및 회의2~3세, 주도성 대 죄책감4~5세의 개념으로 설명하고 있다. 아이가 영아기 후반과 유아기 초반에 슬슬 고집이 세지고 뭐든 혼자 하려는 경향이 늘어나게 된다. 유아들은 걷거나 몸을 움직이는 등 자신의 신체를 스스로 조절할 수 있게 되면 '자율성'에 관심을 끌게 된다. 아이는 자율성을 통해 선택과 결정, 의지를 발달시키게 되는 때이므로 이에 따라 부모역할이 변화해야 한다. 자율성은 유아가 무언가를 선택하여 행해보며 길러지게 되기에 부모를 비롯한 양육자가 유아의 선택을 지지해 주어야 한다. 그렇지 않으면 자신의 행동에 대해 자신감을 느끼지 못하고 수치심이나 의심을 하게 되어 한 인격체로서의 성장발달에 좋지 않은 영향을 미칠 수 있다. 자율성을 지지하기 위해 무조건 허용하도록 하거나 방임하는 것이 아니라 위험하거나 해가 되지 않는 선 이내에서, 그리고 상식적인 테두리 안에서 스스로 해보도록 기다려 주고 기회를 주는 것이 중요하다.

유아기는 호기심이 많아지고 활동성 있는 놀이를 하게 된다. 놀이는 유아가 자기의 주변 세계와 자신을 발견해 가는 수단이다. 유아는 목적의식을 가지고 놀이를 구상하며, 새로운 과제에 몰입하고 시행착오를 반복하며 새로운 기술을 시도하게 된다. 놀이는 유아의 생활이다. 놀이는 유아는 신체발달뿐 아니라 인지 · 정서 · 언어 · 사회성발달이 골고루 진행되도록 돕는다.

유아는 성장함에 따라 가정생활로부터 생활범위가 넓어지게 되면 어린이집, 유치원 등으로 경험의 장을 넓히게 된다. 사회성발달은 성격발달에 중요한 의미가 있는 것으로 사회생활에 적응해 가는 과정을 말한다. 유아는 감정 통제능력이 부족하여 표현을 강하게 하며, 감정 지속시간이 짧고 변화가 심하다. 3~5세 때 유아는 반항기를 겪게 되는데, 부모의 관심과 양육 태도 등 유아 반항기의 심리와 다루는 방법은 가족관계의 중요한 문제가 되고 유아의 인격 형성에 영향을 미치게 된다.

가정생활을 넘어서 유아의 인간관계는 또래들끼리 수평적인 관계를 맺게 되는데, 처음에는 1 : 1의 관계로 시작하여 2~3명, 6세경에는 4~7명 정도의 놀이 상대를 가지며 연합적 놀이나 협동적 놀이를 하는 등의 활동을 한다. 놀이형태는 연령이 증가함에 따라 점차 정교해지고, 비사회적 놀이에서 사회적 놀이로 발전하게 된다. 유아는 또래 친구와의 놀이를 통해 독립성과 사회성이 발달하게 되고, 놀이를 주도하고 수행함으로써 자율감과 성취감 등을 느끼고 싶어 한다. 놀이 도중 문제가 발생하면 직접 도와주기보다는 스스로 해결할 수 있게 지켜보는 것이 좋다. 유아의 부모가 또래 간의 놀이를 자주 경험하게 해주면 유아는 많은 또래관계를 맺게 되고 사회적 기술이 더 숙련된다. 사회적인 생활습관을 익히기 위해 부모는 인사하기, 놀이터에서 순서 기다리기, 교통 규칙 지키기 등을 지도해 준다.

유아는 다른 사람과의 상호작용 속에서 사회 규범을 배우고 다른 사람의 감정상태를 알게 되면서 양심과 도덕성을 키워 나가게 된다. 유아기는 타율적 도덕성이 발달하는 시기이다. 부모는 유아가 잘못된 행동을 했을 때 그 행동의 결과에 대하여 알려줌으로써 유아의 도덕성발달에 도움을 줄 수 있다. "네가 장난감을 돌려주지 않아서 그 아이는 슬픈 거야."라는 식으로 유아의 이해능력에 맞도록 설명해 주면 아이는 자신이 어떻게 행동해야 하는지, 자신의 행동이 다른 사람에게 어떠한 영향을 미치는지에 대해 생각함으로써 감정이입과 공감능력에 대해 경험하도록 할 수 있다.

(5) 유아 돌보기

유아기에는 기본적인 생활을 익혀 바람직한 습관을 형성하게 하고 다른 사람과의 공동생활에 필요한 사회적 규범을 익히게 한다.

① 생활습관

유아의 생활습관지도를 위해서는 부모가 바람직한 생활습관과 행동을 보여야 한다. 유아에게는 일관성 있는 규칙을 제시하여 규칙에 대하여 설명하고, 규칙을 위반했을 때는 행동을 고칠 수 있도록 가르치는 기회로 활용해야 한다. 부모–자녀관계가 애정과 신뢰감이 쌓이도록 해야 하고, 결과보다는 과정을 중시하여 성숙한 행동을 했을 때는 적절한 칭찬과 격려를 해주어야 한다.

② 식사습관

정해진 시간에 편식하지 않고 숟가락과 젓가락을 사용하여 스스로 먹을 수 있게 한다. 유아기에는 아이의 식욕이 예측할 수 없게 되는 경향이 있다. 유아들은 세 번의 식사로는 에너지 필요량을 충분히 섭취할 수 없기에 간식도 제공하고 영양가 높고 건강한 음식을 제공해야 한다. 식사시간은 즐겁게 하고 아이들이 가족과의 식사대화에 참여하도록 한다밥상머리교육.

③ 자조기술(self–help skills)

유아는 소근육운동능력이 유아기 동안 급격하게 발달하기에 유아 스스로 할 수 있는 일들은 혼자 할 수 있도록 해야 한다. 유아들은 점차로 혼자 옷을 입고 혼자 음식을 먹게 된다. 시간이 걸리더라도 간단한 의복과 신발을 혼자 입거나 신고 벗을 수 있게 한다. 2세는 간단한 옷을 입고 벗으며, 3세경에는 스스로 용변을 볼 수 있게 된다. 4~5세에는 도움을 받지 않고 옷을 입을 수 있다. 유아의 옷은 입고 벗기에 쉬운 것을 선택하도록 한다. 식사 전, 배변 후, 외출 후 집에 돌아왔을 때, 혼자서 손을 씻게 하고 세수나 양치질을 스스로 할 수 있게 한다. 유아는 스스로 자신의 신체를 관리함으로써 만족감을 얻으며 자신을 스스로 자랑스럽게 여기게 된다.

④ 수면습관

유아의 성장에 큰 영향을 미치는 수면을 충분히 취할 수 있게 해야 한다. 평균 10~11시간의 밤잠을 잘 수 있도록 정해진 시간에 일찍 자고 일어나는 규칙적인 습관을 기르게 한다. 그러기 위해서는 수면을 방해할 수 있는 여러 활동늦은 시간까지의 놀이 활동, TV 시청, 컴퓨터 게임 등을 하지 않도록 한다. 잠자리에 들기 싫어한다면 다정하지만 단호하게 반응하는 것이 좋다. 서양에서는 잠자기 전에 거쳐야 할 절차다음 날 있을 활동에 관한 이야기 나누기, 화장실 가기, 물 마시기, 위안이 되는 물건 가지고 잠자리로 가기, 불을 끄기 전에 안아주기 등를 시작하여 잠을 이루는 데 도움이 되도록 한다. 또한 활동량이 많으므로 유아기 초반에는 일정한 시간에 낮잠을 재우는 것이 좋고, 유아기 중반에는 점점 낮잠이 줄어들게 된다.

(6) 유아기 부모의 양육태도

부모의 양육태도에 대해 가장 널리 알려진 것은 바움린드Baumrind의 유형이다. 바움린드는 부모와 유아와의 상호작용을 관찰하여 유아에 대한 애정과 통제 여부로 네 가지 유형의 양육 태도로 구분하였다. 권위 있는 부모, 권위주의적 부모, 허용적

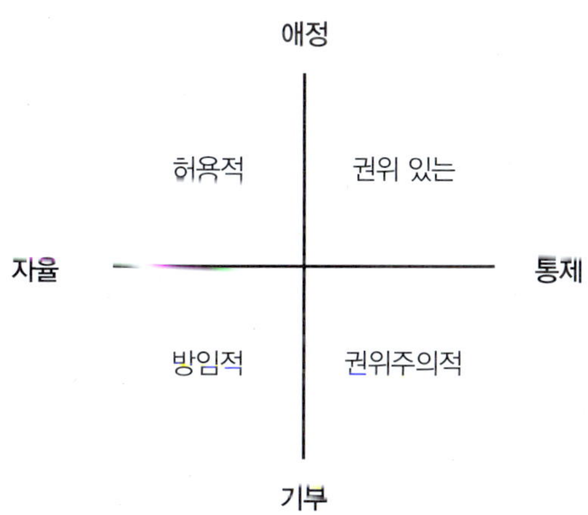

그림 4-4 바움린드의 부모의 양육태도 유형

표 4-15 부모의 양육태도 유형 및 특징

아동 양육 유형	수용과 개입	통제	자율성	자녀특성
권위 있는	• 가장 높은 수용과 개입 • 온화하고 세심하여 아동의 욕구에 민감	• 적합한 통제 • 성숙한 행동을 강조하고 기대하는 이유를 설명	• 적당한 자율성 • 자녀가 선택한 것을 결정할 수 있도록 함	• 유아기 : 명랑, 자기통제, 협동성 • 아동기 : 높은 자아존중감, 사회적 및 도덕적 성숙, 학교수행능력 높음
권위주의적	• 수용과 개입이 낮음 • 냉정하고 거부적이며 자녀를 자주 윽박지름	• 강압적인 통제 • 자녀 통제를 위해 고함, 비난식의 명령과 강압적인 체벌	• 낮은 자율성 • 아동의 의견을 거의 듣지 않음	• 불안해 하고 좌절 시 적대적으로 반응 • 방임형 부모보다는 학교수행능력이 낫고 반사회적 행동도 덜함
허용적	• 높은 수용 • 온화하지만 지나치게 방임하거나 태만	• 거의 통제하지 않음 • 거의 요구가 없음	• 높은 자율성 • 아동이 준비되기 전에 의사결정을 많이 허용	• 충동과 불순종, 또는 지나치게 성인에게 의존 • 학업 성취도가 부족, 과제 지속성 낮음
방임적	• 낮은 수용 • 통제 없는 개입	• 통제 없음 • 거의 요구가 없음	• 무관심 • 아동의 의사결정과 의견에 무관심	• 빈약한 정서적 자기 규제 • 학업성취의 어려움 • 청소년기의 반사회적 행동

부모, 방임적 부모 유형으로 구분하고 있고, 특징은 표 4-15와 같다.

정서적으로 안정된 아동을 살펴보면 부모의 양육태도가 권위 있는 유형인 경우가 많다. 권위 있는 부모는 자녀에게 공정하고 합리적인 방법으로 통제력을 발휘한다. 자녀에게 자기 행동에 대한 책임감을 느끼도록 하며, 자녀의 능력에 맞는 요구를 하기에 자녀가 성장하면서 높은 자아존중감을 가질 수 있다. 유아기 부모역할 지원을 위한 부모교육 프로그램은 표 4-16과 같다.

표 4-16 유아기 부모교육

번호	주제	교육 내용
1	같이 크는 아이와 나 (자녀발달특성 이해)	• 유아기 주요 발달특성 • 발달특성에 따른 부모의 역할 • 적합한 발달을 돕는 교육 내용

번호	주제	교육 내용
2	잘 노는 미래의 인재로 키우기 (자녀의 놀이 지원)	• 유아기 놀이의 중요성 • 놀이 유형 및 방법 • 일상생활에서 활용 가능한 놀이지원방법
3	우리 사이 어떤 사이? (자녀와의 관계 맺기)	• 자녀와의 관계 맺기의 중요성과 방법 • 효과적인 대화법 및 문제행동 해결방법 • 자녀와의 관계 증진을 위한 전략
4	즐겁게 공부하는 아이로 키우기 (학습의 기초 다지기)	• 유아 자녀의 학습범위 및 유형(어떤 유형의 학습을 할 것인가/언제 시작할 것인가? 등) • 기타 학습준비에 대한 부모의 요구 및 고민
5	알수록 도움되는 양육정보 (유아기 양육정보)	• 기관활동에 대한 자녀와 부모의 상호작용방법 • 기관 선택 시 유의사항 • 기관에서 할 수 있는 부모참여활동 안내 • 유아 관련 정부의 육아정책 소개 등

출처 : 여성가족부(2017), 부모교육 매뉴얼.

(7) 유아기 부모를 위한 도움

자녀가 만 3세 무렵이 되면 대부분 가정에서 유아교육기관 선택에 대해 고민하게 된다. '어떤 기관을 선택할까?'하는 부모의 고민은 유치원과 어린이집의 기관 특성을 알면 선택에 도움이 될 것이다.

- 어린이집 신청 : 임신 · 육아 종합포털 아이사랑(http://www.childcare.go.kr, 입소 대기 시스템)에 접속하여 희망하는 어린이집에 입소 대기 신청을 한다.
- 유치원 신청 : 현재는 희망하는 유치원에 접수한 후 추첨으로 진행되고 있으나 향후 유치원 입학관리시스템으로 이용방법이 편리하게 진행될 예정이다. 유치원 입학관리시스템(https://www.go-firstschool.go.kr) '처음 학교로'에 접속하여 신청한다.
- 보육료와 유아 학비 지원 : 모든 영유아는 보육료와 유아 학비를 지원받는다. 유치원(http://www.childschool.go.kr, 유아 학비 안내), 어린이집 보육료는 해당 읍 · 면 · 동 주민센터에서 신청하거나 홈페이지 복지로(http://www.bokjiro.go.kr)에 신청한다. 검색되는 정보는 기본현황, 교직원, 교육과정, 보육료 또는 유치원 원비 및 예결산 등 회계 관련 사항, 위생, 안전, 건강 등에 관

표 4-17 어린이집과 유치원의 대표적 특성

구분	어린이집	유치원
관련 법	영유아보육법	유아교육법
관련 부처	보건복지부	교육부
목적	보육	교육
대상 연령	0~5세	3~5세
유형	국공립, 법인, 직장, 민간, 가정, 협동	국립, 공립, 사립
운영시간	종일반, 맞춤반, 시간 연장	반일제, 방과 후, 종일제
교육과정	표준보육과정, 누리과정	누리과정
교사자격	보육교사	유치원 정교사

련된 내용이다.

- 중앙육아종합지원센터(http://central.childcare.go.kr) : 보건복지부가 설치한 육아종합지원센터로 다양한 부모교육을 비롯하여 다양한 부모-자녀 체험 프로그램, 양육 상담, 놀잇감 및 도서 대여 서비스, 놀이체험, 시간제 보육서비스 등을 지원한다. 대표 전화번호는 1577-0756이다.
- 건강가정지원센터(http://www.familynet.or.kr) : 여성가족부가 설치한 건강가정지원센터가 있는데, 아이 돌봄 서비스, 생애주기별 부모교육, 부모 · 자녀 상담, 가족문화 프로그램을 지원한다. 대표 전화번호는 1577-9337이다.
- 유아교육진흥원 : 지역 교육청에서 운영하며 내용은 지역마다 차이가 있으나 부모교육, 부모연수, 가족체험 프로그램 등을 운영한다.

6) 아동기 : 사회의 규칙과 질서를 배우는 시기

(1) 아동기의 신체발달

아동기는 조직적인 학교생활이 시작되는 6세 초등학교 1학년부터 졸업하는 12세까지 6년간의 시기를 말한다. 아동기는 신체적 발달이 완만하게 진행되는 시기이고, 신체의 체제가 전체적으로 안정되는 시기이다. 신체 비율은 성인과 비슷해져서 가슴이 넓어지고 몸통과 팔다리가 길고 가늘어진다. 유치가 아동기 동안 영구치로 교체된다. 영구치는 유치보다 훨씬 크게 나온다. 치아를 관리하는 것은 아동기에 아주 중요하다. 유아기보다 소홀하게 칫솔질하는 경향이 있기에 부모의 관심이 필요하다. 생식기관의 발달이 아동기 후반에 시작되며, 여아가 남아보다 더 빨리 발달한다. 운동 기능의 발달은 남아가 여아보다 빠르며, 근육의 힘과 체력이 향상되며 운동능력이 정교하고 정확해진다. 이에 따라 기술이 필요한 운동 경기가 가능해지고, 소근육발달로 악기 연주 등을 할 수 있다. 신체적 특징은 아동기에 있어 매우 중요하다. 뮤즈Muses는 신체적 특징과 인성이 관계가 있다고 주장하였다. 상대적으로 작고 빈약한 아동은 크고 힘이 센 같은 나이의 아동보다 소심하고 겁이 많으며 대체로 걱정이 많다고 하였다. 신체적 특징은 아동 자신의 태도나 인성에 영향을 미치는 것뿐만 아니라 주변 사람들의 아동에 대한 기대와 태도에 차이를 가져오게 만든다.

(2) 아동기의 인지발달

피아제는 아동기의 인지발달단계를 구체적 조작기라 설명하였다. 사고는 유아기보다 더욱 논리적이고, 융통성 있으며 조직화되어 있다. 유아기 후반부터 수의 보존개념이 확립되기 시작하여, 길이의 보존개념은 6~7세, 양, 면적, 무게의 보존개념은 7~8세, 부피의 보존개념은 11~12세에 획득하게 된다. 이것은 아동이 정신적인 표상인 조작operation이 가능하게 되어 한 가지 측면에만 초점을 맞추는 중심화 경향에서 벗어나 탈중심화 능력을 보이게 되고, 출발점으로 돌아가서 상황을 역행할 수 있는 능력인 가역성도 가지게 됨을 알 수 있다. 구체적 조작능력은 동일성의 원리, 가역성의 원리, 상보성의 원리 등을 파악하게 되므로 보존개념이 획득된다.

아동기의 아이들은 피아제의 유목 포함 과제를 완성할 수 있다. 위계적 분류체계를 인식하고 범주와 범주와의 관계를 파악하게 된다. 사물의 특징을 양적인 차원에서 파악하여 차례로 배열할 수 있는 능력을 갖추게 되고, 대상과 대상 간의 공통점과 차이점을 알아내는 분류능력을 갖추게 된다. 아동기의 놀이 중 수집품을 모으고 정리하는 활동우표, 딱지, 동전 등은 분류개념과 관련된 놀이이다. 그리고는 무게, 길이 등과 같은 양적 차원들의 항목을 순서 짓게 되고 서열화할 수 있게 되는데, 아동기 초기에는 구체적인 사물을 통해서 가능하고막대기 길이별로 나열, 수세기 교구 등, 아동기 후반에는 정신적으로 서열화할 수 있게 된다.

(3) 아동기의 언어발달

아동기의 언어발달에 있어 읽기는 초등학교에 입학한 후부터 실제적인 발달을 하게 된다. 아동은 초등학교에 입학하고 졸업할 때까지 어휘는 네 배가 증가하게 되고, 약 4만 단어 정도를 알게 된다. 어휘가 증가하는 비율은 유아기의 어휘습득보다 훨씬 빠르다. 8~10세가 되면 어휘가 있는 그대로의 의미뿐 아니라 심리적인 의미와 다중의미가 있음을 알게 된다. 그래서 초등학교 중기까지 수수께끼나 말장난은 일상적인 언어활동이 된다. 아동기에는 읽고 쓰는 문해활동을 통해 복잡한 문법적 구조에 대한 이해가 증진되고 숙달이 된다. 어휘 수의 증가, 추상적 개념어의 사용, 이해력과 문장력의 발달로 섬세한 감정을 말이나 글로 표현하며 의사소통 능력이 향상된다. 아동들은 자기 중심성이 감소하게 되면서 다른 사람의 이야기를 명확하게 평가하는 능력을 발달시키게 된다. 많은 상황에서 다양한 사람들과 대화를 하게 되면 아동들의 의사소통기술을 발달시키는 데 도움을 줄 수 있다. 또한 또래와의 상호작용은 아동들의 의사소통능력 향상에 영향을 크게 준다.

(4) 아동기의 정서사회적 발달

아동기는 에릭슨의 심리사회적발달 단계에서 근면성이 발달하는 시기이다. 아동은 가족의 범주를 벗어나 더 넓은 사회에서 통용되는 유용한 기술을 열심히 배우고자 하며, 이에 숙달되면서 성취감을 느끼게 된다. 더 나아가 자기 일에 몰두하는 근면성이 형성된다. 아동이 어떤 일을 성취하도록 기회를 부여받고 성취한 과업에 대해 인정과 격려를 받고 자라면 성취감과 근면성이 길러지지만, 성취할 기회를 얻지 못하거나 좌절감을 느끼는 경험을 많이 하게 되면 열등감이 형성된다.

아동기에 이르면 아동은 다양한 환경을 접하게 되고, 성인들과의 상호작용이 이루어지는데, 이 과정에서 나타나는 강화와 벌, 모델링, 훈육태도 등이 아동의 사회화에 영향을 주게 된다. 아동기의 사회성발달은 또래와의 교우관계를 통해 이루어진다. 아동기에는 대인관계가 교사나 또래 친구까지 확장되고, 타인과 어울리는 방법이나 단체생활의 질서와 규칙을 배우게 된다. 또래 친구의 영향력이 점점 커지기 때문에 아동의 친구 사귀기와 또래 집단에서의 인정받기에 관한 관심을 가지고, 집단 내에서의 행동 성향 등이 사회성발달에 중요한 의의가 있으므로 교사나 부모는 그 요인을 살펴보아 아동이 집단 내에서 적응할 수 있도록 조력하여야 한다. 아동기 후반에 들어서면 강한 연대성과 소속감을 느낀 또래 친구집단인 도당을 형성하게 되는데, 또래 친구와의 사회적 경험이 보상강화요인과 모델링 대상으로 영향을 받게 된다.

아동기에는 자신의 성 정체감을 형성하게 되는데, 문화적 기대와 부모의 역할에 의해 성역할에 영향을 받게 된다. 아동기에 달성해야 할 발달과업은 운동 경기에 필요한 신체적 기능의 학습, 친구와 사귀기를 배움, 성적 역할을 학습하기, 읽고 · 쓰고 · 셈하기의 기초 기능을 발달시키기, 일상생활에 필요한 개념을 학습하기, 양심 등의 가치 척도를 발달시켜야 한다.

(5) 아동 돌보기

① 생활습관지도

청결한 생활, 올바른 식습관, 규칙적인 운동, 올바른 언어사용 습관을 갖게 하여 기본예절을 지키게 지도한다. 특히, 텔레비전, 컴퓨터, 휴대전화 등에 대한 사용 규칙을 스스로 정하고 이를 지키는 습관을 갖게 한다. 우리나라는 아동과 대화하고 식사하는 비율이 57.4%로, OECD 국가 중 가장 낮은 편이다. 함께 식사하는 밥상머리 교육은 아동의 건강한 성장을 위해서 중요하다. 영양소의 고른 섭취, 다양한 주제의 대화로 아동의 사고력과 문제해결력을 기르고 지식 세계를 확장할 수 있다. 함께 식사하면서 예절과 배려, 가족 간의 공감과 유대감을 가질 수 있게 된다. 1주일에 두 번 이상 가족이 함께하는 식사시간을 마련하여 대화하고, 자녀의 이야기를 들어줄 기회를 마련하는 것이 좋다.

② 학습지도

아동의 학업 수행능력을 파악하고 스스로 과제물을 챙기는 습관을 지닐 수 있게 관심을 가지고 지도하도록 한다. 여러 가지 문제상황을 스스로 해결할 기회와 시간적 여유를 주고 스스로 공부할 수 있는 동기가 생기게 하여 자신의 지적 능력을 확인하고 발달시킬 수 있게 한다. 적정한 수준의 과제를 다양하게 제공하여 성공을 경험할 기회를 많이 마련함으로써 자신감과 근면성이 발달하게 한다.

③ 사회성 및 도덕성발달지도

학교에서 좋은 친구관계를 유지할 수 있게 관심을 가지고 격려한다. 활동적인 운동 및 다양한 놀이를 통하여 상대방을 존중하고 규칙을 지키며 예절을 배우는 경험을 할 수 있게 한다. 부모나 주변 어른들이 모범을 보이고 일관성을 유지해야 아동 스스로 옳고 그름을 판단할 수 있도록 지나친 간섭을 피한다. 타인에 대한 조망수용은 아동기에 크게 발달하게 된다. 다른 사람의 관점에서 사물을 보도록 격려해야 한다. 타인조망능력은 다른 사람들이 생각하고 느끼는 것이 무엇인지를 상상할 수 있는 능력으로 긍정적인 사회적 기술이다.

(6) 아동기 부모를 위한 부모교육 프로그램

'부모는 자녀의 거울이다'라는 말이 있다. 부모가 행동하고 아동에게 보이는 대로 자녀는 부모의 평소 생활습관과 태도를 그대로 배운다. 실제로 경험하는 것이 중요함을 이르는 말로 백 마디 말보다 부모가 보여주는 한 번의 행동과 실천이 그만큼 중요하다고 할 수 있다. 아동기 부모가 아동에 대해 이해하고 성장하게 되면 아동도 변화하고 성장하게 된다. 아동기 부모에게 도움이 되는 부모교육 프로그램은 표 4-18과 같다.

표 4-18 아동기 부모에게 도움이 되는 부모교육 프로그램

번호	주제	교육 내용
1	아이의 성장을 이해하는 부모 (초등학생 발달 특성)	• 초등 자녀의 신체발달 • 초등 자녀의 인지발달 • 초등 자녀의 사회정서발달 • 부모가 하는 성교육 – 사춘기 준비
2	학교와 자녀 그리고 부모 (학교교육에의 부모참여 및 의사소통)	• 학교교육에의 부모참여 필요성 및 효과 • 학교교육에의 부모참여 유형과 방법 • 학교 및 교사와의 의사소통 수단 • 학교 및 교사와의 효과적인 의사소통방법

번호	주제	교육 내용
3	초등 자녀의 학습 재미 키우기와 재능탐색 (자녀의 학습습관 형성 및 재능탐색)	• 자기 주도적 학습 • 초등학생 자녀를 위한 가정에서의 부모역할 • 자녀의 진로를 위한 부모의 역할
4	초등 자녀의 또래관계를 위한 부모전략 (자녀의 또래관계)	• 또래관계에 대한 가설 • 또래란 무엇이며 어떤 역할을 하나요? • 자녀가 성장함에 따라 또래관계는 어떻게 변화하나요? • 초등 자녀의 또래관계를 위한 부모의 역할과 전략 • 또래 괴롭힘, 부모가 알고 도와야 한다. • 국가의 학교폭력 예방강화 정책
5	아이와 함께 만들어 가는 우리 가족 시간 (가족문화 형성)	• 가족문화 형성의 중요성 • 부모–자녀 간 긍정적인 대화습관 형성을 위한 지침 • 함께 식사하기의 중요성과 밥상머리교육 • 자녀와 함께 여가시간을 보낼 때 고려할 점

출처 : 여성가족부(2017), 부모교육 매뉴얼.

(7) 아동기 부모를 위한 도움

- 학부모 On 누리(http://www.parents.go.kr) : 국가평생교육진흥원 전국학부모지원센터에서는 교육정책 정보를 제공, 학부모 온라인 교육과 교육자료 제공, 학교 운영위원회 자료 소개 및 자녀 진로교육에 대한 정보를 제공하고 있다.
- 학교 알리미(http://www.schoolinfo.go.kr) : 초등학교, 중학교, 고등학교 학교정보 공시제도 소개, 공시범위(학생현황, 교원현황, 교육 활동, 교육여건, 예결산 현황, 학업성취도 등) 소개 및 시기, 관련 법규, 보도자료 등을 수록하고 있다.
- 나이스 홈페이지(http://www.neis.go.kr) : 교육행정 정보시스템 NEIS, 학부모, 학생, 자녀의 교육과 학사일정, 성적표와 시간표, 학교 급식 등의 정보 검색, 졸업증명서나 성적증명서 등의 민원 서비스 제공. 교육부와 시 · 도 교육청, 각급 학교에서 관리하는 교육 관련 행정정보를 인터넷으로 연결하여 누구나, 언제 어디서나, 교육행정 정보를 편리하게 확인하고 이용할 수 있는 포털

서비스이다. 학생 서비스성적, 정오답표, 학교생활기록부 등 본인의 학교생활 정보를 확인하고 교과 학업성취를 도와 창의적 체험활동 기록 등도 간편하게 이용, 학부모 서비스학업성취도, 생활기록부 등 자녀의 학교생활 자료들을 한눈에 파악하고 담임선생님과 자유롭게 의견을 주고받을 수 있음, 홈에듀 민원 서비스는 교육 관련 증명서를 편리하게 신청하여 가정에서 직접 발급받을 수 있다.

- 모바일 알림장 서비스 : 아이엠스쿨(http://www.iamschool.net), 스쿨맘(http://school-mom.kr)과 같은 앱에 자녀 학교를 등록하면 학교 소식, 급식, 가정통신문, 교육서비스 소식 등을 받을 수 있다.

CHAPTER

05

가족 유형에 따른 부모역할

1. 한부모가족의 부모역할 | 2. 다문화가족의 부모역할

CHAPTER

05

우리 사회는 다양한 가족이 공존하고 있다. 다양한 가족은 부모-자녀 간의 상호작용과 부모역할을 수행하는 데 영향을 미치게 된다. 다양한 가족이 가지고 있는 어려움을 파악하고 이들을 돕기 위한 프로그램 및 기관에 대하여 안다면 이들이 부모역할을 하는 데 도움을 줄 수 있을 것이다.

1. 한부모가족의 부모역할

1) 한부모가족의 개념

한부모가족은 부모 중 한 사람과 자녀로 구성된 모자가족, 부자가족을 말한다. 「한부모가족지원법」에 의하면 구체적으로 한부모가족을 정의하고 있다.

한부모가족지원법(2014년 1월 21일 개정)

제4조(정의) 이 법에서 사용하는 용어의 뜻은 다음과 같다.

1. "모" 또는 "부"란 다음 각 목의 어느 하나에 해당하는 자로서 아동인 자녀를 양육하는 자를 말한다.
   가. 배우자와 사별 또는 이혼하거나 배우자로부터 유기(遺棄)된 자
   나. 정신이나 신체의 장애로 장기간 노동능력을 상실한 배우자를 가진 자
   다. 교정시설 · 치료감호시설에 입소한 배우자 또는 병역복무 중인 배우자를 가진 사람
   라. 미혼자 사실혼(事實婚) 관계에 있는 자는 제외한다.
   마. 가목부터 라목까지에 규정된 자에 준하는 자로서 여성가족부령으로 정하는 자
      1의2. "청소년 한부모"란 24세 이하의 모 또는 부를 말한다.
2. "한부모가족"이란 모자가족 또는 부자가족을 말한다.
3. "모자가족"이란 모가 세대주가 아니더라도 세대원(世代員)을 사실상 부양하는 자를 포함한다인 가족을 말한다.
4. "부자가족"이란 부가 세대주가 아니더라도 세대원을 사실상 부양하는 자를 포함한다인 가족을 말한다.
5. "아동"이란 18세 미만(취학 중인 경우에는 22세 미만을 말하되, 「병역법」에 따른 병역의무를 이행하고 취학 중인 경우에는 병역의무를 이행한 기간을 가산한 연령 미만을 말한다)의 자를 말한다. 〈후략〉

2) 한부모가족의 어려움

우리나라 한부모 가구 수는 2015년 현재 약 178만 3,000가구로, 전체 가구의

9.5%이다. 10가구 중 1가구는 한부모가족이기에, 더 이상 특수한 가족형태가 아니라 우리 주변에서 쉽게 찾아볼 수 있는 가족형태이며, 그 수는 지속적으로 늘어날 가능성이 많다. 한부모가족이 된 이유는 이혼, 별거, 사별, 미혼부모 등 다양하지만, 상황에도 불구하고 한부모가족의 부모들은 책임감을 가지고 자녀양육을 선택한 용기 있는 아빠, 엄마이다. 이들을 돕기 위해서는 한부모가족에 대한 이해가 필요할 것이다. 한부모가족은 가족의 특성상 다면적인 어려움을 경험할 수 있다.

(1) 경제적 어려움

한부모가족의 가장 큰 스트레스는 경제적 어려움이다. 한부모가족은 가족 내에서 경제활동을 할 수 있는 구성원의 수가 적고, 자녀양육을 병행해야 하기에 가계수입이 감소하게 된다. 특히, 저소득층 한부모가족, 모자가족이 경제적으로 빈곤에 노출되기가 쉽다. 모자가족은 부자가족보다 임금수준이 낮은 편이고, 육아로 인한 경력 단절로 취업의 기회나 고용에 대한 안정성이 떨어진다. 자녀가 어린 경우에는 종일제 직업을 가지는 것이 현실적으로 불가능해 경제적인 문제가 심각해진다. 부자가족은 한부모가족이 되면서 자녀양육에 대한 책임을 동시에 맡게 되므로 직업선택과 직장생활에 제약을 가져온다. 경제적 어려움은 자녀에게도 직접적으로 영향을 가져오게 되는데, 부모의 장시간 노동은 자녀를 보살피는 데 시간적 제약, 생활의 불균형 등을 가져오게 된다.

취학 전 영유아를 기르는 한부모가족은 양육비와 교육비 문제, 초등학교에 입학하게 되면 이전에 비해 양육비와 교육비 문제에 더 부담을 느끼고 있다.

(2) 자녀양육의 어려움

한부모가족은 부모가 경제적 역할과 더불어 가사노동이나 자녀양육에 대한 책임을 혼자 감당해야 하기에 자녀가 부모와 함께 보내는 시간이 상대적으로 짧다. 이로 인해 자녀와 상호작용할 수 있는 시간적 여유가 상대적으로 적고, 교육기관과의 소통 및 참여가 힘들어진다. 또한 한부모들은 사회통념상 가정 내 아버지의 역할과 어머니의 역할을 동시에 수행해야 하기에 역할 혼란을 느끼며 역할의 과중을 경험하게 된다.

(3) 정서적 어려움

한부모가족은 이혼이나 사별과 같이 가족구조의 변화가 발생되었기에 형성과정 자체로부터 어려움이 발생한다. 어머니나 아버지의 부재로 인해 자녀와 부모 모두 심리적 박탈감을 경험하게 되고 역할모델에 대한 결핍, 결손가정이라는 사회적 편견을 경험하게 된다. 경제적인 어려움은 우울이나 무력감 같은 정서적 어려움을 동반하게 되고, 사회적 편견으로 인한 사회적 관계망의 축소는 불안, 소외감, 분노 등의 감정을 유발하기도 한다. 한부모가족은 비양육부모와 자녀 간의 교류가 없는 경우가 많아 부모에 대한 그리움이나 감정 조절에 어려움을 가져오기도 한다.

(4) 한부모의 자기 관리의 어려움

한부모는 혼자 자녀양육과 경제활동을 병행해야 하기에 자녀양육에 대한 시간의 부족을 경험하지만 한부모 스스로를 돌보거나 자기 관리하는 데에도 시간과 마음의 여유가 부족하다. 심리적으로 적응하기 위해서는 부모 스스로 자신을 돌보는 시간을 가져야 한다. 우울감과 상실감을 극복하고 독립된 인격체로서 바로 서려는 노력이 필요하다. 부모가 경험하는 어려움은 부모-자녀관계에 그대로 전이되거나, 부적절한 양육으로 이어질 수도 있기 때문에 부모 자신의 마음을 돌보는 일이 선행되어야 한다.

3) 한부모가족의 자녀 연령별 적응

한부모가족의 자녀의 적응은 발달단계별로 다르다.

(1) 영아기

영아는 한부모가족이 되면서 일상생활에서의 변화를 느끼게 되며 두려움이나 짜증을 표현하게 된다. 가급적 정상적인 일과를 유지하고, 친밀감이나 신뢰감을 표현하는 적절한 신체접촉과 애정 어린 말로 부모가 계속 곁에 있다고 안심시켜야 한다. 영아들이 좋아하는 장난감이나 담요 등을 활용해 심리적으로 안성감을 느끼도록 도와주는 것이 좋다.

(2) 유아기

유아의 경우 공격적 행동을 통해 두려움과 불안을 표현하기도 한다. 부모와의 분리에 대해 불안감과 혼란스러움을 느끼게 된다. 유아들이 새로운 환경에 잘 적응하도록 돕기 위해서는 자녀와 더 많은 시간을 함께 보내고, 애정을 표현함으로써 자녀의 불안한 마음을 달래줄 필요가 있다.

(3) 아동기

아동의 경우 슬픔과 비탄에 빠져 무기력해지거나 의기소침해지는 경우도 있고, 한쪽 부모에 대한 분노와 비난을 표출하기도 한다. 부모의 이혼에 대한 죄책감을 경험하기도 한다. 아동에게는 지금의 상황이 아동의 책임이 아니라는 사실을 반복해서 알려주어야 한다. 앞으로 아동의 욕구, 돌봄에 대한 설명을 하여 아동을 안심시켜야 한다. 비양육부모와의 만남을 구체적으로 계획하는 것이 좋다.

4) 한부모가족을 돕는 프로그램

- 건강가정지원센터(http://www.familynet.or.kr) : 한부모가족의 생활과 학습 지원, 가족의 역량 강화와 문화활동을 지원하는 다양한 프로그램을 실시한다. 한부모 자조모임을 구성하는 등 네트워크를 구축하고 지원한다.
- 서울시 한부모가족지원센터(http://www.seoulhanbumo.or.kr) : 한부모가족의 자립을 지원하고 주거, 생활, 학습을 지원하기 위한 다양한 프로그램을 실시한다. 일반인들을 대상으로 한부모가족 인식 개선 교육 및 홍보활동과 한부모가족을 위한 네트워크 구축과 지원을 하고 있다. 다른 지역도 지방자치단체별로 다양한 지원정책이 있다.
- 양육비이행관리원(http://www.childsupport.or.kr) : 미성년 자녀의 양육비 청구와 이행 확보지원 등에 관한 업무를 수행하기 위해 설치되었다. 양육비 이행관리 서비스란 자녀를 양육하는 아버지나 어머니양육비 채권자의 신청을 받아 비양육 부나 모로부터 양육비를 지급받을 수 있도록 당사자 간 협의 성립, 양육비 관련 소송, 추심, 불이행 시 제재 조치 등을 지원하기 위해 양육비 이행을

위한 법률 지원 및 법적 절차를 진행하고, 양육비를 받지 못해 자녀의 복리가 위태롭거나 위태롭게 될 우려가 있는 양육비 채권자에게 한시적으로 양육비를 긴급지원함으로써 미성년 자녀의 안전한 양육환경을 조성한다.

- 한부모가족 아동양육비 지원(http://www.bokjiro.go.kr) : 소득 인정액을 기준으로 기준 중위소득 52% 이하의 한부모가족과 조손가족을 지원한다. 아동양육비저소득 한부모가구의 만 14세 미만의 아동, 1인당 월 13만 원(2018년 기준), 추가아동양육비조손가족 및 만 25세 이상 미혼 한부모가족의 만 5세 이하 자녀 1인당 월 5만 원, 학용품비한부모가족, 조손가족의 중학생 및 고등학생 자녀 1인당 연 5만 4,100원, 생활보조금한부모가족 복지시설에 입소한 저소득 한부모가족, 조손가족 가구당 월 5만 원. 신청은 거주지 관할 읍·면·동 주민센터로 방문 또는 우편으로 신청하거나 복지로 온라인 신청을 한다.
- 한부모가족복지시설 지원 : 국토교통부에서는 「한부모가족지원법」에서 보호대상자로 선정되어 한부모가족증명서 발급이 가능한 경우에 영구임대주택, 다가구 매입수택 등에 입주 우선권을 지원한다. 기준중위소득 일정 비율 이하인 한부모가족에게 주거도 지원한다. 전국에 모자가족복지시설, 부자가족복지시설, 미혼모자가족 복지시설, 일시지원복지시설 등이 있다.
- 아이 돌봄 서비스(http://www.idolbom.go.kr) : 한부모가족의 경우 큰 어려움 중 하나인 아이 돌봄 문제를 지원한다. 현재 만 12세 이하 아동을 둔 맞벌이 가정 등에 아이 돌보미가 직접 방문, 아동을 안전하게 돌봐주는 서비스를 제공한다시간제 돌봄, 종일제 돌봄, 기관파견 돌봄, 질병 감염 아동 특별지원.

2. 다문화가족의 부모역할

다문화가족이란 다른 민족, 다른 문화적 배경을 가진 사람들이 포함된 가정을 말한다. 우리나라에서 국제결혼가정, 이중문화가정, 혼혈인가정 등의 개념을 다문화가정, 다문화가족이라는 용어로 종합해서 사용하고 있다. 다문화가족은 국제결혼으로 이루어진 가정과 외국인 근로자가정으로 나눌 수 있다.

다문화가족의 아동은 결혼이민자 가정의 아동, 외국인근로자가정의 아동, 북한

다문화가족지원법(2017년 12월 12일 일부개정)

제2조(정의)

1. "다문화가족"이란 다음 각 목의 어느 하나에 해당하는 가족을 말한다.
   가. 「재한외국인 처우 기본법」 제2조 제3호의 결혼이민자와 「국적법」 제2조부터 제4조까지의 규정에 따라 대한민국 국적을 취득한 자로 이루어진 가족
   나. 「국적법」 제3조 및 제4조에 따라 대한민국 국적을 취득한 자와 같은 법 제2조부터 제4조까지의 규정에 따라 대한민국 국적을 취득한 자로 이루어진 가족
2. "결혼이민자 등"이란 다문화가족의 구성원으로서 다음 각 목의 어느 하나에 해당하는 자를 말한다.
   가. 「재한외국인 처우 기본법」 제2조 제3호의 결혼이민자
   나. 「국적법」 제4조에 따라 귀화허가를 받은 자
3. "아동 · 청소년"이란 24세 이하인 사람을 말한다.

이주민가정의 아동으로 분류할 수 있다.

다문화가족 아동은 성장한 문화적 배경에 따라 첫째, 한국으로 오기 이전에 유아기와 성년기를 보내면서 자국의 문화적 배경을 가진 사람, 두 번째 한국에서 출생하고 성장한 경우, 세 번째 한국으로 오기 전에 유아기를 보내고 한국에서 초 · 중등학교를 보내고 있는 경우로 나눌 수 있다.

표 5-1 다문화가정의 아동

다문화 유형	아동 구분
결혼이민자가정	• 한국인 부와 외국인 모 사이에서 출생한 아동 • 한국인 모와 외국인 부 사이에서 출생한 아동 • 외국인 부모가 양육하는 전 결혼에서 출생한 아동
외국인근로자가정	• 외국인 근로자가 한국에서 결혼하여 출생한 아동 • 본국에서 결혼하여 형성된 가족이 국내로 이주한 가정의 아동
북한이주민가정	• 북한에서 부모와 같이 입국한 아동 • 부모가 입국 후 출생한 아동 • 북한이주민과 한국인 사이에서 출생한 아동

출처 : 문선화 외 3인 공저(2013)에서 인용.

1) 다문화가족이 가지고 있는 어려움

(1) 의사소통의 어려움

여성가족부에서 2016년 전국의 다문화가족을 대상으로 조사한 결과 가장 큰 어려움으로 의사소통이라고 답을 하였다. 한국어가 능숙하지 못한 경우, 가족관계에 적극적으로 참여하거나 한국에 적응하는 데 걸림돌이 되기도 한다. 배우자, 자녀와의 의사소통이 원활하지 않고, 자녀의 교육이나 보육기관과의 소통에서 어려움을 경험하기도 한다.

(2) 정서적 갈등

언어적 어려움과 한국문화에 적응해야 한다는 것은 결국 가족 내에 긴장감을 가져오게 되고, 가족구성원들의 정서를 불안하게 만든다. 다문화가족의 아동은 교육기관과 또래관계에서 어려움을 경험한다. 결혼이주여성인 어머니는 다른 문화에 적응하는 것과 자녀양육 및 살림하느라 힘이 든다. 아버지는 새로운 문화에 적응하고 사회에서의 다름에 대응하느라 쉽지가 않다. 가족 내 구성원들의 어려움을 해결하고 노력하느라고 가정 내에서 정서적 갈등이 생길 가능성이 있다. 결혼이주 여성의 모국어를 금지하거나 한국문화에의 적응만 강요하는 경우에는 특히 갈등이 심해진다.

(3) 경제적 어려움

결혼이주여성이 국제결혼을 하는 큰 이유 중 하나는 경제적 부분이다. 자신과 가족의 경제적 어려움을 극복하기 위해 국제결혼을 선택하는 경우가 있다. 한국에서 다문화가족의 경우 저소득층인 경우가 많아 경제적인 어려움을 경험하는 경우가 많다.

(4) 자녀양육의 어려움

다문화가족의 아동은 서로 다른 문화적 배경을 둔 아버지와 어머니 사이에서 정체성의 혼란을 경험하기도 한다. 생김새가 주변 친구들과 다를 때에는 정체성 형성에 부정적인 영향을 받기도 한다. 다문화가족의 경우 두 문화와 두 언어에 대한 장점을 가지기도 하지만, 현실적으로 두 가지 언어를 자랑스럽게 구사하는 경우는 많지 않다. 한국문화의 적응만을 바라는 가족의 요구에 한국어도 어머니의 모국어도 미숙할 가능성이 있다. 이러한 것이 학령기가 되면 언어적 어려움 때문에 학업성취에 부정적인 영향을 가지게 되고, 이것은 자녀를 학교 내에서 위축되게 만드는 요인이 된다.

2) 다문화가정이 도움을 받을 수 있는 기관

- 다누리(http://www.liveinkorea.kr) : 임신부터 자녀교육까지 기초 정보를 제공한다. 한국생활에 필요한 기본지식을 비롯해 취업과 채용정보, 다문화 소식 등이 제공되며 한국말에 서툰 이들을 위해 베트남어, 중국어, 필리핀어, 몽골어, 러시아어, 영어, 캄보디아어, 일본어, 우즈베키스탄어, 라오스어, 네팔어 그리고 한국어까지 13개 언어로 서비스되어 부담 없이 접속이 가능하다. 이곳에서 제공하는 임신과 자녀교육에 관한 정보는 임산부를 위한 보건소 서비스, 한국의 태교문화, 국가예방접종의 종류와 시기, 한국의 교육과정, 다문화학생을 위한 교육기관, 이주배경청소년 지원센터 등을 안내하고 있다. 1577-1366 다누리 콜센터 이용이 가능하며 13개 언어를 구사하는 결혼 이주여성들이 상담사로 일하고 있어, 도움받기가 한층 수월하다.
- 각 시 · 도의 보건소 : 결혼 이민자를 포함한 모든 임산부는 거주지 보건소에서 무료로 건강관리를 받을 수 있다. 관리 항목으로는 풍진 항체검사, 임신 후 초음파검사, 혈액검사, 기형아검사와 철분과 엽산제를 제공한다. 전문가로부터 태교와 모유 수유, 신생아 돌보기 등을 배울 수 있는 다문화 임산부 출산준비교실도 있다. 신생아의 선천성 대사 이상 검진, 만 12세 이하 어린이 필수예방접종, 결혼 이주여성 무료 건강검진 등도 운영하며 보건소에 따라 지원 서비스가 다를 수 있으므로 전화나 해당 홈페이지를 통한 확인이 필요하다.
- 다문화가족지원센터(https://www.liveinkorea.kr) : 다문화가족의 안정적인 정착과 가족생활을 지원하는 곳이다. 결혼 이민자를 위한 사회적응교육과 취업교육지원, 통번역, 가족교육, 위기가족 긴급지원, 법률상담은 물론 자녀교

육 프로그램도 다양하게 운영하고 있다. 영유아 자녀를 둔 다문화가족이 이중언어를 사용할 수 있도록 돕는 코칭 서비스, '엄마 나라 바로 알기 캠프'를 통해 자녀에게 부모 나라에 대해 배우는 기회도 제공한다. 만 12세 이하 자녀를 위한 언어발달 프로그램을 마련해, 다문화가족 자녀의 언어발달 정도를 평가하고 필요한 언어교육과 교육방법도 안내한다. 각 센터에 가입 후 직접 방문, 전화, 온라인으로 프로그램에 신청 가능하다.

PART

2

부모교육의 실제

CHAPTER 06 유아교육기관에서의 부모교육

CHAPTER 07 부모교육의 유형 및 운영방식

CHAPTER 08 부모교육의 문제점 및 해결방안

CHAPTER 09 교육부에서 제공하는 부모지원 및 교육 프로그램

CHAPTER 10 그림책을 활용한 놀이 중심 부모교육 프로그램

CHAPTER

06

유아교육기관에서의 부모교육

1. 가정과 영유아교육기관 협력의 필요성 | 2. 부모교육의 내용 및 방법

CHAPTER

06

영유아발달에 전문성을 가진 집단인 영유아 교육기관과 교사들은 학부모들에게 '부모다운 부모'가 되기 위한 전문적인 지식과 기술을 제공하고, 하루하루 생산되는 방대한 양의 양육과 유아교육의 정보 속에서도 정확한 정보를 찾아낼 수 있는 태도를 갖도록 도와야 한다. 또한 올바른 자녀양육태도를 기를 수 있는 능력을 갖출 수 있도록 다양한 방식의 부모교육을 제공할 책임이 있다.

1. 가정과 영유아교육기관 협력의 필요성

부모는 자녀가 잉태되는 순간부터 사회 속에서 첫 번째로 함께하는 환경이자 이후 지속적인 발달에 가장 큰 영향을 미치는 요인이다. 부모의 역할은 태내기부터 시작하여 이후 자녀의 성장과정에서 지속적으로 영향을 미치게 된다. 부모가 제공하는 영양가 있는 음식과 신체발달을 위한 환경지원은 자녀의 신체발육을 지원하며, 자녀를 사랑으로 대하고 한 인격체로 존중함으로써 심리적 안정감과 자신에 대한 긍정적인 인식을 하도록 돕는다. 뿐만 아니라 부모는 사회생활에 필요한 규칙과 학습기회를 제공함으로써 사회에 적응할 수 있도록 도우며 자녀가 사회에서 잘 적응하고 각 분야에서 자신의 능력을 발휘하며 성공적인 삶을 살아갈 수 있도록 돕는다. 이처럼 부모는 자녀의 성장과 발달에 가장 중요한 역할을 수행한다.

과거 농업사회에서 자녀는 향후 농사일을 돕는 가정의 인력이자 부의 상징으로 보았다. 이러한 가치관은 부모로 하여금 자녀를 가정 내에서 튼튼하고 건강한 자녀로 자라도록 하는 것을 최우선으로 하여 양육을 하였다. 그러나 시대의 흐름에 따라 자녀에 대한 가치관은 지속적으로 변화하고 있으며, 이러한 가치관은 부모의 역할을 다시 재정립하고, 이전의 역할과는 다른 부모의 역할을 수행하도록 하고 있다. 최근 '4차 산업혁명'시대로의 진입은 현대사회에서의 가정의 기능과 역할을 또 한 번 변화시키고 있으며, 이런 상황 속에서 자녀교육과 양육에 많은 어려움과 부담을 지고 있는 부모들은 어려움을 해결할 수 있는 정보를 다양한 방법으로 찾고 있는 실정이다. 육아정책연구소의 '영유아 부모의 육아정보 이용실태 및 활용지원방안'(민정원 외, 2014) 연구에서 부모들의 자녀양육정보의 이용은 주로 인터넷을 활용하고 있다고 보고되고 있다. 실제로 인터넷과 SNS에 익숙한 영유아기 자녀를 가진 부모들은 인터넷을 통해 다양한 자녀교육과 양육정보를 손쉽게 찾을 수 있다.

그러나 무분별하게 생산되는 방대한 양의 정보는 부모에게 맞는 올바른 부모역할과 양육태도에 대한 정확한 정보를 찾는 데 방해가 되고 있고, 미디어 속에 드러난 양육방식이 오히려 부모로서의 가치관에 혼란을 주고 있다. 이에 영유아발달에 전문성을 가진 집단인 영유아교육기관과 교사들은 학부모들에게 '부모다운 부모'가 되기 위한 전문적인 지식과 기술을 제공하고 하루하루 생산되는 방대한 양의 양육태도와 유아교육의 정보 속에서도 정확한 정보를 찾아낼 수 있는 태도를 갖도록 도와야 한다. 또한 올바른 자녀양육태도를 기를 수 있는 능력을 갖출 수 있도록 다양한 방식의 부모교육을 제공할 책임이 있다.

또한 부모들도 자녀를 양육하며 많은 시간을 보냈지만 가정이라는 한정적인 공간에서 관찰하게 되므로 다양한 환경 속에서의 자녀 모습에 대한 막연한 불안감을 가지고 있으며, 이러한 불안감을 떨쳐내기 위하여 자녀들과 많은 시간을 함께 하며, 전문적인 교육을 수행한 교사들을 통해 많은 정보를 얻기를 희망한다.

영유아교육기관에서 이러한 부모와 교사와의 정보 교환은 주로 상담을 통해 이루어진다. 상담시간 동안 부모는 교사를 통해 자녀양육의 어려움, 자녀에 대한 기대, 양육관, 자녀에 대한 걱정 등에 대한 정보를 제공하고, 교사는 이러한 정보를 수집한 뒤 자녀양육의 어려움을 공감하고, 적절한 지도방법을 제공하며, 부모의 양육관 등을 고려하여 영유아교육을 계획 및 실행하게 된다.

영유아들이 교육기관에 머무르는 시간이 늘어남에 따라 영유아교육기관의 역할은 단순히 보육 혹은 교육의 영역을 넘어 다양해지고 있으며, 유아교육의 궁극적인 목적인 '전인적 발달'을 위해서도 가정과 영유아교육기관과의 연계는 매우 중요한 부분이다. 가정과 영유아교육기관에서 일관성 있는 교육은 아이들의 성장과 발달에 큰 도움을 줄 수 있으며, 이를 위해 영유아교육기관은 가정과의 다양한 교류와 소통으로 교육의 일관성을 위해 노력하여야 한다. 또한 영유아교육기관은 기관을 중심으로 활용할 수 있는 모든 인적·환경적 자원을 활용하여 영유아교육기관 내에서 발생하는 문제에 대한 지원체계를 갖추도록 해야 한다.

최근 영유아교육기관에서 실행하는 부모교육 프로그램은 전통적 관점의 일방적인 양육태도와 교육정보를 제공하는 강의 등의 방식을 넘어 다양한 내용과 방법으로 세분화되고 있다. 또한 부모는 보육 및 교육 서비스를 제공받는 수혜자가 아닌 적극적이고 능동적으로 참여하고 함께하는 동반자 혹은 협력자의 역할을 할 수 있도록 지원하고 있다. 가정과 영유아교육기관의 다양한 소통은 부모들의 기관에 대한 다양한 욕구를 파악할 수 있는 중요한 기회가 되기도 하고, 교육의 질적 수준을 제고하는 기회가 되기도 하며 부모 자신의 부모로서의 역량과 재능을 발견해주기도 한다. 이렇게 다양한 이유로 가정과 영유아교육기관의 협력은 더욱더 강화되어야 한다.

이현옥, 김향자, 허선자, 박희숙과 김연진(2016)은 현대사회에서 유아교육기관이 가정과의 협력이 강조되는 이유를 다음과 같이 여덟 가지로 설명하였다.

첫째, 부모들은 영유아발달에 있어서 핵심적인 역할을 하는 중요한 존재이고, 자녀의 성장발달에 결정적인 영향을 주기 때문이다.

둘째, 바람직한 부모역할에 대하여 서로 다른 많은 정보가 존재하므로, 부모가 자신에게 가장 적합하고 자기 자녀에게 효율적인 정보를 찾아 활용하는 것을 도와주기 위함이다. 이는 올바른 자녀교육관을 확립할 수 있도록 한다.

셋째, 급변하는 현대사회에서 각각의 환경에 적절한 자녀양육을 위한 모델을 찾아 부모-자녀 간 민주적인 인간관계를 성립할 수 있게 한다.

넷째, 앞으로 살게 될 미래사회를 준비하기 위함이다.

다섯째, 부모 자신이 인간으로서의 자기성취를 이루기 위함이다.

여섯째, 가족과 친지, 이웃과 사회로부터 지지를 효율적으로 받기 위함이다.

일곱째, 가정과 유아교육기관의 연계성을 확립하여 일관성 있는 교육을 하기 위함이다.

여덟째, 자녀에 대해 올바르게 이해하고 효율적인 부모역할의 인적자원을 길러내기 위함이다.

가정과 영유아교육기관과의 협력은 부모가 자녀에 대한 확고하고 일관성 있는 양육태도를 가지고 '부모다운 부모'의 역할을 수행하여 자녀의 '전인적 발달'에 기여할 수 있고, 나아가 부모와 자녀 모두가 행복한 가정을 만드는 데 목적을 둔다.

2. 부모교육의 내용 및 방법

영유아교육기관의 부모교육은 부모가 자녀의 입학 전 영유아교육기관에 전화 또는 방문을 통해 영유아교육기관에 대한 정보를 알고자 하는 순간부터 시작된다. 따라서 가정과 영유아교육기관의 협력은 입학 전 부모가 처음으로 기관에 연락하는 시점부터 시작되어야 하며, 이에 영유아교육기관에서는 부모와 함께하는 모든 시간을 신중히 생각하고 교육기관 및 교육 프로그램에 대한 정확하고 신뢰감 있는 정보를 제공할 수 있도록 노력해야 한다.

자녀를 처음으로 영유아교육기관에 보내는 부모는 가정에서 부모의 품을 처음으로 벗어나 혼자서 생활을 해야 하는 자녀의 모습에 많은 걱정이 앞서 주변에 있는 다양한 정보를 접하기 위해 노력한다. 이에 기관에서 제공하는 다양한 정보뿐 아니라 자녀와 비슷한 또래의 자녀를 가진 학부모 모임 등 다양한 경로를 통해 정보를 제공받고자 한다. 이러한 학부모의 요구 반영을 위해 2012년 9월부터 시작된 유치원정보공시제도 포털사이트 '유치원 알리미(http://e-childschoolinfo.moe.go.kr)'에서는 어린이집과 유치원의 정보를 한곳에서 검색할 수 있도록 하여 학부모의 선택권을 강화하고 교육기관의 투명성을 제고할 수 있도록 연 1회 이상 영유아교육기관의 주요 정보를 공시하고 있다. 최근 부모교육의 중요성이 강조되고, 기관을 이용하는 자녀들이 늘어남에 따라 이제 더 이상 부모교육은 각 부모 개인적인 고민이 아닌 국가적인 차원에서 부모를 위한 노력이 함께 진행되고 있는 셈이다.

또한 부모교육과 관련 연구를 살펴보면 한 가정 내 부모교육은 대부분 어머니를 대상으로 하였던 것에서 벗어나 연구의 대상자가 확대되고 있음을 알 수 있다. 부모의 유아교육에 대한 관심도를 알아본 김경철(2017)의 연구에서는 4차 산업혁명의 핵심 키워드 중 하나인 빅데이터big data를 활용, '유아 + 부모교육'을 검색어로 하여 최근 1년간의 포털 사이트의 온라인 텍스트를 수집하여 분석하였다. 연구 결과 가장 많이 등장한 키워드는 '유아교육'이었고 그 다음으로 '가족', '육아', '프로그램' 순으로 나타났다. 연구 중에서 흥미로운 사실은 매개 중심성이 가장 높은 키워드로 '아빠'가 나왔는데, 이를 통해 최근 부모교육에 아빠들의 참여와 관심이 높아졌음을 예측할 수 있다. 이처럼 부모교육이 '엄마'라는 한정적인 대상에서 벗어나 점차 대상이 확대되고 있다는 것은 바람직한 현상이며, 앞으로도 다양한 대상을 고려한 부모교육 프로그램이 개발되어야 함을 시사한다.

부모교육은 일방적인 전달이 아니라 부모와 영유아교육기관의 협력으로 이루어져야 한다. 따라서 내용을 선정할 때에는 부모역할의 중요성에 대한 일방적인 정보를 전달하는 것이 아닌 각 기관 내 부모의 요구와 관심, 양육의 어려움 및 각 가정 내 상황을 고려한 부모교육이 되어야 한다. 부모교육의 내용으로는 영유아교육기관에 대한 이해와 가정과의 협력, 부부의 올바른 관계와 부모로서의 성장, 자녀양육과 교육, 행복한 가정 만들기 등에 대한 내용이 적합하며 구체적인 주제의 예를 제시하면 다음과 같다.

구체적인 부모교육 주제의 예

1. 영유아교육기관에 대한 이해

기관의 교육철학과 교육 프로그램, 교직원 소개, 연간행사, 하루일과, 특별활동, 교육기관과 가정연계를 위한 부모교육 프로그램 등

2. 부부의 올바른 관계와 부모로서의 성장

남편과 아내의 역할분담, 화목한 부부관계를 위한 전략 세우기, 부모 자신의 성장과정 돌아보며 양육관 바로 세우기, 마음의 상처 치유하기, 스트레스 조절하기 등

3. 자녀양육과 교육

영유아기 발달특징, 영유아기 교육의 중요성, 연령별 · 성별 양육태도 및 놀이방법, 영유아 권리를 위한 부모의 역할, 아동학대 예방교육, 안전교육, 문제행동원인 및 대처법 등

4. 행복한 가정 만들기

우리 가족의 형태(맞벌이 가정, 조손가정, 한부모가정, 장애아가정 등)에 맞는 구성원의 역할분담하기, 행복한 가정을 위한 부모-자녀 간 대화법, 가족구성원의 공통적인 놀이 찾기 등

부모교육의 내용은 교육기관과 가정, 남편과 아내, 부모와 자녀 간의 관계에서 일어나는 크고 작은 문제들이 실제적으로 반영된 내용이어야 하며 한 가지 정답만을 제시하여 부모들로 하여금 죄책감이나 거리감을 느끼게 하는 내용이 되지 않도록 해야 한다. 또한 가정 내 일어날 수 있는 문제의 원인을 파악하고, 각 가정에 적합한 교육이어야 하며, 구성원 모두가 실천 가능한 방법을 제시하여 현실적으로 필요한 내용이 다루어져야 한다.

유아 인성교육에서 부모의 중요성과 역할

- 부모는 유아와 일상생활을 영위하면서 자연스럽게 인성교육을 가장 효과적으로 할 수 있는 인적자원이다. 따라서 교육을 목적으로 만들어진 인위적인 상황보다는 구체적인 일상생활에서 이루어지는 부모의 행위가 가장 큰 영향을 끼치기 때문에 자녀의 인성교육은 가정이 중심이 되어 이루어져야 한다.
- 사회학습이론, 사회문화이론, 자기규제이론 등 다양한 이론에서 인성발달에 있어서의 부모 역할을 강조한다. 사회학습이론은 긍정적 인성의 모델을 보여 줄 모델로서의 부모를 강조하고, 사회문화이론에서는 유아가 살아갈 사회에서 가치 있게 여겨지는 인성 특성을 전수하는 비계설정자로서의 부모를 강조하며, 자기규제이론에서는 사회적 가치를 일상생활을 통해 내면화시키는 지원자로서의 부모를 강조한다.
- 부모가 인성교육의 주체로서의 역할을 다하기 위해서는 긍정적인 부모-자녀관계의 토대가 마련되어야 한다.
- 가정의 변인이 유아의 인성함양에 중대한 영향을 끼친다는 점은 국내 · 외 많은 연구가 강조해 왔다. 김희태 · 이임순(2008)은 가족응집성과 적응성의 수준이 높을수록 유아들은 자기 조절력이 좋고, 또래 유능성도 높은 것으로 나타났다고 보고하였고, 박연경 · 황혜정(2009)은 어머니의 리더십과 유아의 자기 조절력 및 사회적 능력은 유의미한 정적 상관이 있다고 보고하였으며, 장영숙(2009)은 어머니의 논리적 설명은 유아의 자기 조절력과 정적 상관이 있고, 강압적인 체벌과 방임은 유아의 자기 조절능력과 부적 상관이 높게 나타났다고 하여, 유아인성교육에의 부모참여의 중요성을 강조하였다.
- 부모의 초기 몇 년 동안 상호작용한 경험이 일생 동안 자녀의 성장과 발달에 지속적인 영향력을 행사하기 때문에, 인성교육이 이루어지기 위해서는 부모와 자녀 간에 신뢰가 기본적으로 형성되어야 한다.

출처 : 교육과학기술부(2012), 유아인성교육을 위한 부모훈련 프로그램 및 연수 자료집.

가정과 영유아교육기관의 협력은 형식적인 방법과 비형식적인 방법으로 나누어 볼 수 있다. 형식적인 협력방법의 대표적 예로 학부모 운영위원회를 구성하며 교육기관의 정책결정에 부모가 직접 참여하는 것, 소집단 · 대집단의 형태로 강연, 워크숍, 상담, 참여 및 참관수업, 발표회 등을 진행하는 것, 학부모의 재능 기부, 동화를 읽어주거나 견학 또는 배식에 참여하여 교사의 역할을 보조하는 것, 주별로 제공되는 가정통신문 등이 있다. 최근에는 교육기관 입학 전부터 원장과 4주 혹은 6주의 부모교육 프로그램을 진행하여 기관의 교육철학과 방침에 대해 교육하고 프로그램을 이수한 부모에 대해 입학의 자격을 주어 교육기관과 부모와의 긴밀한 협력과 노력을 하는 방법도 제시되고 있다.

비형식적인 방법으로는 교육기관을 방문하는 부모들에게 교육기관을 소개하는 것, 등 · 하원 시 부모와 일어나는 불규칙적인 상담, 교육기관의 출입구에 붙여두는 안내문 등이 포함된다. 두 가지 방법 모두 협력의 주체는 영유아교육기관이 되어야 하며 교육의 대상은 기관을 이용하는 부모들뿐 아니라 지역사회와의 협력으로 지역의 일반 주민까지 포함되는 것이 바람직하다.

영유아교육기관에서 실시하는 부모교육의 목표 달성을 위해서 영유아교육기관은 부모와 영유아의 요구, 적절한 시기, 유익한 내용, 지루하지 않은 진행과 환경구성에 세심하게 신경 쓰고 배려해야 하며, 부모 역시 내 자녀와 교육기관을 위한 적극적인 참여가 필요하다.

부모교육의 목표 달성을 위한 지침은 다음과 같다.

첫째, 부모교육의 목적은 자녀들의 올바른 인성 향상과 발달에 둔다.

부모교육의 목적은 부모의 양육효능감을 높여주고, 긍정적인 양육기술 향상을 통해 자녀의 올바른 인성 향상 및 전인발달을 목적으로 해야 한다. 부모교육이 상업적인 교재교구 및 조기교육 등과 관련된 내용이 되어서는 안 되며, 부모와 자녀를 위한 순수하고, 발달에 적합한 교육을 위한 목적으로 부모교육을 실시하여야 한다.

둘째, 영유아교육기관은 부모와 다양한 소통방법으로 부모가 요구하는 양육과 교육에 대한 정보를 민감하게 읽어낼 수 있어야 한다.

영유아교육기관은 등 · 하원 시의 만남, 전화상담, 원에서 이루어지는 다양한 행사 등 다양한 방법을 통해 부모와 소통이 이루어진다. 이러한 소통의 기회는 부모의 요구를 알아낼 수 있는 좋은 기회로 여겨야 한다. 따라서 이때에 영유아교육기관에서는 기관에서 계획된 부모교육에 대한 정보를 제공하는 역할뿐만 아니라 부모의 양육과 교육에 대한 요구 및 부모의 관심에 대한 정보를 민감하게 읽고, 수집하여 다음 부모교육을 위한 계획에 반영할 수 있어야 한다.

셋째, 부모가 필요로 하는 정보를 주제로 하여 다양한 교육방법을 활용하여 체계적으로 계획한다.

부모교육은 부모가 필요로 하는 주제로 진행될 때 부모 참여도가 높을 뿐 아니라 부모교육에 대한 기대 및 효과를 높일 수 있다. 따라서 부모교육은 부모가 부모교육의 필요성을 인식하고, 필요성을 바탕으로 부모교육에 참여하고자 하는 욕구를 높일 수 있는 내용의 부모교육이 되어야 하며, 부모교육은 각 내용에 적합한 형태의 교육으로 계획 및 실행하여야 한다.

넷째, 많은 부모가 참여할 수 있도록 효율적인 방법과 일시, 장소를 결정한다.

정보미와 김낙홍(2016)의 영아기 첫 자녀를 둔 맞벌이 부부에 관한 연구를 살펴보면 부모교육의 참여 어려움으로 어머니의 경우 40.2%, 아버지의 경우 45.2%가 시간으로 인한 부모교육 참여의 어려움으로 나타났다. 이처럼 맞벌이 가정이 늘어나고, 아버지 참여에 대한 욕구가 늘고 있으나 아직 많은 부모의 참여를 높이는 효율적인 방법과 일시, 장소에 대한 마련이 원활하지 않음을 알 수 있다.

마미정, 박초아, 김동례와 정경진(2015)의 지역육아종합지원센터 부모교육 현황과 발전 방향에 대한 연구에서 부모교육을 진행할 때 가장 어려운 점으로는 참여율 저조를 가장 많이 언급했다. 또한 참여율 저조의 원인으로는 각 부모가 원하는 시간대가 다름과 미취학 자녀를 돌볼 사람이 없다는 점으로 나타났다. 이에 육아종합지원센터에서는 '찾아가는 부모교육 방향'에 대해 언급한 바 있다. 따라서 다양한 부모교육 대상자들의 시간 및 참여가 원활한 장소 등이 마련되어야 할 것이다.

다섯째, 지루하지 않고 유익한 내용으로 프로그램을 진행한다.

부모교육의 성공은 '부모교육 대상자들의 참여율이 높은가?', '부모교육의 내용이 부모의 요구를 반영하고 있는가?', 뿐만 아니라 '부모교육에 있어 부모교육 대상자들에게 얼마나 실천하고자 하는 의욕을 높이고, 집중할 수 있도록 하고 하는가?'로 가늠해 볼 수 있다. 즉, 부모교육에 참여한 부모들은 프로그램의 내용은 부모들로 하여금 부모역할 수행에 대한 인식 및 태도에 반드시 반영되는 내용으로 구성하여야 하고, 각 부모교육 대상자의 수준을 고려하여야 하며, 부모들로 하여금 흥미를 가질 수 있는 프로그램으로 진행하여야 한다.

여섯째, 부모교육의 과정을 함께 평가하고 다음 교육에 반영한다.

부모교육이 이루어진 후에는 반드시 각 부모교육의 내용에 대한 기록 및 각 내용에 대한 평가가 이루어져야 한다. 부모교육의 평가는 기관 내 원장 및 교사들의 평가뿐만 아니라 부모의 평가가 모두 포함된다. 평가의 내용으로는 부모교육의 참여율, 내용의 적합성, 시기 및 장소의 적합성, 부모의 요구 및 양육의 어려움의 반영도, 부모교육의 실천 및 지속성, 부모교육형태의 적합성 등에 대한 평가가 이루어져야 한다. 부모의 경우 설문지를 통한 평가뿐만 아니라 기관 방문 시 수시로 또는 면담 등의 기회를 통해 평가를 실시할 수 있다. 부모교육의 평가 목적은 교육을 더욱 더 효율적으로 운영하기 위함인 만큼 부모교육 후에는 반드시 평가를 진행하고, 다음 부모교육의 운영 시에는 각 평가의 내용을 참고하여 부모교육의 내용을 계획 및 수정 · 보완하여 진행해야 한다.

CHAPTER

07

부모교육의 유형 및 운영방식

1. 가정 중심 부모교육 | 2. 기관 중심 부모교육

CHAPTER 07

최근 영유아교육기관에서 실행하는 부모교육 프로그램은 전통적인 관점의 일방적인 양육태도와 교육정보를 제공하는 강의 등의 방식을 넘어 다양한 내용과 방법으로 세분화되고 있다. 부모교육의 방법은 다양하게 구분될 수 있지만 본 장에서는 부모교육의 다양한 유형을 가정 중심 부모교육과 기관 중심 부모교육으로 나누어 살펴보고자 한다.

부모교육에 있어 가정과 교육기관의 협력은 앞서 언급했던 것처럼 부모가 자녀를 맡길 교육기관을 알아보는 것에서부터 시작되므로 영유아교육기관은 기관의 교육과정특성에 따라 꼼꼼하고 체계적으로 계획하여 준비한다. 교육기관이 추구하는 아동관과 교육철학에 대한 방향과 목표를 먼저 설정하고, 학부모의 요구와 기대를 민감하게 반영하여 부모교육의 프로그램 주제, 내용, 진행방법 등을 결정하며 지속적인 소통과 협력으로 단기간에 끝내려는 욕심을 버리고 중장기적 계획을 세워 실현가능한 방법으로 조금씩 나아가는 자세가 서로에게 필요하다. 이를 위해서 교육기관은 부모교육 프로그램을 계획할 때 부모의 인식과 수준에 따라 참여단계를 고려하여 준비할 수 있어야 한다. 이에 이현옥, 김향자, 허선자, 박희숙과 김연진(2016)은 부모교육 프로그램의 운영단계를 세 가지로 나누어 교육기관에서 계획한 교육 내용을 전달하는 단계, 학부모가 부모교육 프로그램에 참여하는 단계, 학부모가 교육기관에서 운영하는 부모교육 프로그램에 협력하는 단계로 나누어 다음과 같이 제시하였다.

표 7-1 부모교육 프로그램에 협력하는 단계

단계	부모교육 프로그램의 진행 및 기대효과
1단계 (전달)	• 1단계 부모교육 운영은 일반적으로 사회자가 진행을 이끌어 가는 형식적인 방법이다. 교육기관 및 교사의 경력이 적거나, 부모교육 프로그램 운영에 대해 어려움이 있는 경우와 부모들의 유아교육에 대한 인식이 낮아 놀이 중심의 교육과정 이해가 필요한 경우 1단계의 활동 선택이 적당하다. • 1단계의 부모교육 활동은 자료에 근거하여 전달하는 소통이 주로 이루어짐에 따라 다른 단계 보다는 교사의 융통적인 운영기술이 크게 요구되지는 않는다.
2단계 (참여)	• 2단계 부모교육의 구성은 진행자와 참여자 간의 보다 많은 능동적인 소통이 필요하다. 대집단보다는 학급단위의 참여활동이 많이 이루어짐에 따라 참여자의 요구와 상황에 대한 파악이 선행되어야 한다. • 2단계 부모교육은 현재의 유아 연령과 전년도 부모교육 행사와의 계열성, 부모 개인의 특성 등을 고려하여 적극적인 참여를 유도하는 프로그램 계획과 구성능력이 요구된다
3단계 (협력)	• 3단계 부모교육의 구성은 진행자와 참여자 간의 활발한 소통이 이루어지는 상호 협력적 관계의 부모모임이다. • 3단계의 부모교육은 참여자의 선택과 자발적 참여로 이루어지기 때문에 그 어느 단계보다 진행자의 전문적 지식과 운영기술이 요구된다.

1단계

- 부모교육의 목적 및 필요성 교직원과 공유하기
- 부모와의 관계 재인식하기
- 부모의 요구 조사하기 : 부모의 인식 및 현황 파악
- 교육기관의 철학과 교육신념을 부모에게 전달하기 : 부모에게 올바른 유아교육의 인식 전달하기

➡

2단계

- 부모의 적극적 참여를 위한 방안 모색하기
- 부모의 요구 반영하기 : 주관식보다는 문항을 선택함으로써 제한하기
- 프로그램 평가하기
- 대집단보다는 학급단위의 부모교육 실행하기

➡

3단계

- 프로그램 평가 반영하기
- 교육기관의 특성화 프로그램 만들기
- 해당연도의 교육기관의 중점사항과 부모지원 프로그램을 연계하기
- 부모의 요구 반영하기 : 선택적 문항에서 벗어나 포괄적으로 수용하기

그림 7-1 부모교육 프로그램 운영의 단계

출처 : 이현옥 · 김향자 · 허선자 · 박희숙 · 김연진(2016).

표 7-2 부모교육 및 부모협력 연간 프로그램 계획의 예

월	방법	주요 내용
2	오리엔테이션	• 교육기관의 운영철학과 방침, 교육과정 및 영유아의 교육기관 생활안내
3	집단면담 및 전화면담	• 또래 발달특성을 공유하고 함께 해결방안 모색 • 영유아의 초기적응을 위한 부모와의 소통 및 교육기관에 대한 기대사항 파악
	학부모 운영위원회 구성	• 1년간 교육기관과 부모와의 소통과 협력을 위한 학부모 운영위원회 구성
4	참여수업	• 자녀의 적응 및 발달상태를 파악하고 교육기관의 교육과정을 이해함
	부모 소그룹 세미나	• 자녀양육에 대한 비슷한 고민을 가진 소그룹을 나누어 일정기간 함께 고민을 나누고 해결방안을 찾아보며 소통함
5	체육대회	• 영유아–가족–교육기관의 단합을 목표로 함
	조부모교육	• 시대의 변화에 따라 주 양육자의 역할을 하고 있는 조부모를 대상으로 손자녀의 발달을 이해하고 양육을 지원할 수 있도록 다양한 방법 제공
6	부모 워크숍	• 교육기관의 교육과정에 대한 이해를 돕기 위해 연령별로 나누어 국가수준의 교육과정과 교육기관 특색교육에 대한 교육
7	캠프 (아빠 참여수업)	• 첫 번째 사회생활을 시작한 영유아에게 사회구성원으로서의 역할과 협력의 의미를 알게 함 • 아빠의 양육참여기회와 놀이의 방법을 제공함

월	방법	주요 내용
8	학급모임	• 한 학기를 정리하며 교육기관의 교육과정과 부모와의 협력을 중간 평가함
9	강연	• 비슷한 발달시기를 보내고 있는 자녀양육과 교육에 필요한 정보를 제공하고 효과적인 실천을 위한 방법 모색
10	부모 자원봉사 및 지역사회 협력	• 현장학습, 조리실, 배식, 청소 등 교사의 업무 보조로 참여하여 교육기관의 일과 이해 • 지역사회와의 협력 프로그램으로 영유아 자신이 지역사회의 일원임을 인식하고 각자의 역할에 대해 생각해봄
11	입학설명회	• 내년도 교육기관 입학 희망자를 중심으로 교육기관의 철학과 방침, 입학 절차 등을 안내
12	학습발표회 (음악회)	• 1년 동안 교육기관에서 진행되었던 내용을 부모에게 소개하고 아이들을 격려함
1	개별면담	• 지난 1년 동안 자녀의 발달과정과 생활태도 등을 전달하고 수료 및 졸업을 위한 정보 제공

부모교육의 방법은 다양하게 구분될 수 있지만 본 장에서는 가정 중심 부모교육과 기관 중심 부모교육으로 나누어 살펴보고자 한다.

1. 가정 중심 부모교육

1) 입학 초기 적응 프로그램

영유아교육기관에서 첫 사회생활을 시작하는 영유아들은 여러 가지 큰 환경적 변화에 당황하게 된다. 낯선 환경과 선생님, 그리고 교육기관에 있는 동안 함께 해야 하는 친구들까지 생활 패턴에 큰 변화가 생기므로 교육기관의 입학 초기에는 큰 스트레스를 겪게 되고 이는 다양한 증상으로 나타나게 된다.

처음 등원한 영유아가 겪게 되는 스트레스는 다음과 같은 행동으로 나타날 수 있다.

• 문을 잡고 들어가려 하지 않는다.

- 보호자와 떨어지지 않으려고 떼를 쓰거나 심하게 운다.
- 친구들과 어울리지 못하고 무기력한 모습을 보인다.
- 교사나 친구와 상호작용을 하지 않고 반응을 하지 않는다.
- 식사나 간식을 먹지 않거나 평소보다 더 많이 먹는다.
- 의학적 소견이 없음에도 배나 머리가 아프다고 한다.
- 밤에 잠을 못자거나 울면서 깬다.
- 대소변의 실수가 생긴다.
- 항상 눈치를 보거나 불안한 눈빛을 보인다.
- 익숙한 물건이나 환경에 집착하는 성향이 생긴다.

이러한 초기 적응으로 인한 스트레스는 영유아의 사회정서발달에 직접적인 영향을 주므로 부모와 교사는 긴밀한 협력으로 입학 초기 적응에 신경쓰도록 한다. 영유아교육기관을 이용하는 연령이 점차 낮아짐에 따라, 특히 분리불안이 시작되는 8~10개월 전후의 영아들은 더욱더 각별한 적응 프로그램이 요구된다. 초기 적응을 위해 어린이집을 이용하는 영아의 경우 영아가 흥미를 보이는 활동을 보호자와 함께 간단하게 해보는 것으로 시작하여 점차 영아 혼자 하는 활동시간을 늘려가도록 한다. 아직 시간에 대한 개념이 명확하게 있지 않은 영아라도 "오늘은 30분만 엄마랑 같이 놀이 하다 올까?", "오늘은 한 시간 후에 아빠가 다시 올게."와 같이 정확한 시간을 이야기해 주고 약속을 지키는 것이 중요하다. "잠깐 저기 다녀올게.", "할머니 옆 교실에 있을 거야." 등과 같은 말은 영아의 불안을 더 가중시킬 수 있기 때문에 주의한다. 적응기간 중 영아를 등원시키고 보호자와 떨어져야 할 때에는 몰래 가거나 거짓 상황을 만들지 말고 꼭 안아주며 인사를 하도록 한다. 영아들의 적응기간에는 영아가 가정에서 가지고 노는 친숙한 인형, 놀잇감, 책 등을 가지고 가는 것도 도움이 될 수 있다. 교사는 불안해 하는 영아에게 친절하고 친숙하게 대하고 안정된 애착이 형성될 수 있도록 노력해야 한다. 영아의 등·하원 시에는 항상 마중 나가 맞이해 주거나 배웅을 하고 영아의 감정을 이해하고 공감해 주는 태도를 보인다.

보육시설의 일반적인 초기 적응 프로그램의 단계를 소개하면 다음과 같다.

1단계	2단계	3단계
• 영아에게 어린이집을 소개하고 보호자와 함께 구경한다. • 영아가 흥미로워하는 놀잇감으로 함께 놀이한다.	• 또래와 함께하는 활동에 참여해 보고 영아가 불안해하지 않도록 보호자가 곁에 있어준다. • 같은 반 친구들과 정해진 일과에 따라 함께 해본다.	• 영아의 시야에서 부모가 사라지는 시도를 해본다. • 짧은 시간을 정해놓고 떨어져 보고 시간을 지켜 데리러 온다. • 점차 시간을 늘린다.

그림 7-2 보육시설 초기 적응 프로그램의 단계

영아의 적응기간은 일반적으로 2~4주까지도 진행하나 영아마다 개인차가 있어 하루 만에 적응을 잘하여 즐겁게 노는 영아가 있는 반면 한 학기가 지나도록 힘들어 하는 영아들도 있다. 각자 개인차가 있으므로 일반적인 적응기간을 정해놓고 적응시키는 것보다 영아가 편안해질 때까지 지속적인 관심을 가지고 관찰하며, 적응할 수 있도록 배려해야 한다.

교육기관의 경험이 있는 유아라 할지라도 어린이집에서 유치원으로 혹은 다른 기관으로 옮기게 되면 담임교사와 친구들, 새로운 교실과 환경 등 많은 변화가 생기므로 새로운 적응이 필요하다. 새로운 교육기관에서의 적응도 유아의 개인차가 있으므로 보호자와 교사는 여유를 가지고 기다려 주고 새로운 곳에서 느끼는 유아의 감정을 최대한 배려하며 공감하는 자세가 필요하다. 교육기관에 새로 온 영유아뿐 아니라 자녀를 맡긴 부모도 불안함과 걱정에 마음이 편하지 않을 수 있다. 영유아교육기관의 모든 교직원은 그런 부모의 마음을 공감하고 안심하며 자녀를 교육기관에 보낼 수 있도록 활동사진이나 편지, 전화 등으로 안심할 수 있도록 지속적인 소통이 필요하다.

이러한 신입원아 초기 적응 프로그램은 자녀로 하여금 기관생활에 보다 편안한 마음으로 적응할 수 있도록 도울 수 있다는 장점이 있다. 반면, 신입원아가 아닌 경우 부모가 기관에서 함께 생활하지 않으므로 상대적인 결핍을 느낄 수 있으며, 잘 적응한 원아라 할지라도 자신의 부모와 함께 있기를 원하는 경우가 있다. 또한 부모가 기관에서 함께 생활할 경우 교사들은 부모와 소통을 해야 한다는 부담감을 느낄 수 있다는 단점이 있다. 신입원아와 재원원아, 학부모와 교사의 관점에서 다양한 시각 차이가 생기게 되고 이러한 단점을 보완하기 위하여 각 기관마다 신입원아 적응 프로그램 운영을 보다 신중히 계획하고 실행해야 한다.

신입원아 입학 초기 적응 프로그램 안내문의 예는 그림 7-3과 같다.

신입원아 입학 초기 적응 프로그램

1. 신입원아 입학 초기 적응 프로그램 안내

입학 초 3월에는 가정을 벗어나 처음으로 사회로의 첫 발을 내딛은 우리 아이들을 위하여 편안하고, 즐거운 마음으로 어린이집생활에 적응할 수 있도록 돕는 신입원아 입학 초기 적응 프로그램을 실시합니다.

신입원아 입학 초기 적응 프로그램이란 어린이집이라는 낯선 환경에서 영아가 신체적, 심리적으로 무리 없이 공동생활을 해나가기까지의 과정입니다. 교사 및 부모는 어린 영아가 사회적, 심리적으로 혼돈에 놓인 이 시기를 잘 극복하도록 함께 논의하고 준비하면서 영아를 위해 배려할 필요가 있습니다. 이에 ○○○○어린이집에서는 처음 입학하는 영아들이 원만하게 새로운 환경에 적응할 수 있도록 입학 초기 적응 프로그램을 단계적으로 실시하고자 합니다.

2. 적응 프로그램의 목적

- 영아가 보호자와의 격리를 두려워하지 않고 어린이집을 안전하고 편안한 장소로 느낍니다.
- 새로운 선생님과 친구에 대해 친밀감을 느낍니다.
- 적응기간을 통해 이 후 어린이집 생활에 더욱 잘 적응합니다.

3. 적응 프로그램의 운영 원칙

- 영아의 적응에 필요한 기본적인 활동(예 : 점심, 낮잠)을 경험하는 데 중점을 둡니다.
- 보육시간을 초기에 하루 2~4시간 정도에서 점진적으로 늘려갑니다.
- 적응기간은 일반적으로 2~4주간으로 계획하지만 개인차를 최대한 고려하여 융통성 있게 진행합니다.

4. 입학 초기 적응 프로그램 진행과정

1단계(1~2주)	2단계(3주)	3단계(4주)
인사하기, 얼굴 익히기, 교실 탐색하기, 엄마와 함께 활동하기, 선생님과 친해지기	엄마와 울지 않고 헤어지기, 선생님과 놀이하기, 낮잠 자기	엄마와 안녕하고 헤어지기, 능동적인 활동 참여하기
12시 이전 귀가 혹은 점심식사 후 1시 귀가	점심식사 후 1시 귀가 혹은 낮잠 후 귀가	영아들의 적응단계에 따라 담임교사와 협의 후 귀가

그림 7-3 신입원아 입학 초기 적응 프로그램 안내문의 예

2) 가정통신문

가정통신문은 교육기관에서 부모에게 전달하고자 하는 내용을 문서로 만들어 제공하는 방법이며 영유아교육기관에서 가장 많이 쓰이는 방법 중 하나이다. 일반적으로 생활주제에 따른 한 주간의 활동 내용, 영유아의 활동에 따른 가정의 협조 및 준비자료, 교육지원자로서 알아야 할 공지사항 및 정보들이 포함되며 작성된 문서를 단시간에 많은 부모에게 전달할 수 있는 장점이 있다. 반면, 교육기관에서 작성한 일방적인 내용으로 각 가정의 개별적인 상황이나 부모의 이해 수준을 파악할 수 없고, 부모가 가정통신문을 확인하지 않을 경우 기관에서 제공한 정보가 무용지물이 될 수 있다는 단점을 가지고 있다. 이러한 단점을 보완하기 위한 지속적인 소통과 강조가 필요하다. 가정통신문에 들어가는 세부적인 내용과 예는 다음과 같다.

- 다음 주간 혹은 월간의 교육 내용
- 다음 주 배우게 될 새로운 노래, 동시 등의 내용
- 교육과정 중 필요한 준비물이나 현장학습 안내
- 교육기관에 제출해야 할 서류 및 교육비 안내
- 효과적인 교육과정 운영을 위한 학부모 운영위원회, 부모교육, 부모자원 활용 안내 등 가정의 협조요청
- 휴일에 자녀와 함께 할 수 있는 견학장소나 놀이방법 안내
- 교육기관의 각종 행사
- 점심식사 및 간식 식단
- 수족구, 독감, 눈병 등 유행하는 전염성 질병 안내 및 안전교육
- 자녀와의 긍정적 소통, 바람직한 부모역할을 위한 자료 및 부모들에게 추천하는 권장도서

〈3월 2주〉

가정통신문

아이들의 웃음소리와 반가운 인사가 오가는 한 주입니다. 아침 등원시간마다 초롱초롱한 눈망울로 "선생님"을 부르며 달려오는 사랑스러운 아이들의 모습에 미소가 절로 지어집니다. 이렇게 사랑스러운 아이들과 함께 할 한 주의 소식을 전해드립니다.

1. 지난 주 소식

○월 ○일(목) 제○○회 ○○○○입학식이 있었습니다. 가정을 벗어나 씩씩하게 생활하는 우리 아이들에게 많은 칭찬과 격려 부탁드립니다.

2. 준비물을 꼭 확인해 주세요

유치원 생활을 위한 준비물을 확인하시어 아이들과 함께 준비하고, 개인 사물마다 이름을 기입한 후 가방에 넣어 월요일에 보내주세요.

① 도시락 : 도시락을 깨끗이 씻으신 후 도시락 뚜껑과 바닥에 이름을 기입하여 보내주세요.
② 수저통 : 도시락과 함께 수저통에 숟가락과 젓가락을 담아서 이름을 적으신 후 보내주세요.
③ 여벌옷 : 만 3세반 유아들은 여벌옷을 보내주세요. 여벌옷을 보내 주실 때에는 모든 옷에 이름을 꼭 적어서 보내주세요.
④ 칫솔 : 칫솔을 준비하셔서 ○월 ○일(월)에 보내주세요.

3. 3월 행사 미리 알림

3월에 진행될 행사를 미리 안내하여 드립니다. 원에서 진행되는 즐겁고 신나는 다양한 행사와 관련하여 자녀와 대화를 나누어 주세요. 자녀와의 대화시간은 부모와 자녀의 친밀감을 높이고, 원활한 원 생활 적응에도 도움이 된답니다. 자세한 내용은 추후 안내문을 통해 안내드리겠습니다.

- 3월 ○일 – 제○○회 입학식
- 3월 ○일 – 3월 생일잔치
- 3월 ○일 – 부모교육 '두뇌를 깨우는 놀이의 비밀'
- 3월 ○일 – 원내 인형극 관람 '빨간 모자'

그림 7–4 가정통신문의 예

3) 알림장

가정과 교육기관에서 매일 영유아의 정보를 교환하여 기록하는 방법으로 사용된다. 영유아 개인수첩을 이용하여 교육기관에서는 그날의 컨디션이나 투약사항, 하루일과 중의 특이사항을 기록하여 집으로 보내고 부모는 가정에서의 상황 및 특이사항, 궁금한 점 등을 적어 서로 정보를 교환하는 데 효과적인 방법이다. 영유아에 대한 생활이 많이 기록되므로 관찰일지로 활용할 수 있다.

알림장에는 자녀에 대한 정보를 매일 교환할 수 있으므로 가정뿐만 아니라 기관에서도 자녀에 대한 정보를 바탕으로 양육과 교육에 도움을 줄 수 있다는 장점을 가지고 있다. 반면, 알림장의 내용이 부모에게 매일 동일하거나 의미가 없는 활동으로 여겨질 경우 그 활용도는 낮아져서 정보에 대한 원활한 교류가 이루어지지 않을 수 있다. 또한 몇몇 부모의 경우 알림장을 서로 공유하고 비교하며 각 반 자녀에 대한 교사의 관심이 낮다고 여기거나 자녀에 대해 비판적인 시각을 가지고 있다는 인식을 가지게 되기도 하는데, 이 경우 교사에 대한 신뢰감을 떨어뜨리거나 부정적인 시각을 가질 수 있다는 단점이 있다. 따라서 알림장을 작성할 때에는 세심한 관찰을 바탕으로 기록하도록 하고, 형식적이고 매일 동일한 내용이 아닌 자녀에 대한 정확하고, 각 가정에 필요한 정보를 제공함으로써 양육과 교육에 도움을 줄 수 있도록 해야 한다.

알림장의 예는 그림 7-5와 같다.

[영아용 알림장 예시]

	년 월 일 요일			
가정에서	건강	좋음/보통/나쁨(이유:)	기분	좋음/보통/나쁨( )
	선생님께			
어린이집에서	오전 간식	잘 먹음/보통/먹지 않음	오후 간식	잘 먹음/보통/먹지 않음
	점심식사	잘 먹음/보통/먹지 않음	배변	( )회
	기분 · 건강	좋음/보통/나쁨(이유:)	특이사항	
	부모님께			

투약의뢰서	투약확인서
♥ 약 종류 : ♥ 투약 용량 : ♥ 보관방법 : 냉장, 상온 ♥ 투약의뢰시간 : 201 년 월 일 보호자 : (인) * 투약으로 인한 책임은 보호자가 집니다.	다음과 같이 투약하였음을 보고합니다. ♥ 1회 : mL(포) 시 분 ♥ 2회 : mL(포) 시 분 ♥ 3회 : mL(포) 시 분 년 월 일 담당교사 : (인)

[유아용 알림장 예시]

<table>
<tr><td colspan="3">년 월 일 요일</td></tr>
<tr><td rowspan="2">전달사항</td><td colspan="2">선생님께</td></tr>
<tr><td colspan="2">부모님께</td></tr>
<tr><td colspan="2">투약의뢰서</td><td>투약확인서</td></tr>
<tr><td colspan="2">♥ 약 종류 :
♥ 투약 용량 :
♥ 보관방법 : 냉장, 상온
♥ 투약의뢰시간 :
201 년 월 일
보호자 : (인)
* 투약으로 인한 책임은 보호자가 집니다.</td><td>다음과 같이 투약하였음을 보고합니다.
♥ 1회 : mL(포) 시 분
♥ 2회 : mL(포) 시 분
♥ 3회 : mL(포) 시 분
년 월 일
담당교사 : (인)</td></tr>
</table>

그림 7-5 알림장의 예

4) 인터넷 홈페이지(인터넷 카페, 스마트알림장 등)

인터넷과 모바일이 익숙한 현대의 부모들은 인터넷 홈페이지나 포털사이트 등을 통해 서비스되고 있는 커뮤니티, 모바일 톡talk, SNS 등을 통해 실시간 온라인 상담이 가능하고 또한 교육기관과 가정 간에 정보의 교류가 쉬워졌다. 이를 활용하여 자녀의 교육기관에서 활동사진을 하루하루 업로드하여 공유할 수 있고, 가정에서 주말에 있었던 일을 공유하여 주말 지낸 이야기에 활용할 수 있다. 온라인에 만들어진 홈페이지, 인터넷 카페 등의 커뮤니티 공간은 이전 형식적 부모교육의 가장 큰 단점으로 꼽히던 시간적·공간적 제약을 극복할 수 있게 되었고, 무엇보다도 양방향 소통이 가능하다는 장점을 가지고 있다. 그러나 온라인이 익숙하지 않거나 인터넷을 사용하지 않는 부모 혹은 조부모에게는 연결이 어렵고 또한 사진이나 짧은 동영상 속 장면으로 하루의 모든 일과가 평가되므로 보여 주기 식의 형식적인 교류가 일어날 수 있다는 단점이 있다. SNS나 단체 채팅방의 상대방 동의 없는 일방적인 초대는 교육기관과 가정 모두에게 큰 부담이 되므로 메시지를 보낼 때는 너무 늦은 시간이나 식사시간, 휴일은 피하도록 한다. 또한 상대방이 글을 읽었는지 확인하거나 댓글에 너무 신경 쓰지 않도록, 부모와 교사 각자 예의와 매너를 지키기 위한 노력해야 한다. 또한 사진을 업로드 할 때에는 각 학급에서 사진에 빠진 영유아는 없는지 확인하도록 하고, 대집단활동 등 활동에 참여하지 않는 영유아의 사진 등 부모로 하여금 오해의 소지가 있는 사진 또는 동영상의 경우 추가 설명을 통하여 오해로 인한 걱정 또는 불안감을 초래하지 않도록 유의한다.

그림 7-6 홈페이지의 예

그림 7-7 모바일 알림장의 예

2. 기관 중심 부모교육

1) 오리엔테이션

영유아교육기관의 오리엔테이션은 새로운 환경의 구성원이 된 부모와 아이들에게 교육기관의 특성과 교육의 방향 등을 안내하는 일을 말한다. 이는 입학 전 교육기관과 가정의 '일관성 있는 교육'의 효과를 극대화하고 친밀감 및 소속감 형성에 중요한 의미를 갖는다. 신입생과 재원생을 고려하여 오리엔테이션을 1~2회로 구분하여 진행하기도 하는데, 특히 부모와 아동에게 교육기관의 첫 이미지를 만들어 주는 행사이므로 세심하게 준비해야 한다. 교사들의 체계적이지 못하고 어리숙한 행사 운영은 학부모들의 불안을 가중시킬 수 있으므로 교육기관에서 행해지는 행사 중에서도 교직원의 역할 분담과 능숙한 행동이 요구된다.

오리엔테이션의 내용으로는 아동의 반 배정, 교직원 소개, 교육기관의 교육과정 및 연간 행사일정, 교육비 및 기타 경비안내, 보험가입 여부 등 부모가 알아야 할 내용으로 구성되고 원복과 가방, 이름표, 도시락 등을 배부한다. 또한 입학 전 교육기관에서 받아두어야 할 중요한 서류로는 가정과의 비상연락망, 응급처치동의서, 귀가동의서, 투약의뢰서의 사용방법, 개인정보 수집 · 이용 동의서 등이 있으므로 부모들이 직접 작성한 서류를 받아 보관한다. 오리엔테이션에는 많은 용품과 서류가 배부되므로 반별, 개인별로 꼼꼼하게 챙겨두고 빠진 것이 없는지 점검한다.

오리엔테이션에는 부모와 교육기관과의 교류가 많이 일어나는 행사이므로 함께 온 영유아를 위한 코너를 반드시 마련한다. 영유아를 위한 코너가 마련되어 있지 않으면 입학할 영유아뿐 아니라 형제 · 자매, 동생 등을 맡길 곳이 없어 참여율이 낮아지거나, 부모와 함께 긴 시간 진행되는 행사에 부모들 역시 집중도가 떨어질 수 있다. 오리엔테이션이라 해서 교육기관의 설명만 일방적으로 하기보다는 교육기관에 대한 궁금증이 많은 시기이므로 학부모의 궁금증과 요구를 들어보는 시간을 마련하면 학부모의 생각과 의견이 교육현장에 반영되어 교육과정이 운영된다는 기대감에 학부모들에게는 소속감이 생기고 교육기관의 신뢰도 향상될 수 있다.

신입생 오리엔테이션 안내

안녕하세요?
새롭게 ○○○○ 가족이 되신 부모님을 환영합니다.
'올해에는 예쁜 아이들과 어떤 행복한 추억을 만들게 될까?'하는 마음에 ○○○○ 유치원 친구들을 기다리는 교사들의 마음은 하루하루가 설레고 기대가 됩니다.
설레는 마음으로 부모님들을 모시고 ○○○○년 ○○○○유치원 오리엔테이션을 실시하고자 합니다. 아래의 일정을 참고하시어 부모님들의 많은 관심과 참석 부탁드립니다.

오리엔테이션 일정

- 일시 : ○○○○년 ○월 ○일 오전 ○○시
- 내용 : 유치원 교육 프로그램 안내
  유치원 생활안내 및 교사 소개
  유치원 적응을 위한 부모의 역할

그림 7-8 오리엔테이션 안내의 예

그림 7-9 운영안내문의 예

오리엔테이션의 경우 기관에 대한 정보를 제공받을 수 있다는 장점이 있으나, 맞벌이 가정 등 참여가 어려운 가정의 경우 정보의 부재로 인하여 소속감을 느끼지 못하거나 원 생활에 대한 이해가 낮아짐으로써 자녀의 원활한 적응을 위한 지원이 어려울 수 있다. 따라서 오리엔테이션의 계획 및 진행할 때에는 참석자뿐만 아니라 참여하지 못한 가정을 위한 안내가 이루어져야 한다. 참여하지 못한 가정의 경우 안내책자 및 전화상담 등을 통해 정보를 제공할 수 있는 대안이 반드시 마련될 수 있도록 준비한다.

2) 입학식

입학은 새로 입학하게 되는 영유아뿐 아니라 부모, 교사에게도 가장 긴장되는 일이다. 영유아교육기관은 입학식 참석 유무 확인 전화부터 입학식을 마치고 부모에게 인계될 때까지 일어날 모든 상황과 환경에 대한 계획을 꼼꼼히 확인하고 준비해야 하며 교육기관에서의 첫날이 영유아에게 행복한 경험이 될 수 있도록 최선을 다해 준비해야 한다. 교육기관에서의 첫 인상이 편안하고 즐겁고 행복한 장소가 될 수 있도록 재학생이나 교사의 축가나 연주, 인형극이나 마술쇼와 같이 영유아가 흥미를 가질 수 있을 만한 프로그램을 함께 진행하는 것도 좋은 방법이 된다. 아직 교육기관에 적응하기 전이므로 장시간 주의집중을 요구하는 활동은 지양한다. 교육기관의 특성에 따라 부모가 참석하는 경우도 있으나 대부분의 교육기관에서는 부모의 참석 없이 진행된다.

입학식의 경우 영유아로 하여금 소속감을 느끼고, 원 생활에 대한 기대감을 가지게 할 수 있다는 장점이 있으나 부모와 떨어져 처음으로 새로운 환경에 적응해야 하는 날인만큼 다양한 돌발행동 또는 부적응행동들이 나타날 수 있다. 따라서 영유아에게 나타날 수 있는 불안함을 해소할 수 있도록 교사들은 충분히 영유아들을 따뜻하게 맞이해 주고, 신뢰감을 심어줄 수 있도록 하며, 기관에 흥미와 기대를 가질 수 있는 환경을 마련해야 한다.

3) 부모상담(면대면, 전화)

부모상담은 교사와 부모가 영유아에 관한 정보를 직접적으로 주고받으므로 개별 영유아의 생활지도 및 교육의 효과를 끌어올리는 가장 확실한 방법 중 하나이다. 또한 지속적인 소통으로 부모의 교육기관에 대한 신뢰를 높일 수 있는 좋은 방법이다. 부모상담은 비슷한 발달과 고민을 가진 부모들이 모여 집단상담으로 진행하거나 아동의 특성을 반영한 개별상담으로 진행될 수 있다. 학기 초 상담에서는 주로 영유아의 초기 적응을 위해 아동의 성향, 기질, 가정에서의 모습 등에 관한 정보를 부모가 제공하고 학기 말 상담에서는 교육기관에서 일어난 생활과 발달의 전반적인 정보를 교사는 객관적인 관찰자료를 제시하여 제공한다. 효율적인 상담을 위해 부모는 평소 자녀의 생활에 대해 궁금했던 사항 등을 메모하여 미리 알리면 더욱 의미 있는 상담이 진행될 수 있다. 교사는 효율적인 면담을 위해 교육과정에 방해가 되지 않는 부모가 편안한 시간에 방문할 수 있도록 안내하고 대화를 위한 편안한 분위기를 조성한다. 또한 교사의 주관적 판단이 아닌 최대한 객관적 자료를 준비하여 정확한 정보를 제공하도록 노력해야 하는데, 이를 위해 필요한 자료로는 활동사진, 활동자료, 포트폴리오, 체크리스트, 표준화 검사 등이 있다.

상담의 경우 자녀양육 어려움에 대한 고민을 공유하고, 적절한 양육방법에 대한 정보를 제공하며, 자녀발달을 지원하고자 함께 협력할 수 있는 협력자로서 기관의 신뢰감을 심어줄 수 있다는 장점이 있다. 반면, 상담시간 동안 교사가 부모에게 정확한 정보를 제공하지 않거나 객관적인 정보가 아닌 주관적인 시각으로 자녀를 바라볼 경우 부모로 하여금 기관에 대한 신뢰감을 떨어뜨릴 수 있으므로 주의하여야 한다. 또한 교사는 우월한 위치가 아닌 동등한 협력자의 위치에서 부모에게 정보를 제공하여 부모로 하여금 거리감을 주거나 죄책감을 느끼지 않도록 주의해야 한다.

효율적인 부모상담을 위한 교사의 평가항목을 다음과 같이 설정할 수 있다.

- 유아의 가정환경에 대해 미리 충분히 알아두었는가?
- 학기 초부터 여러 방법으로 유아에 대한 다양한 정보를 수집했는가?
- 부모가 면담을 기다리는 동안 볼 수 있도록 유아들의 작품이나 학습 결과물의 포트폴리오 등을 전시해 두었는가?
- 부모가 기다리는 동안 먹을 간식이나 음료 혹은 읽을 책을 준비해 두었는가?
- 학급 환경 구성을 유아들의 작품과 결과물 등으로 꾸며 놓았는가?
- 부모를 따뜻하게 환영하며 맞이했는가?
- 상담을 긍정적인 말로 시작했는가?
- 부모의 욕구와 이해수준에 맞추어 면담을 조정했는가?
- 면담의 목표가 명료했는가?
- 부모가 이해할 수 있는 언어를 사용하고 전문적인 용어나 어려운 말을 피했는가?
- 반영적 경청을 실천했는가?
- 의사소통이 일방적이지 않고 상호 간에 오가는 것이었는가?

- 부모나 유아를 다른 사람과 비교하지 않았는가?
- 발전 방향에 대해 함께 의논했는가?
- 요약하여 부모에게 설명했는가?
- 팔로업(follow up : 재확인)을 했는가?
- 정해진 시간을 지켜서 마쳤는가?

출처 : 윤혜경(2014) 재인용.

정기적인 대면 상담 외에도 전화상담은 하루 일과 중 일어났던 특이사항이나 발달사항을 필요할 때마다 수시로 교환할 수 있고, 특별한 용건이 없더라도 안부를 묻거나 친밀감 형성에 좋은 상담방법이다. 전화상담도 미리 시간을 정하고 상담하는 것이 좋으며 전화예절이나 표현 등에 더욱 신경 쓴다. 전화상담의 내용도 일지에 꼼꼼히 메모해 두면 이후 상담과 아동의 지도에 유용한 자료로 활용할 수 있다.

최근에는 모바일 애플리케이션이나 SNS를 통해 상담이 진행되기도 하는데, 이러한 방법은 다른 면대면 상담, 전화상담에 비해 시간적 · 공간적 제약을 넘어 실시간으로 빠르게 소통할 수 있는 장점이 있으나 짧은 문장이나 단어 등으로 자녀의 발달을 설명하기에는 많은 위험성을 가지고 있고 친구추천이나 사진첩 공개 등 교사와 학부모 모두의 사생활에 영향을 줄 수 있으므로 주의한다. 또한 너무 늦은 시간이나 다른 교육활동에 방해되는 시간은 피하도록 한다.

상담기록부는 영유아발달평가에 매우 중요한 자료로 쓰이므로 어떤 방식의 상담이든 상담의 내용은 반드시 상담기록부를 작성하여 기록해두도록 한다. 표 7-3은 상담기록부의 예이다.

표 7-3 상담기록부의 예

○○○○년도 1학기 학부모 상담기록부

원아명	○ ○ ○	상담일시	○월 ○일 ○시 ○분
상담 내용	가정		유치원
1. 성향 (성격, 생활습관)	• 칭찬받고 싶은 욕구 강함 • 유치원 생활을 무척 즐거워 함(원에서의 경험 등의 대화가 자주 이루어지는 편임) • 속상한 것은 울음으로 표현함		• 칭찬 및 관심을 받고 싶은 욕구가 강함 • 활동을 할 때에 적극적으로 참여하려는 의욕을 보임 • 실수 및 실패에 대한 두려움이 큼
2. 건강	• '하루 밥 3끼는 꼭 먹자'하는 신조를 가지고 시간에 맞추어 식사함 • 채소, 매운 음식에 대한 거부. 한 개씩만 먹기로 약속함		• 대근육 · 소근육활동이 고르게 이루어짐 • 편식(김치, 채소, 매운 음식 거부)
3. 놀이 (또래관계)	• 가정 내에서는 또래보다는 형과 놀이하는 시간이 대부분임(형의 행동을 모방하는 놀이가 대부분임)		• 언어영역, 수 · 조작놀이를 즐김 • 도움이 필요한 친구를 도와주려는 이타심이 강함
4. 특이 사항	• 차를 탈 때 멀미가 심함 – 현장학습을 갈 때 무척 긴장함 – 현장학습 날에는 멀미약을 가방에 넣어 보내 주실 예정임		• 자신의 생각대로 결과가 나타나지 않거나 실패했을 경우 자신의 생각을 울음으로 표현하는 모습이 자주 보임
5. 지향점	• 처음 하는 사회생활이라 유치원에서 스트레스를 받지는 않을까 걱정을 많이 했는데, 다행히 잘 적응하고 있어서 지금처럼 즐겁게 다닐 수 있도록 노력할 예정임 • 실패에 대한 두려움 및 자신의 생각을 울음으로 표현하려는 점을 고치기 위하여 노력할 예정임		• 거부했던 음식에 대해 호기심을 갖고 탐색할 수 있는 기회를 제공하고, 거부했던 음식의 경우 아주 작은 만큼만 배식하여 부담을 줄여주어 스스로 다양한 음식에 관심을 갖고 탐색 및 맛볼 수 있도록 지속적으로 지도 • 자신의 생각을 긍정적인 방법(언어 등)으로 표현할 수 있도록 지도
6. 비고	• 현장학습 일에 보내주시는 멀미약 확인하기		

○○○○ 유치원

4) 부모참관

부모참관은 교육기관에서 진행되는 영유아들의 수업과 일과를 지켜보며 자녀의 발달 및 생활에 대한 부모의 궁금증을 해소하고 교육기관의 교육 방향을 알리는 데

수업참관 안내문

○○유치원을 사랑으로 응원해주시는 학부모님들께 깊은 감사드립니다.
수업참관을 하는 부모님께서는 다음과 같은 사항에 유의해 참관해 주세요.

- **다른 친구들과 비교하지 마세요.**
  - 아이들의 발달속도는 개인에 따라 많은 차이가 나고 잘할 수 있는 일도 많이 달라요.
- **참관 후 이렇게 이야기하면 자녀의 마음이 어떨까요?**
  - 집에선 그렇게 소리 지르면서 넌 왜 발표도 못하니?
  - 왜 가만히 앉아 있지를 못하니? 친구들은 다 잘 놀이하던데!
  - 너 아까 이렇게 하더라? 그러면 안 돼!
- **응원과 격려가 필요합니다.**
  - 부모님들이 지켜본다는 생각에 평소보다 더 위축되거나 흥분하는 등 다른 모습을 보일 수 있습니다. 걱정스러운 표정보다는 환한 미소로 응원해 주세요.
- **관찰한 내용을 기록해 두세요.**
  - 관찰한 내용을 기록해 두면 담임 선생님과의 상담 시 중요한 자료로 쓰일 수 있습니다.

그림 7-10 수업참관 안내문의 예

목적이 있다. 부모참관은 연중 실시할 수 있으나 영유아가 어느 정도 교육기관 생활에 적응한 이후가 바람직하며 특별한 프로그램이나 활동보다는 교육기관에서 일상적으로 이루어지는 활동과 생활을 자연스럽게 관찰하고 교육기관과 자녀에 대한 이해를 넓히는 방향으로 계획하는 것이 바람직하다. 자녀의 발달과 생활에 대한 관찰이 목적이므로 교육기관에서는 영어, 체육, 미술 퍼포먼스 등의 특별활동 프로그램보다는 교육과정 속의 일과에 대한 참관이 이루어질 수 있도록 프로그램을 계획하는 것이 좋으며 영유아의 자연스러운 모습 관찰을 위해 부모는 수업과 일과에 방해가 되는 일이 없도록 사전에 충분히 주의사항을 공지한다.

최근에는 직접 방문 없이 웹캠을 활용한 참관도 이루어지고 있다. 이는 교실 내 안전사고 예방과 학부모의 궁금증을 실시간으로 해소할 수 있는 장점을 가지고 있으나 대부분 음성지원이 되지 않으므로 카메라 각도에 따라 오해의 소지가 생길 수 있다. 또한 다른 영유아와 교사의 사생활 보호에도 문제가 생길 수 있으므로 유의해야 한다.

5) 부모참여수업

부모참여수업은 부모가 영유아들의 수업에 직접 참여하여 자녀와 함께 활동을 진행함으로써 교육기관의 교육 프로그램과 자녀의 생활에 대한 깊이 있는 이해를 할 수 있는 장점이 있다. 교육기관의 입장에서도 교육기관의 오리엔테이션이나 입학식 등에서 설명으로만 진행했던 일과운영을 부모가 직접 참여해 봄으로써 원 생활에 대해 자연스럽게 접하고 부모의 협조와 신뢰를 얻는 효과가 있다. 참여수업은 참관수업과 엄연히 목표가 다르기 때문에 부모는 관찰자적 역할이 아닌 놀이 참여자로서 모든 순서에 아이들과 함께 할 수 있도록 진행되어야 하며, 교사는 부모들과 자녀들이 활동 중 상호작용과 소통에 문제가 없는지 관찰하고 필요한 경우에만 도움을 주고 개입을 최소화한다. 유아의 성향에 따라 일상과 다른 의존된 행동이나 과장 혹은 축소된 행동을 보일 수 있음을 사전에 안내하여 자녀의 행동에 의연하게 대처할 수 있도록 한다.

부모참여수업은 교육기관특성에 따라 실내 또는 실외에서 진행하며 일반적으로 2시간 내외로 진행된다. 대집단활동과 개별활동을 병행하고 부모와 함께하는 시간을 늘려 부모와 아동 모두 기다리는 시간이 없도록 계획한다. 참여수업에서 진행할 수 있는 활동으로는 신체활동, 미술활동, 요리활동, 음률활동 등 교육기관에서 이루어지는 모든 활동이 가능하며 참여수업을 위한 특별한 이벤트를 준비하기 보다는 생활주제와 연계된 통합적인 활동으로 자연스럽게 전개하는 것이 바람직하다. 평소 아이들이 생활하는 공간에 많은 가족들이 함께 하므로 이동 동선에 주의하고 교육기관 내 공간을 최대한 활용한 순환식 프로그램으로 진행하여 공간과 인력의 효율성을 높일 수 있다.

최근에는 아빠의 양육참여 확대 분위기로 인해 아빠 참여수업을 하는 교육기관이 급격히 늘어나는 추세이다. 사회적인 분위기에 휩쓸려 미디어에서 유행하는 교육기관의 일방적인 프로그램 진행은 아빠들의 참여도와 육아에 대한 관심을 오히려 떨어뜨릴 수 있음을 유의하고 아빠들의 특성을 먼저 이해할 필요가 있다. 육아에

부모참여수업 ○○○반 일정표

○○○○ 부모참여수업에 참석해 주신 가족 여러분께 감사드립니다. 소중한 시간을 내어 찾아주신 만큼 ○○○○ 아이들과 더 없이 즐겁고, 보람된 하루가 되시길 소망합니다.

10 : 00 ~ 10 : 30 인사 나누기 & 부모교육

10 : 30 ~ 11 : 00 아름다운 무지개(음률활동)

11 : 00 ~ 11 : 30 신나는 건빵놀이(게임)

11 : 30 ~ 12 : 00 똑딱똑딱 시계 꾸미기(조형활동)

12 : 00~ 인형극 감상(팥죽할머니와 호랑이) 및 설문지 작성

○○○○ 어린이집

그림 7-11 부모참여수업 일정표의 예

활발하게 참여하는 아빠를 지칭하는 프랜디Friendy, 프랜드(friend)와 대디(daddy)의 합성어라는 신조어가 등장할 정도로 아빠의 육아에 대한 관심이 높아졌다. 빅데이터 분석을 통한 부모교육의 연구에서도 유아교육 관련 키워드에서 아빠는 가장 높은 매개 중심성을 보이며 위의 내용을 증명한다. 아빠들의 논리적인 특성과 활동적인 장점을 잘 활용한 아빠 참여수업의 계획은 아빠의 양육참여뿐만 아니라 자녀들의 발달에도 긍정적인 영향을 미칠 수 있다. 이에 영유아교육기관은 아빠들이 자녀들과 함께 공유하고 즐거워할 수 있는 놀이를 연구하여 소개하고 안내하는 역할을 담당해야 한다.

부모참여수업일에는 교육기관과 교실에 아이들의 이전 작품을 전시하여 부모의 자녀에 대한 이해를 높일 수 있도록 하되, 다양한 작품을 전시하고 작품이 빠진 아

이가 없는지 꼼꼼하게 확인하도록 한다. 또한 부모참여수업의 특성상 평소와 다른 교육환경으로 영유아가 보통의 일상생활과는 다른 모습을 보일 수 있으므로 미리 부모에게 충분한 이해를 구하고 평소와 다른 모습을 보인 영유아의 경우는 반드시 상담하여 자녀발달에 대한 오해가 없도록 한다. 그림 7-12는 부모참여수업 설문지

부모참여수업 설문지

오늘 수업에 함께 하여 주심을 감사드립니다. 기대하고 오셨던 것만큼 즐거운 만족이 있으셨기를 바라며 앞으로 더 나은 발전하는 ○○○○어린이집이 되기 위하여 아래와 같은 설문 내용을 참고하고자 하오니 부모님들의 소중한 의견 부탁드립니다.

1. 오늘 활동 중에 가장 즐거웠던 활동은 무엇입니까?

2. 단체생활에서 발견한 자녀의 모습은 어떤가요?

3. ○○○○ 어린이집에 다닌 후로 좋은 발전이 있다면 어떤 것인가요?

4. 부모님이 생각하는 ○○○○ 어린이집의 자랑거리는 무엇인가요?

5. 앞으로 보완되었으면 하는 것이 있다면 적어주세요.

6. 어린이집 교사들을 보면 어떤 단어가 가장 먼저 떠오르시나요?

7. 원장선생님, 또는 담임 선생님께 부탁하고 싶은 말씀이 있다면 적어주세요.

질문에 응답해 주셔서 감사합니다

○○○○ 어린이집

그림 7-12 부모참여수업 설문지의 예

의 예이다.

참여수업 후에는 부모의 평가를 통해 부모의 의견을 듣고 다음 교육과정에 반영하여 가정과 교육기관의 교육적 협력을 강화한다.

6) 강연회

강연회는 단시간에 많은 인원에게 지식과 정보를 전달할 수 있는 방법으로 학부모의 관심사를 반영하여 전문가를 초빙, 강의를 듣는 방법이다. 부모참여를 높이기 위해 가능한 많은 부모가 참여할 수 있는 일시를 정하고 미리 공지한다. 또한 부모가 관심 있는 주제를 미리 조사하고 계획할 수 있는데, 일반적으로 자녀발달의 이해, 자녀와 소통하는 방법, 문제행동의 이해와 지도, 동화 읽어주기 및 독서지도, 아빠와 소통하는 놀이법, 성교육, 인성 및 도덕성 지도, 창의성 기르기 등의 주제로 진행이 되며 최근에는 부모-자녀관계나 양육에 대한 주제뿐 아니라 남편과 아내의 관계, 양육 스트레스, 부모 스스로의 자존감 키우기 등 부모 개개인의 문제에도 많은 초점이 맞추어져 계획되고 있다.

강사 섭외나 강의료 등 교육기관에서 진행하는 데 어려움이 있다면 지역사회나 연합회, 교육청 등에서 진행하는 강연회를 찾아서 안내하는 것도 좋은 방법이며, 이러한 경우 일회성 교육이 되지 않도록 가정에서 연계될 수 있는 프로그램을 제공해 주어야 한다.

7) 부모 소모임

부모 소모임은 학부모들의 관심도가 높은 특정한 주제를 선정하여 학부모와 원장, 교사 혹은 전문가의 참여로 서로 의견과 경험을 나누고 토론하여 학습하는 부모교육방법이다. 소모임은 일방적인 강연과는 다르게 참여자의 관심도와 수준에 맞게 토론의 주제와 내용을 변경할 수 있는 장점을 가지고 있다.

교육기관에서는 소모임 진행에 방해가 되는 요소를 점검하여 장소를 마련하고 내용에 따라 경험 공유, 토의 및 토론, 사례발표, 워크숍, 역할극, 교수법, 토의한 방법 적용 후 결과 보고 등 다양한 방법으로 적용할 수 있다.

영유아가 아닌 성인교육의 수준과 주제에 대한 관심이 있는 부모 소모임의 특성상 소모임을 주관하는 교육기관 교직원의 전문성이 더욱 요구되며, 진행자로 참여하게 되는 원장 혹은 교직원의 경우에는 일반적인 친목 모임이 되지 않도록 주제에 관한 집중도를 올리거나 시간 조절 등의 노련한 진행능력이 요구되므로 소모임 전 많은 연구와 노력이 필요하다.

부모소모임은 학습한 내용을 직접 적용해 봄으로써 부모 자신의 유능감과 양육효능감 향상에 도움을 줄 수 있으며, 지속적으로 운영할 경우 교육기관에 대한 신뢰도 향상과 자녀의 바람직한 양육환경조성에도 영향을 미칠 수 있다.

8) 부모 자원을 활용한 재능기부

지역사회 자원과의 협력 및 활용의 측면에서 가장 영유아교육기관에 근접한 자원은 학부모이다. 학부모는 자신의 재능이 교육기관에 활용됨으로써 자녀들의 활동전개에 도움을 줄 수 있고 부모 자신도 유능감이 향상될 수 있다. 부모 자원 활용을 위한 내용으로는 보조교사의 역할로서 급・간식 보조, 요리 및 현장학습 보조, 텃밭 및 숲 놀이 보조 등 수업과 일과의 보조활동으로 참여할 수 있고 소방관, 경찰, 의사, 악기연주 등 부모가 가진 특정 전문지식을 활용하여 교육기관의 교육활동에 도움을 줄 수도 있다. 또한 크리스마스, 문화공연, 시장놀이, 어린이날 등 행사의 보조활동으로 도움을 줄 수 있으며, 교재・교구 제작, 도서관, 환경미화, 등・하원 지도 등 교육기관의 다양한 부분에서 활동할 수 있다. 부모자원 활용을 위해 교육기관은 부모의 자원과 재능을 사전에 조사하여 자발적인 참여가 이루어지도록 하여야 한다. 교육기관에서는 부모 자원을 활용한 경우 반드시 감사의 표현으로 부모 자원을 활용한 재능기부가 교육적인 가치가 높은 일임을 확인해야 한다.

9) 가족행사(체육대회, 학습발표회, 음악회, 캠프, 등반대회 등)

가족행사란 교육기관에 등록된 영유아와 그 가족구성원이 모두 활동에 참여하는 것을 의미하고 대표적인 가족행사로는 체육대회, 학습발표회, 음악회, 캠프, 등반대회 등이 있다. 가족행사의 장점으로는 아이들에게는 교육적인 의미를 주면서도 교육기관에 소속감을 강화하고 교육기관과 가정에 의미 있는 교류가 일어나는 효과가 있다.

체육대회, 등반대회, 캠프 등의 신체적 활동은 함께 신체활동에 참여함으로써 에너지를 발산하고 교육기관 구성원의 단합에 목적이 있으므로 모든 구성원의 고른 참여 유도가 필요하다. 구성원의 단합을 목적으로 하므로 편 나누기와 승패에 너무 민감하게 반응하지 않도록 프로그램을 구성하고 교육적인 의미가 퇴색되지 않도록 한다.

학습 발표회나 음악회, 전시회 등 영유아의 예술적 활동이 요구되는 행사에는 유아의 성취감과 교육기관의 교육과정에 대한 신뢰감 및 감사함을 갖는 기회가 된다. 각 행사마다 세부적인 목적과 내용은 다르지만 행사를 통해 가정에서는 교육기관에 대한 깊은 이해와 신뢰가 형성될 수 있다.

최근 이러한 행사를 전문 이벤트 업체에 맡겨 행사의 재미와 즐거움만을 살리는 경우를 볼 수 있는데, 가족행사의 교육적인 목적과 효과를 생각해 볼 때 행사의 계획 준비단계에서 교육기관의 주도적이고 적극적인 참여가 필요하다.

그림 7-13, 7-14는 행사계획안과 행사평가표의 예이다.

○○○○ 행사계획안

<table>
<tr><td colspan="3">작성자 :</td><td rowspan="3">결
재</td><td>담당</td><td>원감</td><td>원장</td></tr>
<tr><td colspan="3">작성일 : ○○○○ 년 ○ 월 ○○ 일</td><td rowspan="2"></td><td rowspan="2"></td><td rowspan="2"></td></tr>
<tr><td colspan="3">연령 :　　　　세</td></tr>
<tr><td colspan="3">일시 : ○○○○년 ○월 ○○일</td><td colspan="4">장소 :</td></tr>
<tr><td colspan="7">목적 :</td></tr>
<tr><td rowspan="2">행사
일정</td><td>시간</td><td colspan="3">활동 내용</td><td colspan="2">준비물</td></tr>
<tr><td></td><td colspan="3"></td><td colspan="2"></td></tr>
<tr><td rowspan="3">평가준거
및 평가</td><td colspan="4">평가준거</td><td>예</td><td>아니오</td></tr>
<tr><td colspan="4"></td><td></td><td></td></tr>
<tr><td colspan="4"></td><td></td><td></td></tr>
<tr><td colspan="7">○○ 유치원</td></tr>
</table>

그림 7-13 행사계획안의 예

○○○○ 행사평가표

<table>
<tr><td colspan="3">작성자 :</td><td rowspan="3">결
재</td><td>담당</td><td>원감</td><td>원장</td></tr>
<tr><td colspan="3">일시 : ○○○○년 ○월 ○○일 ○시 ○분</td><td rowspan="2"></td><td rowspan="2"></td><td rowspan="2"></td></tr>
<tr><td colspan="3">장소 :</td></tr>
<tr><td>사전준비 평가</td><td colspan="2">행사진행 평가</td><td colspan="4">장소 및 역할분담 평가</td></tr>
<tr><td></td><td colspan="2"></td><td colspan="4"></td></tr>
<tr><td colspan="7">[평가준거에 따른 활동평가]</td></tr>
<tr><td colspan="7">[종합평가]</td></tr>
<tr><td colspan="7">○○ 유치원</td></tr>
</table>

그림 7-14 행사평가표의 예

10) 운영위원회

영유아에 대한 전문적 지식을 갖춘 영유아교육기관, 자녀에 대한 구체적인 정보를 제공하는 학부모, 교육기관이 속한 지역사회가 함께 협력적인 관계를 유지하여 교육의 효과를 극대화할 수 있다. 우리나라 유치원 운영위원회는 선진 유아제도 구축의 일환으로 2008년 9월에 도입되어 시행되었고 어린이집 운영위원회는 보육의 질적 수준 제고를 위한 조치로 2012년부터 적용된 국가정책의 일환이다.

영유아교육기관은 기관장, 교사, 부모, 지역사회 인사가 고루 포함된 운영위원회를 구성하고 정기적인 소통으로 교육기관의 운영을 위한 여러 사안과 현안에 대해 회의를 진행하고 소통하여야 한다.

운영위원회 회의록

<table>
<tr><td>일시</td><td colspan="4">○○○○년 ○월 ○일 ○요일 (○○○○년도 1차)
개회시간 : 오후 ○시 / 폐회시간 : 오후 ○시</td><td colspan="2">위원장</td><td colspan="2">원장</td></tr>
<tr><td>장소</td><td colspan="4">원내 회의실</td><td colspan="2">○○○(인)</td><td colspan="2">○○○(인)</td></tr>
<tr><td rowspan="8">출석
위원
현황</td><td>총원</td><td>참석</td><td colspan="2">불참</td><td colspan="4">참관인 (총 5명)</td></tr>
<tr><td rowspan="7">○○○
○○○
○○○
○○○
○○○</td><td rowspan="7">○○○
○○○
○○○
○○○
○○○</td><td colspan="2" rowspan="7"></td><td colspan="2">성명</td><td colspan="2">직위</td></tr>
<tr><td colspan="2">○○○</td><td colspan="2">학부모</td></tr>
<tr><td colspan="2">○○○</td><td colspan="2">학부모</td></tr>
<tr><td colspan="2">○○○</td><td colspan="2">학부모</td></tr>
<tr><td colspan="2">○○○</td><td colspan="2">학부모</td></tr>
<tr><td colspan="2">○○○</td><td colspan="2">학부모</td></tr>
<tr><td colspan="2"></td><td colspan="2"></td></tr>
<tr><td>구분</td><td colspan="8">회의 내용</td></tr>
<tr><td>토의
안건</td><td colspan="8">1. 운영위원회 위원장 선출
2. 현장학습 장소 협의 및 부모 자원 활용 여부
3. 하복 선정에 관한 논의
4. 어린이집 운영 전반에 관한 논의</td></tr>
<tr><td>토의
및
의결
사항</td><td colspan="8">1. 운영위원장 : ○○○ 부모님 ○○○ 님
2. 현장학습 장소는 차량이동 ○분 거리 ○○○로 선정, ○○○부모님 현장학습 일일도우미로 지원
3. 하복은 흰색 반팔 티셔츠로 선정 / 디자인은 추후 부모님 및 원아 투표로 결정
4. 건의사항 및 개선점 익월 회의 시 협의 예정</td></tr>
<tr><td>특이
사항
및
비고</td><td colspan="8"></td></tr>
<tr><td>출석
위원</td><td>위원 1</td><td>위원 2</td><td>위원 3</td><td>위원 4</td><td>위원 5</td><td>위원 6</td><td>위원 7</td><td>위원 8</td></tr>
<tr><td>확인</td><td>○○○</td><td>○○○</td><td>○○○</td><td>○○○</td><td>○○○</td><td></td><td></td><td></td></tr>
</table>

그림 7-15 운영위원회 회의록의 예

어린이집 운영위원회

1. 설치 및 운영

- 어린이집의 원장은 어린이집 운영의 자율성과 투명성을 높이고 지역사회와의 연계를 강화하여 지역실정에 맞는 보육을 실시할 수 있도록 하기 위하여 부모협동 어린이집을 제외한 모든 어린이집에서는 어린이집 운영위원회를 설치 · 운영하여야 함
  ※ 운영횟수 : 반기별 1회 이상
  ※ 다만, 사회복지법인 및 사회복지시설 재무 · 회계규칙에 따른 예 · 결산 보고 등은 반드시 실시하여야 함
- 어린이집 운영위원회는 그 어린이집의 원장, 보육교사 대표, 학부모 대표 및 지역사회 인사(직장 어린이집의 경우에는 그 직장의 어린이집 업무 담당자)를 포함한 5명 이상 10명 이내로 구성
  ※ 소규모 가정 어린이집의 경우 지역사회 인사는 제외할 수 있음
- 운영위원회의 위원장은 보육교직원이 아닌 위원 중에서 호선
- 운영위원회의 회의는 상 · 하반기 각 1회 이상 개최하고 공개를 원칙으로 하며, 회의록을 작성 · 보관

2. 기능

어린이집 운영위원회는 다음 각 호의 사항을 심의

- 어린이집 운영규정 제 · 개정에 관한 사항
- 어린이집의 예산 및 결산의 보고에 관한 사항
- 영유아의 건강, 영양 및 안전에 관한 사항
- 보육시간 · 보육과정의 운영방법 등 어린이집의 운영에 관한 사항
- 보육교직원의 근무환경 개선에 관한 사항
- 영유아의 보육환경 개선에 관한 사항
- 어린이집과 지역사회의 협력에 관한 사항
- 보육료 외의 필요 경비를 받는 경우, 「영유아보육법」 제38조에 따른 범위에서 그 수납액 결정에 관한 사항
- 그 밖에 어린이집 운영에 대한 제안 및 건의사항

출처 : 영유아보육법 제25조, 시행령 제21조의 2, 시행규칙 제26조

CHAPTER

08

부모교육의 문제점 및 해결방안

1. 부모교육의 문제점 | 2. 부모교육 프로그램의 효과적인 운영을 위한 전략

CHAPTER 08

현재 실시되고 있는 부모교육은 최근의 사회적 변화에 따라 효율성과 함께 문제점으로 지적되는 부분들이 있다. 부모교육의 중요성이 강조되고, 부모교육 참여자가 다양화되고 있는 가운데 현재 진행되고 있는 부모교육 프로그램의 문제점과 그에 따른 해결방안을 제고해 보고 성공적인 부모교육을 위한 전략을 생각해 보고자 한다.

1. 부모교육의 문제점

우리나라의 부모교육은 1914년 유치원 어머니를 대상으로 진행되기 시작하여 1979년 '세계 어린이 해'를 기점으로 널리 부모교육의 필요성이 알려지게 되었다.

최근 영유아기 초기 경험의 중요성이 대두되면서 영유아기에 대한 부모의 관심이 점차 증대되고 있다. 또한 현대사회의 핵가족생활을 하는 젊은 부모들은 과거와 달리 부모역할 수행에 관한 조언 및 도움을 가족 내에서 받기 어려울 뿐만 아니라 관련된 정보의 홍수 속에서 어떠한 정보를 선택해야 하는지 많은 갈등을 겪고 있다. 또한 교육기관에서 운영되는 부모교육 프로그램에 어머니들이 주로 참여해 왔던 것과는 달리 최근에는 아빠들의 참여가 늘어나고 있는 추세이므로 이전의 어머니 중심의 부모교육 내용을 아빠 혹은 육아를 담당하고 있는 조부모에게도 필요한 내용을 추가할 필요가 있다.

이처럼 현재 실시되고 있는 부모교육은 최근의 사회적 변화에 따라 효율성과 함께 문제점으로 지적되는 부분들이 있다. 부모교육의 중요성이 강조되고 부모교육 참여자가 다양화되고 있는 가운데 현재 진행되고 있는 부모교육 프로그램의 문제점을 살펴보면 다음과 같다.

1) 부모교육의 필요성 및 부모역할의 중요성에 대한 인식이 부족하다

부모라면 누구나 좋은 부모가 되길 원한다. 또한 자신의 자녀들이 건강하고, 행복하게 자라길 소망한다. 그러나 '부모가 되는 사람은 많지만 좋은 부모가 되는 사람은 많지 않다'는 말이 있듯이 좋은 부모가 된다는 것은 쉽지 않은 일이다.

최근에는 다양한 서적 또는 인터넷 검색을 통한 손쉽게 구할 수 있는 자녀발달 및 양육에 대한 정보와 자녀의 문제행동을 수정하는 방법을 배울 수 있는 TV 프로그램 등을 통해 많은 부모들은 쉽게 전문가가 될 수 있으리라는 막연한 기대를 갖는다. 이에 부모교육에 참여하기보다는 쉽게 구할 수 있는 부모교육자료에 의존한다. 이러한 기대와 양육에 관련된 많은 정보는 자녀양육에 자신감을 심어주고, 양육기술 실천에 도움이 되기도 하지만 자녀의 특성과 발달에 맞지 않는 양육법이나 검증

되지 않는 정보와 같이 잘못된 양육지침을 따르는 경우 자녀양육에 부정적인 영향을 미칠 수 있다.

또한 양육의 기술 실천이 어렵거나 양육효능감이 낮은 경우에는 가정 이외의 교육시설에서 자녀의 양육과 교육을 대신해 주길 기대하며 부모교육에 대한 참여 의지를 갖기보다는 양육의 책임 전가에 더 큰 비중을 두기도 한다. 그러나 자녀의 이러한 교육시설에서의 경험은 부모의 역할과는 별개의 것이다. 따라서 부모들은 어떠한 상황에서도 부모의 역할을 대신해주기보다는 본인 스스로 부모교육의 필요성 및 중요성에 대해 인식하고, 스스로 참여하고자 하는 의지를 가져야 한다.

2) 부모교육의 대상이 편중되어 있다

과거 영유아교육기관에서 실시하는 부모교육의 명칭으로 '어머니 참여수업', '어머니 교육'이라는 말을 써왔던 것처럼 부모교육의 대상은 주로 어머니가 되어 왔다. 그러나 과거 아빠가 도구적 역할을 수행해 왔던 것과는 달리 최근에는 아빠의 양육 참여시간 및 양육에 대한 관심이 증가하고 있다.

특히, 여성의 사회적 진출로 인한 맞벌이 가정의 증가는 편중된 부모역할 수행에서 벗어나 아빠의 양육참여뿐 아니라 조부모, 친인척 및 베이비시터 등 다양한 양육자가 공동으로 양육을 하게 되는 계기가 되었다. 이처럼 가정마다 동일한 대상이 아닌 각기 다른 환경 속 다른 양육자에 의해 양육되고는 있으나 부모교육은 어머니를 대상으로 하는 프로그램들이 대부분 시행되고 있는 실정이다.

부모교육의 대상자가 많이 확대되었다고 해도 어머니에서 부부 공동의 역할로 확대되었을 뿐 그 이외의 양육자를 대상으로 한 부모교육 프로그램은 거의 시행되고 있지 않다. 따라서 시대의 흐름에 따라 자녀의 양육형태가 지속적으로 변화하고 있음을 고려하여 각각의 양육 대상에 맞는 부모교육을 실행하는 것이 필요하다.

3) 부모교육의 내용이 다양화되어 있지 않다

부모교육의 문제점 중 하나는 부모교육의 내용이 다양화되어 있지 않다는 것이다. 우리나라의 자녀들은 모두 다른 지역, 다른 형태의 가정 속에서 자라난다. 따라서 부모교육을 시행할 때에는 각 부모와 자녀가 살아가는 사회문화적 맥락을 고려한 부모교육의 내용으로 부모교육을 실시하여야 한다.

그동안 진행되어 온 부모교육 내용의 경우 부모교육 대상의 편중으로 인하여 부모교육의 내용이 대부분 어머니를 위한 프로그램으로 구성되어 있는 경우가 많다. 또한 부모교육 프로그램은 중산층 이상 대도시를 중심으로 하는 부모교육 프로그램이 많다. 따라서 맞벌이 가정, 한부모가정과 같은 다양한 형태의 가정 및 저소득가정, 농어촌 지역 가정 등의 사회문화적 배경을 고려한 부모교육 내용이 다루어져야 한다. 뿐만 아니라 우리나라에서 시행하는 부모교육 프로그램의 경우 서구에서 개발된 프로그램을 활용하고 있다. 우리나라의 문화와 정서에 부합하지 않는 사회문화적인 맥락에서 벗어난 내용의 경우 부모들로 하여금 알고 있는 지식을 제대로 실천하지 못하게 하는 요인이 될 수 있다. 따라서 우리나라의 사회문화적인 배경을 고려한 맞춤식 부모교육 프로그램의 개발이 필요하다.

4) 기관 중심의 부모교육을 실시한다

부모교육을 실시하는 목적은 부모들을 위해 올바른 양육지식 및 양육기술을 습득하여 자녀발달에 대한 지식을 통해 긍정적인 양육을 하기 위함이다. 그러나 교육기관에서 운영하는 부모교육의 경우 이러한 부모교육의 목적보다는 의례적이고 형식적인 부모교육을 실시하는 경우가 많다. 진정으로 부모들이 원하는 것은 무엇이고, 부모들에게 필요한 지식과 필요한 양육태도는 무엇인지를 파악하여 제공하는 것이 필요하다.

또한 교육기관에서 진행하는 부모교육의 경우 대부분 일방적인 강의식 부모교육으로 부모들의 요구나 부모들의 사례를 반영하기보다는 전문가들이 보편적으로 중요하다고 판단하는 주제의 강의를 진행하기도 한다. 일방적으로 듣는 강의식의 부모교육의 경우 부모들의 소극적인 참여를 유발할 수 있어 다양한 참여기회의 확대가 요구되고 있다. 부모교육에 참여한 부모들은 자신의 양육에 실질적인 도움이 되지 않을 경우 부모교육의 중요성을 인식하지 못하고 참여를 꺼려하게 되는 요인이 될 수 있다.

5) 부모의 기대에 못 미치는 부모교육을 실시한다

또한 입학 후 초기 부모들은 부모교육에 대한 기대를 가지고 참석한다. 그러나 만약 부모들의 기대에 미치지 못한다고 인식되는 경우 부모들의 참석 및 의욕은 저하된다. 특히, 상담의 경우 '잘 먹고 잘 지내요.' 또는 지나친 칭찬만 할 경우 부모로 하여금 신뢰감을 떨어뜨리고 부모교육 참여율을 낮추는 요인이 되기도 한다.

또한 때때로 교육기관에서 실시하는 부모교육의 내용과 부모들이 실제 가지고 있는 교육에 대한 욕구가 상충할 때에 교육기관에서 이론의 중요성만 계속 강조한다면 부모들로 하여금 참여율을 낮추고, 기대에 못 미치는 부모교육이 될 수 있다. 예를 들어, 교육기관에서는 영유아발달상 인위적인 학습을 통한 한글공부가 아니라 놀이를 통해 개별적인 발달단계에 따라서 자연스럽게 한글을 습득하는 것을 목표로 하는 것과는 달리 부모들은 한글교육을 집중적으로 실시하여 한글을 빨리 깨우치기를 원한다. 원에서 부모로 하여금 부모의 인식이 잘못되었다고 한다면 부모들은 죄책감을 갖거나 불안감을 극대화하는 등의 요인이 되기도 한다.

2. 부모교육 프로그램의 효과적인 운영을 위한 전략

부모교육의 필요성이 널리 인식되면서 부모들을 위한 다양한 부모교육 프로그램을 개발 및 적용하여 그 효과를 검증하고자 하는 선행연구들이 많이 진행되고 있다. 선행연구의 결과를 살펴보면 대부분의 부모교육에 참여한 부모들은 부모교육의 인식 및 양육태도에 긍정적인 변화가 나타난 것으로 나타났다. 이러한 부모교육의 효과를 기대하며 많은 영유아보육 및 교육기관에서는 부모들을 위한 부모교육 프로그램을 운영하고 있다.

부모의 참여율을 높이고 교육의 효과를 극대화하기 위한 전략은 다음과 같다.

첫째, 부모교육을 실시하기 전 부모의 요구를 반드시 파악한다.

각 가정 내 부모가 가지는 부모교육에 대한 요구는 다양하다. 지역적 특성에 따라서 양육의 화제가 되는 이슈가 다를 수 있으며, 각 교육기관에 따라 부모의 양육관 및 양육에 관한 태도가 다를 수 있다. 또한 다양한 가족형태의 등장으로 주 양육자의 역할을 담당하는 가족이 다른 경우도 있다. 따라서 매번 교육기관에서 선정하는 주제가 아닌 부모의 요구와 부모가 느끼는 어려움을 반영하여 부모교육을 실시하는 것이 필요하다.

둘째, 부모교육의 내용은 일방적인 지식전달이 아닌 실제적이고, 실천 가능한 내용으로 선정한다.

부모들의 부모교육에 관한 요구를 살펴보면 이론적 배경 지식을 많이 알기보다는 가정에서 직접 실행하고, 실천할 수 있는 내용이 포함되기를 원한다. 이론만 강조한 강의식 부모교육의 경우 자칫 지루하게 느껴지거나 실천 가능한 요소를 찾지 못해 부모교육의 효과가 낮아질 수 있고, 상황에 따라서 부모 스스로의 양육태도에 대한 죄책감을 갖게 하여 오히려 역효과를 가져올 수도 있다. 따라서 부모교육의 내용은 가정에서 직접 부모들이 실천 가능한 내용으로 선정하고, 부모가 직접 양육에 실행할 수 있는 내용으로 선정하여 한 가지 방법이라도 적용해 보고 작은 변화부터 시작해 나가는 것이 바람직하다.

셋째, 교육기관의 교육철학 및 진행되는 교육 주제와 관련된 내용의 부모교육을 실시한다.

교육기관과 가정 내 교육이 일관성 있게 이루어질 때 교육의 효과는 극대화 된다. 따라서 교육기관의 교육철학을 이해하고, 교육기관의 철학에 따라 가정에서도 일관성 있는 교육을 실시할 수 있는 내용으로 부모교육을 실행한다. 가정과 영유아 교육기관의 교육의 일관성을 위해 교육기관에서는 다양한 방법으로 가정과의 소통을 해야 하며 부모와의 소통을 위한 끊임없는 연구가 필요하다. 교육기관에서 이루어지고 있는 다양한 주제의 내용에 대해 이해하고, 자녀와 함께 대화를 나누는 기회를 가질 때에 자녀와의 공감대 및 친밀감을 형성할 수 있다.

넷째, 부모교육의 목적에 따라 각 운영의 형태 및 운영방법을 신중하게 고려하여 운영한다.

부모교육은 목적에 따라 운영의 형태 및 내용구성이 달라질 수 있다. 예를 들어, 1학기 초에 이루어지는 상담의 경우 담임 선생님이 자녀에 대한 정보를 제공하기보다는 부모로부터 자녀에 대한 정보를 수집하고, 부모님의 어려움, 적응 여부 등에 대한 이야기를 나누는 시간으로 구성되며 2학기 학기 말에 이루어지는 상담의 경우는 학급에서 일어난 자녀의 발달적 특성과 장단점을 부모에게 알리고 상급 학년 진학을 위한 자료를 전달하는 시간으로 구성된다. 따라서 자녀의 정보를 교류하기 위해서는 일대일 면담으로 조용한 장소를 선택하여 이야기를 나누는 것이 바람직하다. 위의 예시로 제시한 상담 외에도 가정통신문, 부모참관・참여수업, 체육대회・음악회 등의 각종 행사, 강의식・소그룹 부모교육 등 적용할 다양한 교육방법은 교육의 목적을 명확하게 생각한 뒤, 운영형태 및 운영방법을 신중하게 고려하여 부모교육을 실시하도록 한다.

다섯째, 부모교육 참여의 기회를 확대한다.

맞벌이 가정의 경우 부모교육에 참여하고 싶은 의지는 있으나 시간관계상 참여가 어려운 경우가 있다. 또한 맞벌이 가정의 경우 일하는 부부를 대신하여 대리 양육자가 양육을 책임지는 경우 맞벌이 부부가 부모교육을 듣는다고 하여도 이러한 경우에는 조부모 등 대리 양육자들이 양육정보의 부족으로 일관된 양육을 하지 않는다면 부모교육의 효과는 반감될 수 있다. 따라서 어머니를 위주로 하는 부모교육이 아닌 다양한 양육자의 참여를 확대할 수 있는 프로그램을 구성하고, 시간을 탄력적으로 계획하여 많은 부모들이 참여할 수 있도록 하는 것이 좋다.

최근 아빠들의 양육 관심 및 책임이 증가하면서 '좋은 아빠가 되기 위한 아빠모임' 등과 같은 아빠 자조모임이 증가하고 있다. 다양한 자조모임을 독려하고 교육기관에서 지원할 수 있는 내용이 무엇인지 함께 회의를 통해 협의하는 등 서로에게 도움이 되고자 협력하는 것이 필요하다.

여섯째, 부모교육 프로그램 계획 및 운영에 있어서 원장, 교사 및 학부모가 함께 참여하도록 한다.

부모교육 프로그램을 계획할 때에는 영유아교육기관의 원장과 교사뿐만 아니라 교육서비스의 실수요자인 학부모가 함께 협의를 통해 부모교육 계획단계부터 참여하고 요구에 대한 의견을 나누어 프로그램을 계획할 때보다 효율적인 부모교육을 실시할 수 있다.

일곱째, 일방적인 교육이 아닌 부모의 요구 및 부모의 불안함 등을 이해하고 반영하는 교육이 되도록 한다.

놀이의 중요성에 대한 이론적인 지식에 대해 충분히 이해하고 있음에도 불구하고 조기교육에 대한 정보를 접할 때마다 불안감과 걱정으로 인해 딜레마를 겪는다. 또래 아이들과의 발달 수준 비교 및 주변의 부모들이 지원하는 사교육에 대한 정보를 들을 때마다 이론적 지식보다는 마음의 불안감을 없애기 위한 조기교육을 택하는 경우도 많다. 따라서 부모의 요구를 수용하고 불안감을 어떻게 해소할 수 있을지 고민할 필요가 있다. 교육기관의 철학 및 이론적 근거에 의한 교육기관의 교육과 부모의 요구가 적절히 조화를 이룰 수 있도록 계획하는 것이 좋다.

여덟째, 부모교육은 일회성이 아닌 정기적인 교육이 되도록 한다.

부모교육 계획 시에는 주로 강당에서 진행하는 대집단 강의식 부모교육을 중심으로 이루어진다. 영유아교육현장에서는 넓은 의미의 부모교육에 대해 이해하고 부모교육을 다양한 방법으로 실행할 수 있어야 한다. 단시간 내에 이루어지는 부모교육의 경우 일시적인 효과를 볼 수 있으나 시간이 지나면 다시 효과성이 떨어지기도 한다. 따라서 부모교육을 실시할 때에는 정기적인 부모교육을 실시하도록 한다. 부모교육이 반드시 매번 동일한 형태로 이루어질 필요는 없다. 예를 들어, 강의를 통해 양육기술을 익히고, 실제 가정에서 적용했을 때 실천하기 어려운 점이나 가정에서 지속적으로 나타나는 문제행동에 대하여 면담을 통해 이야기 나누고 교육적 정보를 제공받을 수 있다.

아홉째, 부모교육 실시 후에는 반드시 평가하는 시간을 가지고, 다음 부모교육 운영 시에 적용할 수 있도록 한다.

교육과정운영에서의 평가는 매우 중요한 부분이다. 평가를 통해 교육과정의 효율성과 성패를 알 수 있고 이후 계획에 중요한 정보를 얻을 수 있다. 부모교육 실시 후에는 반드시 프로그램에 대한 평가를 통해 부모의 의견을 수용하고 다음 프로그램 계획에 반영한다. 형식적인 체크리스트형 평가보다는 교육 참여자의 주관적인 평가를 분석하여 교육 프로그램에 대한 상세하고 정확한 평가가 이루어져야 하며 이는 이후의 기관 교육과정 운영과 부모교육 프로그램 운영에 효율성을 높여 부모들의 참여율을 높이고 가정과 기관의 일관적인 부모교육 목적 달성에 매우 중요한 영향을 미친다.

마지막으로 부모교육의 결과물은 가정에서 활용할 수 있도록 한다.

부모교육 프로그램의 가정에서의 적용을 위해 교육으로 끝나는 것이 아니라 결과물 혹은 유인물을 만들어 배부하고 가정에서의 실천으로 반드시 연결되도록 돕는다. 또한 부모 모임에 참여하지 못한 부모들의 경우에도 부모 모임의 내용을 공유할 수 있도록 전화나 온라인교육을 통해 배려하도록 한다.

CHAPTER

교육부에서 제공하는 부모지원 및 교육 프로그램

1. 유아 인성교육을 위한 부모훈련 프로그램 | 2. 학부모 협력연수 프로그램

CHAPTER 09

현장의 부모교육의 필요성 및 어려움에 대해 교육부에서는 다양한 방법으로 교육기관과 부모에 대한 지원을 하고 있다. 이 중 교육부와 육아정책연구소에서 제시한 영유아교육기관에서의 부모지원 및 부모교육의 예시를 간단히 소개하고자 한다.

영유아교육현장의 부모교육의 필요성 및 어려움에 대해 교육부에서는 다양한 방법으로 교육기관과 부모에 대한 지원을 하고 있다. 이에 대한 정보는 교육부 홈페이지(http://www.moe.go.kr)나 시・도 교육청 홈페이지, 육아정책연구소(http://www.kicce.re.kr) 자료실을 통해 교육 관련 주요 사업 진행이나 정책의 변화가 있을 때 제공되고 있다.

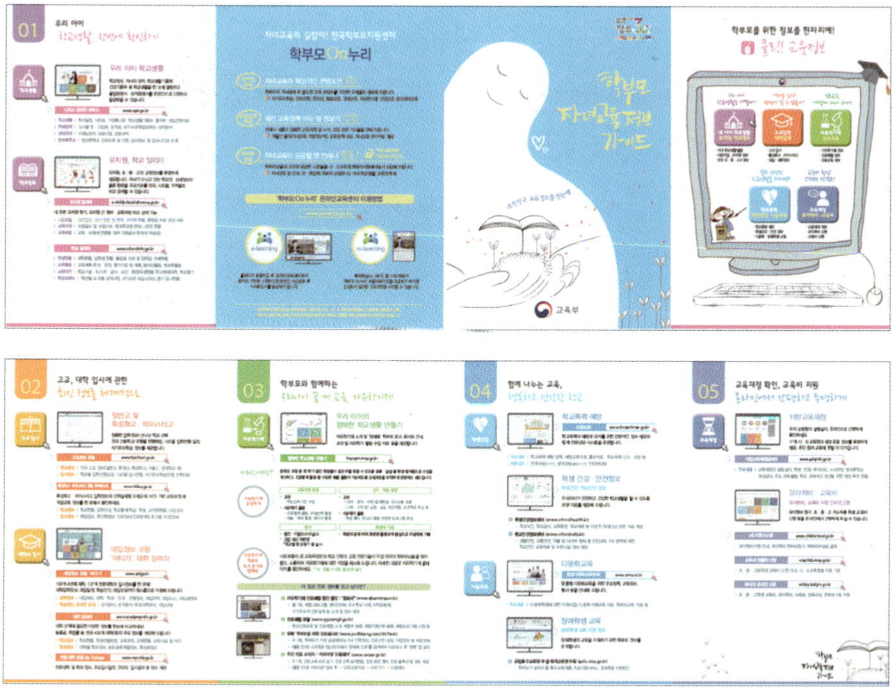

그림 9-1 학부모 자녀교육정보 가이드

출처 : 교육부(2016), 학부모 자녀교육 정보 가이드 안내(http://www.moe.go.kr/boardCnts/view.do?boardID=340&lev=0&statusYN=C&s=moe&m=0202&opType=N&boardSeq=64140)

교육부 홈페이지에는 영유아교육에 관련된 자료뿐 아니라 우리나라 교육 전반에 대한 자료와 내용이 실시간으로 탑재・공개되므로 영유아교육, 그중에서도 부모교육에 대한 내용을 찾고자 할 때는 많은 시간과 노력이 요구된다. 이에 교육부・육아정책연구소에서 제시한 영유아교육기관에서의 부모지원 및 부모교육의 예시를 간단히 소개하고자 한다.

1. 유아 인성교육을 위한 부모훈련 프로그램

교육과학기술부와 육아정책연구소(2013)에서는 영유아기 모든 발달의 기초가 다져지는 시기이고 사회정서발달과 관련된 두뇌가 활성화됨을 설명하며 이 시기의 인성교육이 교육의 효율성을 극대화할 수 있다고 하였다. 특히, 영유아기는 부모와 많은 상호작용을 하고 부모의 영향력이 가장 큰 시기이기 때문에 가정에서 부모를 통해 이루어지는 인성교육의 필요성을 강조하였다.

가정에서 유아기 자녀를 가진 부모들이 자녀의 인성교육을 지원하는 데 필요한 구체적인 소집단 부모훈련 프로그램과 다양한 유형의 유아교육기관 또는 사회기관에서 유아기 자녀를 가진 부모들을 대상으로, 대집단 자녀 인성교육을 지원하는 데 필요한 인성에 대한 기본적인 정보와 바람직한 양육태도, 양육방식, 양육전략에 대한 구체적인 정보 제공을 위한 프로그램 개발을 목적으로 본 프로그램을 개발하여 보급하였으며 상기 한두 가지 프로그램을 통해 달성할 수 있는 구체적인 목표는 다

그림 9-2 유아 인성교육을 위한 부모훈련 프로그램 및 연수자료집

출처 : 교육부(2013), 유아 인성교육을 위한 부모훈련 프로그램 및 연수자료집(hhttp://www.moe.go.kr/boardCnts/view.do?boardID=314&boardSeq=74965&lev=0&searchType=null&statusYN=W&page=1&s=moe&m=03102&opType=)

음과 같이 제시하였다.

- 인성에 대한 기본적인 사실을 이해하고 부모의 인성과 가치관을 돌아보며 재정립할 기회를 제공한다.
- 바람직한 인성발달이 자녀의 현재와 미래에 미치는 영향에 대한 이해 수준을 높인다.
- 우리나라 시민으로서 뿐만 아니라 세계시민으로 살아갈 자녀가 꼭 갖추어야 할 인성 덕목에 대한 이해 수준을 높인다.
- 인성발달과 교육에 있어서 유아기의 중요성에 대한 이해 수준을 높인다.
- 인성발달과 교육에 있어서 부모역할의 중요성에 대한 이해 수준을 높인다.

본 프로그램에서 다루어질 인성교육의 주제와 내용은 연령별 정서발달과 사회성 발달, 그리고 인지발달특성에 따라 나타나는 인성요소를 정리하였고 그 내용은 다음과 같다.

표 9-1 연령별 정서발달과 인성과의 관계

연령	발달특성	관련 인성요소
만 3세	분노가 일어나면 땅바닥을 뒹굴기도 한다.	예절, 질서, 절제, 소통 등
	질투가 심해진다.	자존감, 이해, 존중 등
	자기주장이 강해진다.	자아개념, 소통, 배려 등
	말이나 웃음으로 기쁨을 표현한다.	자존감, 소통, 공감 등
만 4세	자기 통제를 하기 시작한다.	책임, 절제, 인내, 자존감 등
	표정, 동작, 태도 등이 풍부해진다.	소통, 정서 이해, 절제 등
	자신이 성인을 통제할 수 있는지 시험한다.	소통, 책임 등
	자신감이 증가한다.	자존감, 자아개념 등
	성인의 도움 없이 스스로 하고자 한다.	책임, 자존감 등
	인내심이 적어 오래 기다리기 힘들다.	인내, 질서, 절제 등
	화내는 대신 다른 방법으로 불만을 해소할 수 있다.	절제, 인내, 긍정적 사고 등
	성취에 대한 기쁨을 느낀다.	자존감, 책임, 자아개념 등

연령	발달특성	관련 인성요소
만 5세	새로운 시도에 대한 흥미가 높다.	자존감, 책임 등
	성취나 경쟁적 욕구가 충족된 일에 만족한다.	자존감, 협동, 배려, 질서 등
	도덕의 규칙과 행동에 많이 익숙해진다.	질서, 양심, 도덕, 책임, 절제, 정직 등
	다른 사람의 정서를 해석하고 예측할 수 있다.	공감, 소통, 이해, 배려, 협동 등

출처 : 교육과학기술부 · 육아정책연구소(2013), 유아 인성교육을 위한 교사용 부모상담 가이드북, p. 17.

표 9-2 연령별 사회성발달과 인성과의 관계

연령	발달특성	관련 인성요소
만 3세	다른 사람의 호감을 얻고자 노력한다.	소통, 공감, 자아개념 등
	남을 위할 줄 알게 된다.	배려, 나눔, 협동, 동정, 공감 등
	친구와 활발히 놀기 시작한다.	협동, 소통 등
	친구와 놀잇감을 나누어 가질 수 있다.	배려, 나눔, 공감, 공평, 절제 등
	친구와 함께 놀이하나 자기 뜻대로 하려고 하여 싸움이 일어난다.	소통, 절제, 협동, 질서, 공평 등
만 4세	스스로 자신의 일을 한다.	책임, 절제, 인내, 자존감 등
	친구와의 관계가 깊어진다.	배려, 소통, 공감, 이해 등
	친구와 싸울 때도 있지만 공동의 목적을 가지고 놀기 시작한다.	배려, 소통, 질서, 책임, 이해 등
	친구의 불행에 동정을 나타낸다.	배려, 공감, 이해, 존중 등
	친구들과 역할을 분담하고 조직적으로 놀이를 한다.	협동, 배려, 나눔, 질서, 책임 등
	필요한 규칙은 스스로 따른다.	질서, 책임, 자아개념, 양심 등
만 5세	집단활동에 대한 즐거움이 증가한다.	협동, 배려, 질서, 책임, 공평 등
	양심이 발달하여 나쁜 것을 피하고 좋은 것을 추구하려고 한다.	양심, 정직, 질서, 공평, 정의 등
	규칙 준수에 대한 의미를 배운다.	양심, 정직, 질서, 공평, 정의 등
	대인관계가 차츰 확대된다.	배려, 나눔, 협동, 공감, 이해 등
	협동놀이가 증가하여 협동심과 책임감을 느낀다.	협동, 책임 등
	성역할을 배우고 문화적 관습을 익힌다.	질서, 책임, 절제 등

출처 : 교육과학기술부 · 육아정책연구소(2013), 유아 인성교육을 위한 교사용 부모상담 가이드북, p. 19.

표 9-3 연령별 인지발달과 인성과의 관계

연령	발달특성	관련 인성요소
만 3세	다른 사람의 사적인 문제에 관한 관심이 많아진다.	존중, 이해 등
	이유와 목적을 알기 위해 끊임없이 질문을 되풀이한다.	양심, 정직, 공평, 존중 등
	상상 놀이가 나타난다.	공감, 소통 등
	생각이 머릿속에 있으면 보거나 만지지 않아도 무엇인가에 대해 생각할 수 있음을 안다.	공감, 이해 등
	원인과 결과를 때로 혼동한다.	질서, 이해 등
만 4세	직관적으로 생각하고 행동한다.	배려, 존중 등
	차분히 이야기하고 세밀하게 설명할 수 있다.	협동, 배려, 절제 등
	가능한 것과 불가능한 것의 구분이 많아진다.	양심, 도덕, 질서, 이해 등
	믿음과 소망에 따라 행동이 달라지는 것을 안다.	책임, 절제, 인내, 자아개념 등
	친숙한 상황에서 다른 사람의 생각에 대해 생각할 수 있다.	공감, 이해, 배려 등
만 5세	다른 사람은 나와 생각이 다를 수 있음을 이해한다.	존중, 배려, 공감, 이해 등
	직관적으로 생각하고 행동한다.	배려, 존중 등
	궁금한 것에 대해 적극적으로 해결하려는 탐구력이 증가한다.	자아개념, 책임 등
	점차 논리적이 되어 간다.	질서, 공평, 정의 등
	사회문화적 배경이나 동기, 능력 등에 의해 성취도가 영향을 받는다.	자아존중감, 책임, 절제 등

출처 : 교육과학기술부 · 육아정책연구소(2013), 유아 인성교육을 위한 교사용 부모상담 가이드북, p. 21.

이를 종합하여 유아 인성교육 프로그램에서 다룰 내용을 6가지로 범주화하였고 각 차시별 진행되는 인성의 주제와 각 차시에 대한 설명은 표 9-4와 같다.

표 9-4 인성교육을 위한 부모훈련 주차별 프로그램

순서	주제	내용
1	프로그램 소개	**[프로그램의 주제 및 내용, 구성]** 인성의 개념 및 인성교육의 중요성
2	기본 내용	**[우리 아이의 인성 토대 다지기]** 인성의 바탕이 되는 유아기 발달
3		**[우리 아이의 인성 토대 다지기]** 부모-자녀 관계
4	인성 1 나눔	**[함께하는 세상을 위한 인성]** 나눔, 배려, 협동, 다름에 대한 이해
5	인성 2 양심	**[정의로운 세상을 위한 인성]** 양심, 질서, 정직, 도덕, 공정성, 정의
6	인성 3 예절	**[존중하는 세상을 위한 인성]** 예절, 존중, 효, 겸손
7	인성 4 책임	**[책임지는 세상을 위한 인성]** 책임, 절제, 인내, 자기조절
8	인성 5 공감	**[소통하는 세상을 위한 인성]** 공감, 의사소통, 정서이해 및 표현, 조절, 협상, 감정이입
9	인성 6 자존감	**[자아가 건전한 세상을 위한 인성]** 자존감, 긍정적 사고, 자아개념
10	프로그램 평가	**[프로그램 내용, 방법, 진행에 대한 평가]** 나, 자녀, 가정의 변화에 대한 평가

출처 : 교육과학기술부(2013), 유아 인성교육을 위한 부모 훈련 프로그램 1 프로그램 소개, p. 6.

그림 9-3 유아 인성교육의 6가지 내용

출처 : 교육과학기술부(2013), 유아 인성교육을 위한 부모 훈련 프로그램 1 프로그램 소개, pp. 7~9.

본 프로그램은 '유아 인성을 위한 부모훈련 프로그램'과 '유아 인성교육을 위한 부모연수자료집'으로 구분되며 각 프로그램의 내용은 다음과 같다.

1) 유아 인성교육을 위한 부모훈련 프로그램의 내용

유아의 인성교육을 위한 부모훈련 프로그램의 내용은 표 9-5와 같다.

표 9-5 유아 인성교육을 위한 부모훈련 프로그램의 내용

<table>
<tr><th>주</th><th colspan="4">상세 내용</th></tr>
<tr><td rowspan="2">1</td><td rowspan="2">프로그램 소개</td><td colspan="2">프로그램 소개</td><td>• 프로그램의 목표 소개
• 10주별 내용, 일정 및 진행방법 소개
• 참여자 소개</td></tr>
<tr><td colspan="2">인성교육 프로그램 중요성 소개</td><td>• 인성의 중요성
• 유아기 인성교육의 중요성</td></tr>
<tr><td>2</td><td rowspan="2">기본 내용</td><td colspan="2" rowspan="2">우리 아이의 인성 토대 다지기</td><td>• 인성의 바탕이 되는 유아기 발달</td></tr>
<tr><td>3</td><td>• 부모–자녀관계</td></tr>
<tr><td>4</td><td rowspan="6">자녀와 함께 하는 인성 교육</td><td>함께하는 세상을 위한 인성</td><td>나눔, 배려, 협동, 다름에 대한 이해</td><td rowspan="6">• 각 인성의 개념 이해하기
• 각 인성에 관해 나의 인성 돌아보기
• 각 인성에 관해 나의 가치관 돌아보기
• 각 인성에 관해 부모로서의 가치관 점검하기
• 각 인성에 관해 자녀 인성 점검하기
• 각 인성이 자녀의 현재와 미래에 미치는 영향
• 부모–자녀 간 활동을 통한 각 인성의 지원방법 및 전략(가정 내/외)
• 일상생활을 통한 각 인성의 지원방법 및 전략(가정 내/외)
• 각 인성에 관련된 다양한 정보 제공(도서, 기사, 영상물, 기관 등)
• 유아교육기관과의 연계</td></tr>
<tr><td>5</td><td>정의로운 세상을 위한 인성</td><td>양심, 질서, 정직, 도덕, 공정성, 정의</td></tr>
<tr><td>6</td><td>존중하는 세상을 위한 인성</td><td>예절, 존중, 효, 겸손</td></tr>
<tr><td>7</td><td>책임지는 세상을 위한 인성</td><td>책임, 절제, 인내, 자기 조절</td></tr>
<tr><td>8</td><td>소통하는 세상을 위한 인성</td><td>공감, 의사소통, 정서이해 및 표현, 조절, 협상, 감정이입</td></tr>
<tr><td>9</td><td>자아가 건전한 세상을 위한 인성</td><td>자존감, 긍정적 사고, 자아개념</td></tr>
<tr><td rowspan="2">10</td><td rowspan="2">프로그램 평가</td><td colspan="2">프로그램 평가하기</td><td>• 프로그램 내용에 대한 평가
• 프로그램 방법에 대한 평가
• 프로그램 진행에 대한 평가</td></tr>
<tr><td colspan="2">효과 평가하기</td><td>• 인간으로서 나의 변화
• 부모로서의 나의 변화
• 자녀의 변화
• 우리 가정의 변화</td></tr>
</table>

출처 : 교육부 · 육아정책연구소(2013), 유아 인성교육을 위한 부모훈련 프로그램 및 연수자료집, pp. 12~13.

본 프로그램은 소집단의 부모를 대상으로 90분 내외의 10차시 프로그램으로 구성되며 1차시에는 프로그램 소개를, 2~3차시에는 인성에 대한 기본 내용을 담고 있다. 4~9차시에는 영유아기에 필요한 6개 유형으로 범주화된 인성교육 프로그램으로 구성되었고, 마지막 10차시에는 프로그램에 대한 평가로 구성되어 있다.

각 차시별 알아야 할 내용에 대해 주입식 형태의 일반적인 강의가 아니라 동영상이나 사진, 글 등을 통해 생각해 보는 시간을 먼저 제시하고 토론하여 동기를 부여하고, 자녀를 위한 인성교육에 앞서 부모 자신을 돌아볼 수 있는 기회를 제공한다. 자기 생각 말하기, 함께 문제 풀기, 체크리스트, 부모-자녀 활동 구안해 보기, 경험나누기 등 부모가 소집단활동에서 할 수 있는 활동 중심으로 전개되며, 가정과 연계하여 자녀뿐만 아니라 전체가 실천할 수 있는 전략을 제시하고 실천하도록 과제를 부여한다. 매 차시마다 시작에 지난 시간 돌아보기 활동을 통해 배운 내용과 가정에서의 실천을 점검, 확인, 평가하는 시간을 갖도록 한다.

프로그램에 참여한 부모가 그 주제에 내용을 보다 효과적으로 이해하고 이를 지속적으로 활용하기 위하여 각 차시마다 부모용 소책자가 제공된다. 부모용 소책자에서 기본적 단계로는 도입 부분인 씨앗의 난계, 전개 부분인 꽃의 단계, 마무리 부분인 열매의 단계로 수성되며 각 부분에 대한 설명은 다음과 같다.

■ 도입

씨앗의 단계

도입	씨앗의 단계 (인식의 단계)	현재 자신의 인성 요소에 대한 이해와 실천적 수준을 인식하고 문제의식을 갖는 단계

■ 전개

꽃의 단계

전개	꽃의 단계 (이해와 실천의 단계)	인성 요소의 개념과 필요성에 대한 지식을 이해하고 실제 부모자신 및 자녀의 인성 요소를 발달시킬 수 있는 기술을 습득하는 단계

■ 마무리

열매의 단계

마무리	열매의 단계 (생활화와 나눔의 단계)	훈련을 통하여 얻은 지식과 기술에 대한 자기 평가 및 삶에 일상적으로 적용할 수 있는 계획을 수립하고 이를 실현할 수 있는 다양한 추가 정보를 얻는 능력을 키우는 단계

그림 9-4 부모용 소책자에 제시된 기본적 단계

출처 : 교육부 · 육아정책연구소(2013), 유아 인성교육을 위한 부모훈련 프로그램 및 연수자료집, p. 18.

씨앗의 단계에서는 '생각해 보는 한 토막', '미리 찾아보는 나의 〈인성〉 지수'라는 활동으로 구성된다. 생각해 보는 한 토막에서는 인성요소에 대해 관심을 불러일으키는 짧은 글, 사진, 신문이나 잡지에 기고된 글, 동영상 등에 대한 내용을 가지고 활동을 진행하고, 미리 찾아보는 나의 〈인성〉 지수에서는 각 인성의 행동을 일상에서 이미 실천하고 있는 요소를 찾아 적어보거나 각 인성의 특성에 따라 세부 내용별 또는 상황별, 대상별 등으로 구분한 표를 제시하여 활동을 진행한다.

꽃의 단계는 이론과 실천 부분으로 나누어지고 이론 부분은 다시 본질, 관계, 미래 탐구로 나누어져 본질 탐구에서는 인성의 정의와 개념을, 관계 탐구에서는 같은 유형끼리 묶인 인성의 덕목에 대한 개념이나 이해를, 마지막으로 미래탐구에서는 인성이 갖추어질 때 그 이후의 삶에 미치는 영향에 대한 이해를 돕는 내용으로 활동이 구성된다. 실천 부분에서는 나를 위한 전략, 아이를 위한 전략, 가족을 위한 전략으로 나누어 부모의 인성과 자녀의 인성으로 시작하여 나아가 가족 전체의 인성 강화를 위한 방법을 다양한 활동으로 제시하였다.

열매의 단계에서는 학습한 내용에 대해 내용 요약 및 핵심어 찾기, 단답식, O/X 퀴즈, 줄긋기, 간단한 느낌 쓰기 등 다양한 형태로 제시하여 정리를 해볼 수 있고, 정보 나누기 활동을 통해 책, 영화, TV 프로그램, 강좌, 캠프, 관련된 부모훈련 프로그램, 교육기관, 재단이나 협회, 학회, 특별한 장소 등을 소개한다.

2) 유아 인성교육을 위한 부모연수자료집의 내용

유아 인성교육을 위한 부모연수자료집의 내용은 표 9-6과 같다.

표 9-6 유아 인성교육을 위한 부모연수자료집 내용

<table>
<tr><th>주</th><th colspan="4">상세 내용</th></tr>
<tr><td>1</td><td rowspan="4">기본 이론 내용</td><td colspan="2">프로그램 소개</td><td>• 프로그램 소개
• 인성의 개념
• 인성교육의 중요성</td></tr>
<tr><td>2</td><td colspan="2" rowspan="3">우리 아이의 인성 토대 다지기</td><td>• 인성의 바탕이 되는 유아기 발달</td></tr>
<tr><td>3</td><td>• 부모-자녀관계(애착과 기질)</td></tr>
<tr><td>4</td><td>• 부모-자녀관계(양육태도와 모델링)</td></tr>
<tr><td>5</td><td rowspan="6">자녀와 함께 하는 인성 교육</td><td>함께하는 세상을 위한 인성</td><td>나눔, 배려, 협동, 다름에 대한 이해</td><td rowspan="6">• 각 인성의 개념 이해하기
• 각 인성에 관해 나의 인성 돌아보기
• 각 인성에 관해 나의 가치관 돌아보기
• 각 인성에 관해 부모로서의 가치관 점검하기
• 각 인성에 관해 자녀 인성 점검하기
• 각 인성이 자녀의 현재와 미래에 미치는 영향
• 부모-자녀 간 활동을 통한 각 인성의 지원방법 및 전략(가정 내/외)
• 일상생활을 통한 각 인성의 지원방법 및 전략(가정 내/외)
• 각 인성에 관련된 다양한 정보 제공(도서, 기사, 영상물, 기관 등)
• 유아교육기관과의 연계</td></tr>
<tr><td>6</td><td>정의로운 세상을 위한 인성</td><td>양심, 질서, 정직, 도덕, 공정성, 정의</td></tr>
<tr><td>7</td><td>존중하는 세상을 위한 인성</td><td>예절, 존중, 효, 겸손</td></tr>
<tr><td>8</td><td>책임지는 세상을 위한 인성</td><td>책임, 절제, 인내, 자기 조절</td></tr>
<tr><td>9</td><td>소통하는 세상을 위한 인성</td><td>공감, 의사소통, 정서이해 및 표현, 조절, 협상, 감정이입</td></tr>
<tr><td>10</td><td>자아가 건전한 세상을 위한 인성</td><td>자존감, 긍정적 사고, 자아개념</td></tr>
</table>

출처 : 교육부 · 육아정책연구소(2013), 유아 인성교육을 위한 부모훈련 프로그램 및 연수자료집, p. 25.

부모연수자료집은 시간의 다양한 조합이 가능하도록 20분, 40분, 60분으로 다양하게 구성하여 기본 이론 내용에 6가지 인성 유형 중 하나를 포함하여 기본 강의로 구성한다. 기본 이론 없이 인성만을 주제로 하는 차시에서는 기본 이론 내용을 그 인성에 반영하여 강의한다. 부모연수자료집은 소책자와 내용은 유사하나 대집단 강의에 적합하도록 수정 보완하여 구성되었으며, 강의 시 구체적인 예는 표 9-7과 같다.

표 9-7 강의 시 구체적인 예

구분	내용
60분 강의 시	• 자녀와 함께한 인성 교육의 6가지 인성 유형(5~10주차용) 중 하나를 선택해서 강의. 단, 이론 부분이 강의 내용 안에 포함될 수 있도록 강사용 매뉴얼을 반드시 숙지하는 것이 바람직
90분 강의 시	**[기본 이론 내용 + 6가지 인성 유형 중 하나 선택]** • 1차시 중 인성 개념 + 6가지 인성 유형 중 하나 • 1차시 중 인성교육의 중요성 + 6가지 인성 유형 중 하나 • 2차시 중 뇌발달 및 인지발달 + 6가지 인성 유형 중 하나 • 2차시 중 정서 및 사회성발달 + 6가지 인성 유형 중 하나 • 3차시 애착 및 기질 + 6가지 인성 유형 중 하나 • 4차시 양육태도 및 모델링 + 6가지 인성 유형 중 하나 * 60분 강의 내용을 상세히 설명하며 90분 강의로 진행해도 됨
120분 강의 시	**[기본 이론 내용 + 6가지 인성 유형 중 하나 선택]** • 1차시 + 6가지 인성 유형 중 하나 • 2차시 + 6가지 인성 유형 중 하나 • 3, 4차시 + 6가지 인성 유형 중 하나 **[6가지 인성 유형 중 두 개 선택]** • 자아가 건전한 세상을 위한 인성 + 나머지 인성 유형 중 하나 • 함께하는 세상을 위한 인성 + 소통하는 세상을 위한 인성 • 함께하는 세상을 위한 인성 + 책임지는 세상을 위한 인성 • 정의로운 세상을 위한 인성 + 존중하는 세상을 위한 인성 • 정의로운 세상을 위한 인성 + 책임지는 세상을 위한 인성 • 소통하는 세상을 위한 인성 + 존중하는 세상을 위한 인성

출처 : 교육부 · 육아정책연구소(2013), 유아 인성교육을 위한 부모훈련 프로그램 및 연수자료집, p. 24.

3) 차시별 프로그램 소개

(1) 1차시 : 부모훈련 프로그램 소개

① 강의 목적

- 인성의 개념과 인성교육의 중요성에 대해 인식한다.
- 프로그램의 주제 및 내용에 대해 안다.

② 강의 개요

단계	내용	자료	시간
씨앗의 단계	1. 프로그램을 시작하기 전에 2. 생각해 보는 한 토막 • 우리 아이가 살아가는 세상 : 집단 따돌림 • 인성 되돌아보기 3. 인성이란? • 주변에서 좋은 인성을 갖춘 사람은 누구인가요? • 인성이란?	소책자 동영상	25분
꽃의 단계	1. 프로그램의 주제 및 내용 2. 프로그램의 구성	소책자 동영상	50분
열매의 단계	1. 정리하기 및 가족과 함께 해보기	소책자	15분
총 90분			

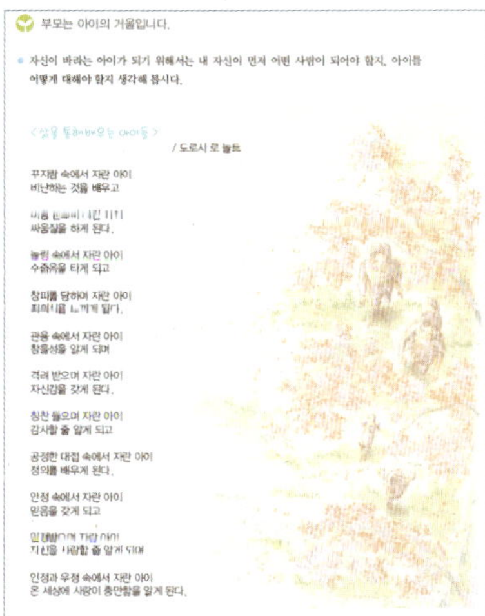

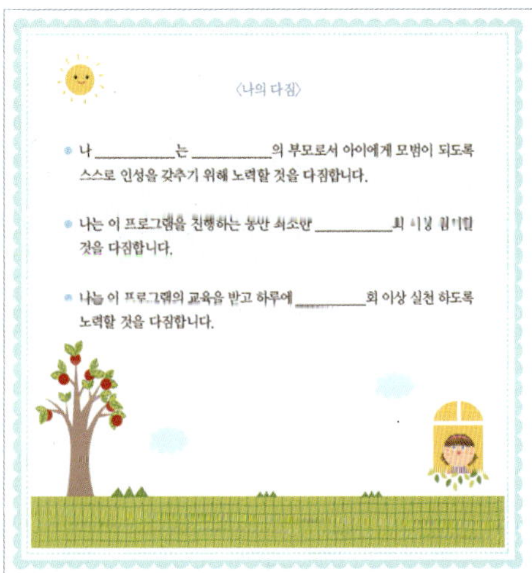

소책자 예시

(2) 2차시 : 우리 아이의 인성 토대 다지기 〈인성의 바탕이 되는 유아기 발달〉

① 강의 목적

- 자녀의 인성교육을 위한 유아기의 시기적 중요성에 대해 인식한다.
- 인성의 바탕이 되는 유아기의 일반적인 발달 특성을 안다.

② 강의 개요

단계	내용	자료	시간
	1. 지난 시간 돌아보기 • 프로그램 소개	소책자	5분
씨앗의 단계	1. 생각해 보는 한 토막 • 줄탁동시 2. 우리 아이의 뇌 발달 • 뇌는 어떻게 발달할까요? • 특정한 뇌 기능은 특정한 시기에 발달이 더 잘 이루어집니다. • 세 살 버릇 여든까지 간다.	소책자 동영상	25분
꽃의 단계	1. 우리 아이의 정서발달 2. 우리 아이의 사회성발달 3. 우리 아이의 인지발달 • 각 발달의 정의 및 특성 • 인성과 각 발달과의 관계 • 생각을 정리하는 O/X퀴즈	소책자 동영상	45분
열매의 단계	1. 가로세로 문제풀이 2. 정보 나누기	소책자	15분
총 90분			

소책자 예시

(3) 3차시 : 우리 아이의 인성 토대 다지기 〈부모-자녀관계〉

① 강의 목적

- 부모와 자녀의 관계가 아이의 인성에 토대가 되는 이유에 대해 안다.
- 자녀의 인성발달에 부모의 역할이 중요함에 대해 인식한다.

② 강의 개요

단계	내용	자료	시간
	1. 지난 시간 돌아보기 • 우리 아이의 인성 토대 다지기 : 인성의 바탕이 되는 유아기 발달	소책자	5분
씨앗의 단계	1. 생각해 보는 한 토막 • 네 손가락의 피아니스트 이희아	소책자 동영상	10분
꽃의 단계	1. 어렸을 때 좋은 관계 만들기 • 애착 형성하기 2. 커가면서 좋은 관계 만들기 • 바람직한 양육 행동하기 3. 어릴 때부터 부모 보고 배우기 • 바람직한 모델 되기 4. 아이와 대화 나누기 • 부모-자녀 간 대화의 기술 5. 특별한 도움이 필요한 아이 양육하기 • 특별한 도움이 필요한 아이의 인성발달을 위한 부모의 역할	소책자 동영상	60분
열매의 단계	1. 정리하기 2. 생각 나누기	소책자	15분

총 90분

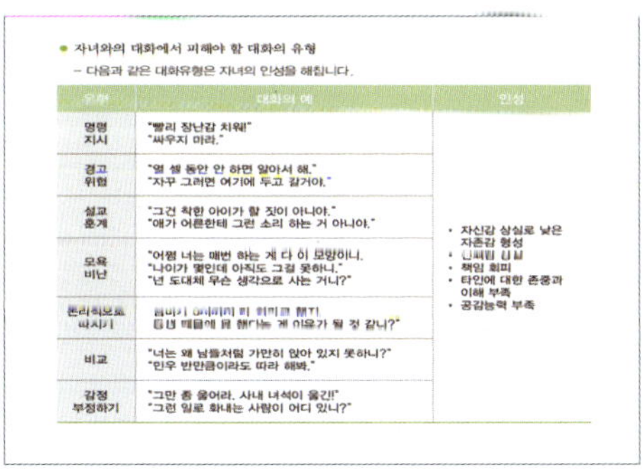

● 자녀와의 대화에서 피해야 할 대화의 유형

– 다음과 같은 대화유형은 자녀의 인성을 해칩니다.

유형	대화의 예	인성
명령 지시	"빨리 장난감 치워!" "싸우지 마라."	• 자신감 상실로 낮은 자존감 형성 • [illegible] • 책임 회피 • 타인에 대한 존중과 이해 부족 • 공감능력 부족
경고 위협	"열 셀 동안 안 하면 알아서 해." "자꾸 그러면 여기에 두고 갈거야."	
설교 훈계	"그건 착한 아이가 할 짓이 아니야." "얘가 어른한테 그런 소리 하는 거 아니야."	
모욕 비난	"어쩜 너는 매번 하는 게 다 이 모양이니. "나이가 몇인데 아직도 그걸 못하니." "넌 도대체 무슨 생각으로 사는 거니?"	
[illegible]	[illegible] [illegible] 때문에 뭘 했다는 게 이유가 될 것 같니?"	
비교	"너는 왜 남들처럼 가만히 앉아 있지 못하니?" "민우 반만큼이라도 따라 해봐."	
감정 부정하기	"그만 좀 울어라. 사내 녀석이 울긴!" "그런 일로 화내는 사람이 어디 있니?"	

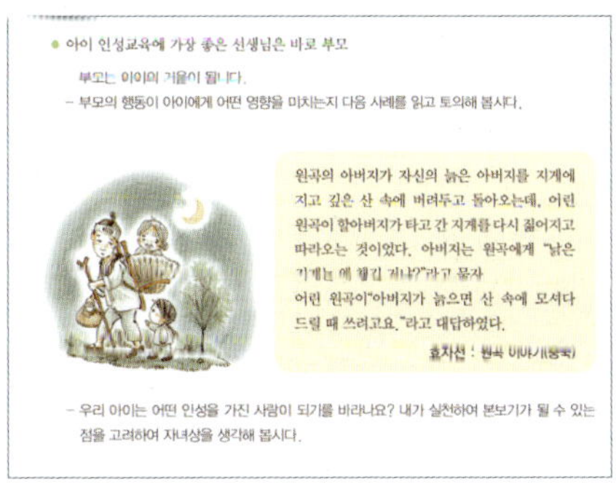

● 아이 인성교육에 가장 좋은 선생님은 바로 부모

부모는 아이의 거울이 됩니다.

– 부모의 행동이 아이에게 어떤 영향을 미치는지 다음 사례를 읽고 토의해 봅시다.

원곡의 아버지가 자신의 늙은 아버지를 지게에 지고 깊은 산 속에 버려두고 돌아오는데, 어린 원곡이 할아버지가 타고 간 지게를 다시 짊어지고 따라오는 것이었다. 아버지는 원곡에게 "낡은 지게는 왜 챙겨 오냐?"라고 묻자 어린 원곡이"아버지가 늙으면 산 속에 모셔다 드릴 때 쓰려고요."라고 대답하였다.

효자전 : [illegible]

– 우리 아이는 어떤 인성을 가진 사람이 되기를 바라나요? 내가 실천하여 본보기가 될 수 있는 점을 고려하여 자녀상을 생각해 봅시다.

소책자 예시

(4) 4차시 : 함께하는 세상을 위한 인성 〈나눔〉

① 강의 목적

- 함께하는 세상을 위한 인성나눔의 의미와 인성교육을 위한 부모의 역할을 인식한다.
- 부모 자신, 자녀, 가족의 나눔 실천에 대한 구체적인 방법을 탐색한다.

② 강의 개요

단계	내용	자료	시간
	1. 지난 시간 돌아보기 • 우리 아이의 인성 토대 : 부모-자녀관계	소책자	5분
씨앗의 단계	1. 생각해 보는 한 토막 • 아프리카에 뿌린 나눔 씨앗 2. 미리 찾아보는 나의 〈나눔〉 지수	소책자 동영상	10분
꽃의 단계	1. 본질 탐구 : 〈나눔〉 너의 정체는 무엇이냐? • 두 글자 속에 숨은 나눔의 뜻 2. 관계 탐구 : 〈나눔〉 너의 친구는 누구냐? • 함께하는 세상을 위한 인성 3. 미래 탐구 : 〈나눔〉 너를 어디에 쓸고? • 세 살 적 나눔 실천 여든까지 • 우리 아이 나눔 잠재력 미리보기 4. 나를 위한 전략 : 나부터 바꿔보자! • 내가 나눌 수 있는 것 5. 아이를 위한 전략 : 아이도 바꿔보자! • 그림책으로 나눔 가르치기 • 사진으로 나눔 가르치기 6. 가족을 위한 전략 : 모두 다 바꿔보자! • 가족을 위한 나눔의 시작 • 가족이 함께하는 나눔의 실천	소책자 동영상	60분
열매의 단계	1. 정리하기 2. 정보 나누기	소책자	15분
총 90분			

소책자 예시

(5) 5차시 : 정의로운 세상을 위한 인성〈양심〉

① 강의 목적

- 정의로운 세상을 위한 인성 〈양심〉의 의미와 인성교육을 위한 부모의 역할을 인식한다.
- 부모 자신, 자녀, 가족의 양심 실천의 구체적인 방법을 탐색한다.

② 강의 개요

단계	내용	자료	시간
	1. 지난 시간 돌아보기 • 함께하는 세상을 위한 인성 : 나눔	소책자	5분
씨앗의 단계	1. 생각해 보는 한 토막 : 양심 냉장고의 주인공 2. 미리 찾아보는 나의 〈양심〉 지수	소책자 동영상	15분
꽃의 단계	1. 본질 탐구 : 〈양심〉 너의 정체는 무엇이냐? • 양심이란? 2. 관계 탐구 : 〈양심〉 너의 친구는 누구냐? • 정의로운 세상을 위한 인성과 우리의 삶 • 정의로운 세상을 위해 필요한 여러 가지 인성 3. 미래 탐구 : 〈양심〉 너를 어디에 쓸고? • 양심을 지키며 살면 득이 될까? 실이 될까? • 내 아이의 선택 4. 나를 위한 전략 : 나부터 바꿔보자! • 정의로운 세상을 만들기 위한 나의 작은 결심 • 정의로운 세상에 관련된 속담 5. 아이를 위한 전략 : 아이도 바꿔보자! • 이야기 속으로	소책자 동영상	60분

단계	내용	자료	시간
	6. 가족을 위한 전략 : 모두 다 바꿔보자! • 정의로운 세상을 만들기 위한 우리 가족의 좋은 생각		
열매의 단계	1. 정리하기 2. 정보 나누기	소책자	10분
총 90분			

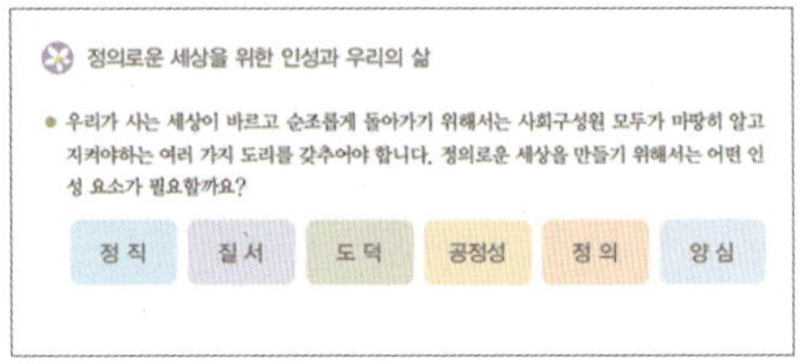

소책자 예시

(6) 6차시 : 존중하는 세상을 위한 인성 〈예절〉

① 강의 목적

- 존중하는 세상을 위한 인성 〈예절〉의 의미와 인성교육을 위한 부모의 역할을 인식한다.
- 부모 자신, 자녀, 가족의 예절 실천에 대한 방법을 구체적으로 탐색한다.

② 강의 개요

단계	내용	자료	시간
	1. 지난 시간 돌아보기 • 정의로운 세상을 위한 인성 : 양심	소책자	5분
씨앗의 단계	1. 생각해 보는 한 토막 : 가까운 사람들 간의 예절 2. 미리 찾아보는 나의 〈예절〉 지수	소책자 동영상	10분
꽃의 단계	1. 본질 탐구 : 〈예절〉 너의 정체는 무엇이냐? • 예절이란? 2. 관계 탐구 : 〈예절〉 너의 친구는 누구냐? • 존중하는 세상을 위한 인성 • 존중하는 세상을 위한 여러 가지 인성 덕목 • 겸손과 효 실천 사례 3. 미래 탐구 : 〈예절〉 너를 어디에 쓸고? • 예절과 생활만족도	소책자 동영상	60분

단계	내용	자료	시간
꽃의 단계	4. 나를 위한 전략 : 나부터 바꿔보자! • 부모님께 편지쓰기 5. 아이를 위한 전략 : 아이도 바꿔보자! • 자녀의 예절 지수 UP 6. 가족을 위한 전략 : 모두 다 바꿔보자! • 재미있는 슬로건 • 가족이 함께 실천하는 이웃 간 예절	소책자 동영상	60분
열매의 단계	1. 정리하기 2. 정보 나누기	소책자	15분
총 90분			

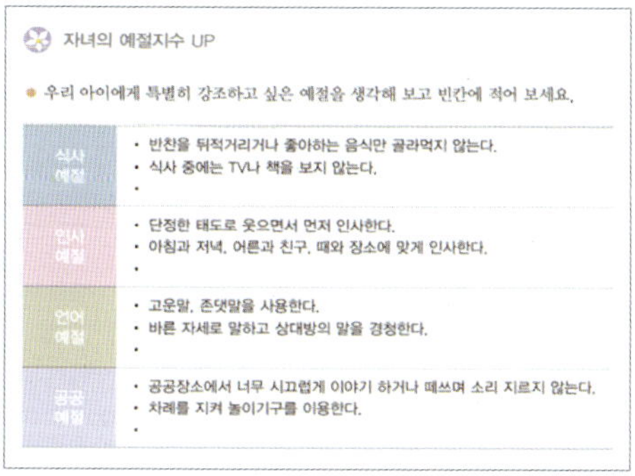

자녀의 예절지수 UP

• 우리 아이에게 특별히 강조하고 싶은 예절을 생각해 보고 빈칸에 적어 보세요.

식사 예절	• 반찬을 뒤적거리거나 좋아하는 음식만 골라먹지 않는다. • 식사 중에는 TV나 책을 보지 않는다. •
인사 예절	• 단정한 태도로 웃으면서 먼저 인사한다. • 아침과 저녁, 어른과 친구, 때와 장소에 맞게 인사한다. •
언어 예절	• 고운말, 존댓말을 사용한다. • 바른 자세로 말하고 상대방의 말을 경청한다. •
공공 예절	• 공공장소에서 너무 시끄럽게 이야기 하거나 떼쓰며 소리 지르지 않는다. • 차례를 지켜 놀이기구를 이용한다. •

• 예절교육을 할 때 그림책을 활용해 보세요.

올리비아 (에밀리 솔린저/효리원)

또박또박 반갑게 인사해요 (안미연/상상스쿨)

버릇없는 친구는 싫어요 (백미숙/두산동아)

나 하나쯤 뭐 어때? (이지현/키위북스)

소책자 예시

(7) 7차시 : 책임지는 세상을 위한 인성 〈책임〉

① 강의 목적

• 책임지는 세상을 위한 인성 〈책임〉의 의미, 관련 덕목과의 관계를 통해 인성 교육의 중요성을 인식한다.

• 부모가 가정에서 자녀를 책임감 있도록 도울 수 있는 실제적 방법을 학습하게 한다.

② 강의 개요

단계	내용	자료	시간
	1. 지난 시간 돌아보기 • 존중하는 세상을 위한 인성 : 예절	소책자	5분

단계	내용	자료	시간
씨앗의 단계	1. 생각해 보는 한 토막 : 책임을 다한 사람 2. 미리 찾아보는 나의 〈책임〉 지수	소책자 동영상	15분
꽃의 단계	1. 본질 탐구 : 〈책임〉 너의 정체는 무엇이냐? • 나의 역할 인식하기 2. 관계 탐구 : 〈책임〉 너의 친구는 누구냐? • 책임지는 세상을 위한 인성 3. 미래 탐구 : 〈책임〉 너를 어디에 쓸고? • 위대한 어머니 : 마이클 조던의 어머니 들러리스 4. 나를 위한 전략 : 나부터 바꿔보자! • 우선순위 정하기 5. 아이를 위한 전략 : 아이도 바꿔보자! • 스스로 결정하기 : 자율성의 힘 6. 가족을 위한 전략 : 모두 다 바꿔보자! • 가족의 역할 분담하기	소책자 동영상	55분
열매의 단계	1. 정리하기 2. 그림자극 관람하기	소책자	15분
총 90분			

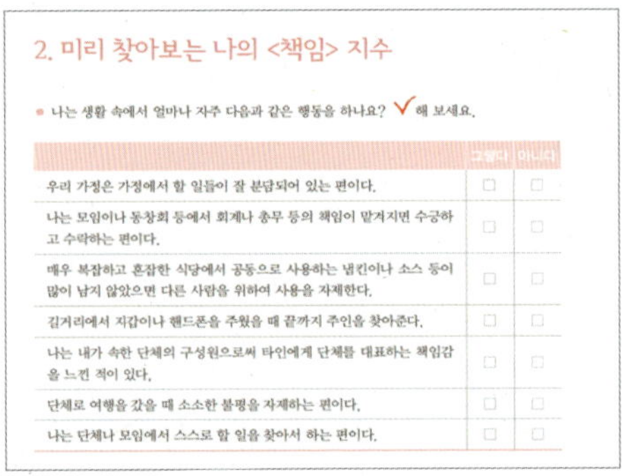

2. 미리 찾아보는 나의 <책임> 지수

• 나는 생활 속에서 얼마나 자주 다음과 같은 행동을 하나요? ✓해 보세요.

	그렇다	아니다
우리 가정은 가정에서 할 일들이 잘 분담되어 있는 편이다.	□	□
나는 모임이나 동창회 등에서 회계나 총무 등의 책임이 맡겨지면 수긍하고 수락하는 편이다.	□	□
매우 복잡하고 혼잡한 식당에서 공동으로 사용하는 냅킨이나 소스 등이 많이 남지 않았으면 다른 사람을 위하여 사용을 자제한다.	□	□
길거리에서 지갑이나 핸드폰을 주웠을 때 끝까지 주인을 찾아준다.	□	□
나는 내가 속한 단체의 구성원으로써 타인에게 단체를 대표하는 책임감을 느낀 적이 있다.	□	□
단체로 여행을 갔을 때 소소한 불평을 자제하는 편이다.	□	□
나는 단체나 모임에서 스스로 할 일을 찾아서 하는 편이다.	□	□

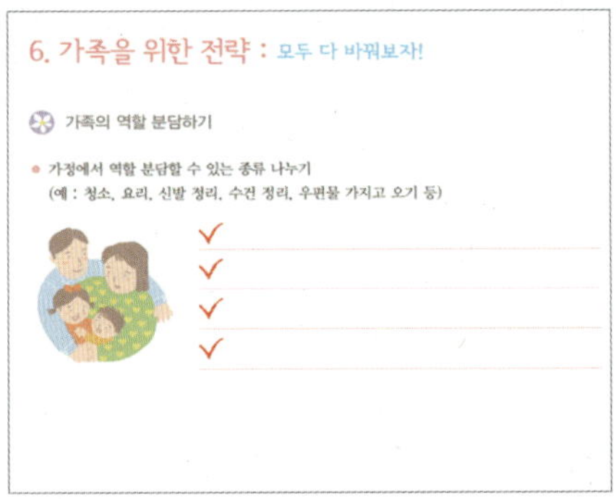

6. 가족을 위한 전략 : 모두 다 바꿔보자!

가족의 역할 분담하기

• 가정에서 역할 분담할 수 있는 종류 나누기
(예 : 청소, 요리, 신발 정리, 수건 정리, 우편물 가지고 오기 등)

✓
✓
✓
✓

소책자 예시

(8) 8차시 : 소통하는 세상을 위한 인성 〈공감〉

① 강의 목적

• 소통하는 세상을 위한 인성 〈공감〉의 의미, 관련 덕목과의 관계를 통해 인성 교육의 중요성을 인식한다.

• 공감능력을 높이기 위한 구체적인 방법을 배우고 실천한다.

② 강의 개요

단계	내용	자료	시간
	1. 지난 시간 돌아보기 • 책임지는 세상을 위한 인성 : 책임	소책자	5분
씨앗의 단계	1. 생각해 보는 한 토막 : 내 머릿속의 거울 2. 미리 찾아보는 나의 〈공감〉 지수	소책자 동영상	15분
꽃의 단계	1. 본질 탐구 : 〈공감〉 너의 정체는 무엇이냐? • 공감이란? • 공감적 경청 • 만화 속 공감과 소통 2. 관계 탐구 : 〈공감〉 너의 친구는 누구냐? • 소통하는 세상을 위한 인성 3. 미래 탐구 : 〈공감〉 너를 어디에 쓸고? • 공감능력과 학교폭력과의 관계 4. 나를 위한 전략 : 나부터 바꿔보자! • 상황에 따른 역할극하기 5. 아이를 위한 전략 : 아이도 바꿔보자! • 감정과 상황에 대해 공감하기 6. 가족을 위한 전략 : 모두 다 바꿔보자! • 가족 간에 공감적 경청과 공감적 표현하기 • 자연과 공감하는 기회 갖기 • 감정을 표현하고 조절하는 방법 정하기	소책자 동영상	55분
열매의 단계	1. 정리하기 2. 정보 나누기	소책자	15분
총 90분			

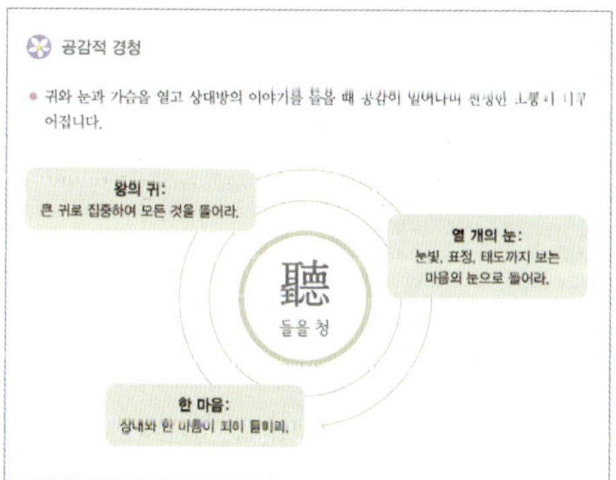

소책자 예시

(9) 9차시 : 자아가 건전한 세상을 위한 인성 〈자존감〉

① 강의 목적

- 자아가 건전한 세상을 위한 인성 〈자존감〉의 의미와 인성교육을 위한 부모의 역할을 인식한다.
- 부모 자신, 자녀, 가족의 자존감을 기르는 구체적인 방법을 탐색한다.

② 강의 개요

단계	내용	자료	시간
	1. 지난 시간 돌아보기 • 소통하는 세상을 위한 인성 : 공감	소책자	5분
씨앗의 단계	1. 생각해 보는 한 토막 : 명화로 생각하기 2. 미리 찾아보는 나의 〈자존감〉 지수	소책자 동영상	10분
꽃의 단계	1. 본질 탐구 : 〈자존감〉 너의 정체는 무엇이냐? • 건전한 자존감을 형성하는 3요소 • 자존감의 정의는 무엇일까? 2. 관계 탐구 : 〈자존감〉 너의 친구는 누구냐? • 자아가 건전한 세상을 위한 인성요소 3. 미래 탐구 : 〈자존감〉 너를 어디에 쓸고? • 한비야를 통해 자존감 미리보기 4. 나를 위한 전략 : 나부터 바꿔보자! • 부모로서 나 돌아보기 5. 아이를 위한 전략 : 아이도 바꿔보자! • 우리 아이의 좋은 점 바라보기 • 자존감 다치지 않게 훈육하는 법 6. 가족을 위한 전략 : 모두 다 바꿔보자! • 우리 가족 다짐문	소책자 동영상	60분
열매의 단계	1. 정리하기 2. 정보 나누기	소책자	15분
총 90분			

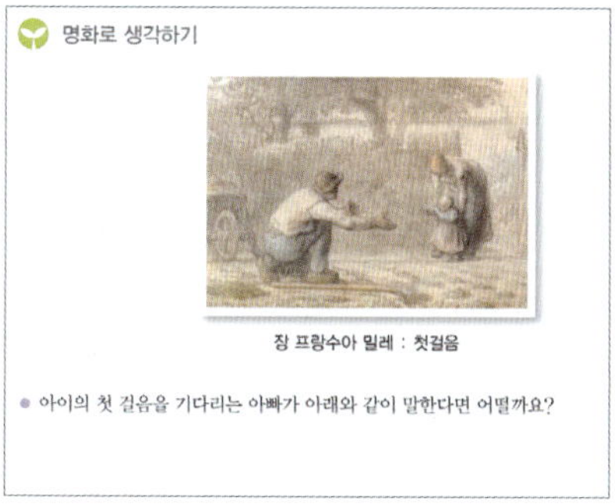

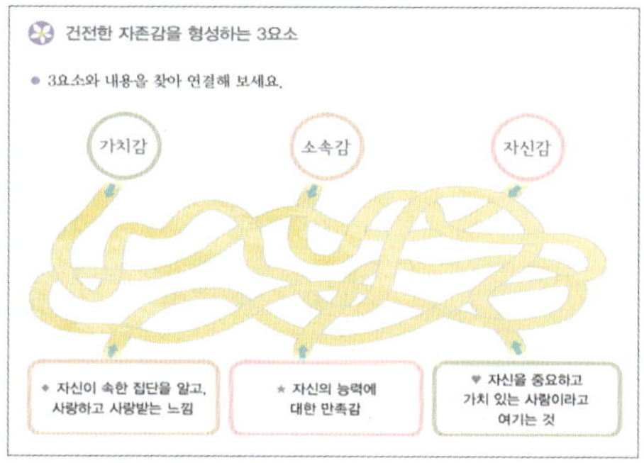

소책자 예시

(10) 10차시 : 프로그램 평가

① 강의 목적

- 10주간의 프로그램 진행사항에 대해 알아본다.
- 프로그램의 인성 내용 전체를 돌아보고 점검하는 시간을 갖는다.

② 강의 개요

단계	내용	자료	시간
	1. 지난 시간 돌아보기 • 자아가 건전한 세상을 위한 인성: 자존감	소책자	5분
씨앗의 단계	1. 10주간 진행된 프로그램 돌아보기 2. 인성의 내용 정리하기 • 함께하는 세상을 위한 인성 • 정의로운 세상을 위한 인성 • 존중하는 세상을 위한 인성 • 책임지는 세상을 위한 인성 • 소통하는 세상을 위한 인성 • 자아가 건전한 세상을 위한 인성	소책자 동영상	30분
꽃의 단계	1. 변화된 나, 자녀, 가족 돌아보기 2. 프로그램 평가서 작성하기	소책자 동영상	40분
열매의 단계	1. 정리하기 2. 실천을 위한 다짐하기 3. 수료증 수여	소책자	15분
총 90분			

프로그램에 참여하시면서 느끼신 점에 대해 솔직하게 답변해 주세요.

내 용		그렇지 않다	보통이다	그렇다
프로그램 내용	1. 프로그램의 주제가 잘 구성되었고 전체적으로 내용이 유익하고 이해하는데 어려움이 없었다.			
	2. 프로그램의 내용이 내 자신의 인성을 돌아보고 변화하는데 많은 도움이 되었다.			
	3. 프로그램을 통해 자녀의 인성교육에 도움이 되었다.			
	4. 인성에 대한 기초적인 지식뿐만 아니라 실제적인 도움이 되는 내용이었다.			
프로그램 진행방식	1. 전달식 강의와 부모의 직접 참여가 적절히 안배되었다.			
	2. 질문이나 의견제시를 편하게 할 수 있었다.			
	3. 프로그램 시간대와 요일이 적당하였다.			
	4. 진행시간의 길이가 적절하였다.			
	5. 장소가 참여하기에 적절하였다.			

소책자 예시

2. 학부모 협력연수 프로그램 : 우리 모두의 아이

교육부(2018)에서는 '우리 모두의 아이'라는 주제로 학부모 협력연수 프로그램을 소개하고 있다. 학부모 협력 프로그램은 유아기 자녀를 둔 학부모가 자녀양육과정에서 경험하는 문제상황이나 고민에 대한 학부모 상호 간 자녀교육과 경험을 공유함으로써, 자녀교육에 대한 효능감 및 역량 강화를 하고, 유치원과 가정의 연계를 위한 바람직한 학부모역할 수행방법을 협력적으로 모색함으로써 유아교육 지속성에 대한 실천을 마련하고자 한다. 또한 유치원 현장에서 효과적으로 학부모교육이 운영될 수 있도록 자료를 지원하는 것을 프로그램의 목적으로 하고 있다.

그림 9-5 유치원 학부모 협력연수 프로그램 자료집

출처 : 교육부(2018), 유치원 학부모 협력연수 프로그램(http://www.moe.go.kr/boardCnts/view.do?boardID=313&lev=0&statusYN=C&s=moe&m=030102&opType=N&boardSeq=73065)

부모교육 프로그램의 주제는 학부모의 자녀양육상황에서 갈등했던 내용과 유치원에서 교사가 생활지도 시 어려워했던 내용을 유아발달 내용과 연계하여 학부모 협력연수 프로그램의 주제로 선정하였다. 학부모교육 프로그램 학습과정은 주제별로 이해하기–토의하기–공유하기–협력적 대안 찾기코칭, 지도방법 소개, 실천방안 탐색 등며, 전체 학부모 협력 연수 프로그램을 통해 전달될 수 있도록 순환적 과정으로 구성하였다.

세부 내용을 살펴보면 이해하기는 자녀에 대한 이해뿐 아니라, 학부모 자신에 대한 이해를 바탕으로 자녀양육과 연계할 수 있는 학습과정이다. 토의하기, 공유하기는 자녀양육 및 어려움에 대한 경험을 나누고, 서로의 해결방안을 공유하며, 각 가정의 특성을 반영한 양육 실제 경험을 나누는 학습과정이다. 또한 협력적 대안 찾기는 각 주제별로 전문가 의견이 필요한 내용에서 전문가의 코칭을 통해 학부모 양육 실제를 지도하고, 실천방안으로 연계하는 학습과정이다. 마지막으로 실천과 반성은 각 주제별 토의를 통해 합의한 양육 실제를 가정에서 실천해 보거나 학부모 자신의 반성적 글쓰기 등을 통해 양육철학을 되돌아봄으로써 학부모의 자녀양육가치관을 점검하는 것으로 연계할 수 있는 학습과정이다.

본 프로그램은 공통주제 7차시를 포함하여 만 3, 4, 5세 각 연령별 주제가 각 2차시씩 제시되어 총 13차시의 내용으로 구성되어 있다. 학부모 교육 프로그램의 운영은 원 사정에 따라 학부모 연수60분, 학부모 교실60분×3회로 운영할 수 있도록 구성되었다.

1) 주제

연령	차시	내용	주제
3~5세 공통 주제	1	전인발달, 가족발달	엄마 아빠가 좋아요! – 학부모 협력연수의 필요성
	2	자아존중감	마음이 미래다 – 자존감
	3	의욕, 주도성, 동기, 의지, 자발성	우리 아이도 귀차니스트? – 의욕적인 아이로 자라기
	4	사회성, 친구관계	따로 또 같이, 혼자여도 괜찮아
	5	정서발달	공감하고, 가르쳐주세요 – 감정코칭
	6	창의성, 뇌발달, 호기심	창의성, 가르치지 마라!
	7	강점(책임감, 정직, 양보, 배려 등), 긍정적 정서	소신 부모로 살아가기 – 행복은 아이 안에
3세 주제	8	사고력, 뇌발달, 집중력, 학습능력	디지털 원주민과 살아가기 – 따뜻한 손길로 기르기
	9	애착	인형보다 엄마, 아빠가 필요해요 – 애착
4세 주제	8	균형 찾기	마음으로 연결된 모빌가족 – 균형 찾기
	9	전인발달(신체 · 인지 · 사회 · 정서발달)	사교육의 늪에 빠지다 – Back to the play
5세 주제	8	건강	제대로 알아보는 성교육과 아동학대
	9	소통능력, 이해력, 인성교육	글로벌 키즈 되기 – 문화를 이해하는 글로벌육아

2) 주제별 내용 구성

단계		내용	자료
지난 시간 돌아보기 ※ [학부모 교실]로 활용 시 해당		전주 주제와 관련하여 가정에서 실천한 내용을 중심으로 경험을 나누는 단계	• 프로그램 PPT • 학부모용 워크북
숨 고르기	관심 갖기	주제와의 관련성을 실생활에서 찾아보고 관심을 갖는 단계	• 프로그램 PPT • 학부모용 워크북
	멈춰 생각하기	주제의 핵심 개념에 대한 이해의 필요성과 문제의식을 갖는 단계	• 프로그램 PPT • 학부모용 워크북 • 전문가 활용영상
알아가기		차시 주제에 대한 핵심이론을 이해하고 습득하는 단계 ☞ 유치원의 지도방법을 이해	• 프로그램 PPT • 학부모용 워크북
나누기		알아가기에서 배운 지식을 실제 양육 경험과 연결 짓고 실천할 수 있는 정보를 얻는 단계 ☞ 전문가 코칭 ☞ 실천방안 탐색	

3) 운영형태

학부모교육 프로그램 운영은 학부모특성 및 유치원 및 강사의 상황에 맞게, 학부모교육 강의시간을 융통성 있게 운영할 수 있도록 학부모교육 운영시간에 대한 다양한 대안을 제시하였다. 학부모교육 프로그램 운영은 기본적으로 PPT를 활용하되, 학부모 연수대집단와 학부모 교실소집단로 운영할 수 있다.

학부모 연수	학부모 교실
• 대집단 형태(30명 이상) • 60분 강의 운영	• 소집단 형태(10~15명) • 180분 강의 운영 – 1개 주제(60분) * 3차시

학부모 연수(60분)	
숨 고르기 (20분)	숨 고르기–관심 갖기 강의
	숨 고르기–멈춰 생각하기 강의
알아가기 (30분)	알아가기 강의, 토의
나누기 (10분)	나누기 강의

학부모 교실(180분)			
1주	〈1주〉 1차시 (60분)	숨 고르기 (20분)	숨 고르기 강의
		알아가기 (30분)	알아가기 1 강의, 토의, 유치원 연계
		나누기 (10분)	나누기 강의
2주	〈2주〉 2차시 (60분)	숨 고르기 (20분)	지난 시간 돌아보기
		알아가기 (30분)	알아가기 2 강의, 토의, 전문가코칭 저널 쓰기
		나누기 (10분)	나누기 2
3주	〈3주〉 3차시 (60분)	숨 고르기 (20분)	지난 시간 돌아보기
		알아가기 (30분)	알아가기 3 실천경험 나누기(가정연계) 유치원 연계 토의
		나누기 (10분)	나누기 3 전문가 활용

4) 학부모용 워크북 예시

유치원 학부모 협력연수 프로그램

Contents

숨고르기

1. 관심 갖기 03
2. 멈춰 생각하기 04

알아가기

1. 부모교육이란 05

나누기

1. 가정과 연계할 수 있어요 09

숨고르기

1. 관심 갖기

구인광고-이런 사람 구합니다.

- 가족은 운명공동체라고 합니다.
  부모가 자녀를 선택할 수도 없고, 자녀도 부모를 선택할 수 없습니다.
  그러나 가족은 가장 가까운 사람으로서 서로에게 중요한 의미를 가집니다.
  그런데 만약 아이들이 부모를 선택할 수 있다면 어떤 부모를 원할까요?
  나의 아들/딸이라고 상상하면서 '내가 원하는 부모'라는 구인광고문을 작성해보세요.
  * 실제로 아이가 된 것처럼 잘 쓰지 않는 손으로 해 보세요.

이런 엄마 아빠를 찾습니다!

나 : (살)

숨고르기

2. 멈춰 생각하기

구직광고-이렇게 하겠습니다.

- 아이들이 낸 구인 광고를 보고 그들의 부모가 되고자 응모하는 글을 써 보세요.
  왜 내 아이의 부모가 되고 싶은지, 어떤 능력이나 장점이 있는지,
  앞으로 어떤 노력을 할 것인지 등의 내용으로 구직광고문을 작성해보세요.
  * 잘 쓰는 손으로 해 보세요

이런 엄마 아빠가 되겠습니다.

♥ '울지 마'라고 무섭게 말하지 않을게

♥ 엄마가 먼저 '사랑해'라고 말할게

♥ 신체 조건 - ______

♥ 경제적 조건 - ______

♥ ______

♥ ______

♥ ______

♥ ______

♥ ______

알아가기

1. 부모교육이란

'아이 돌보는 일? 그냥 하는 거지 뭐..' 정말 그럴까요?

'사람들이 차를 운전하거나 컴퓨터를 사용하기 위해서는
여러 시간 훈련할 것을 기대하면서
아이를 돌보는 일에 대해서는
'그냥 하는 거지 뭐...'라고 말하는 것은 우스운 일이다..

우리 모두 경험했듯이,
한밤중에 아기가 울음을 그치지 않는데, 어찌할 바를 모르고 있다.

부모가 되려면 부모면허증 제도를 도입해야 한다.'

- 캐머런 영국 전 총리
(2012년 5월)

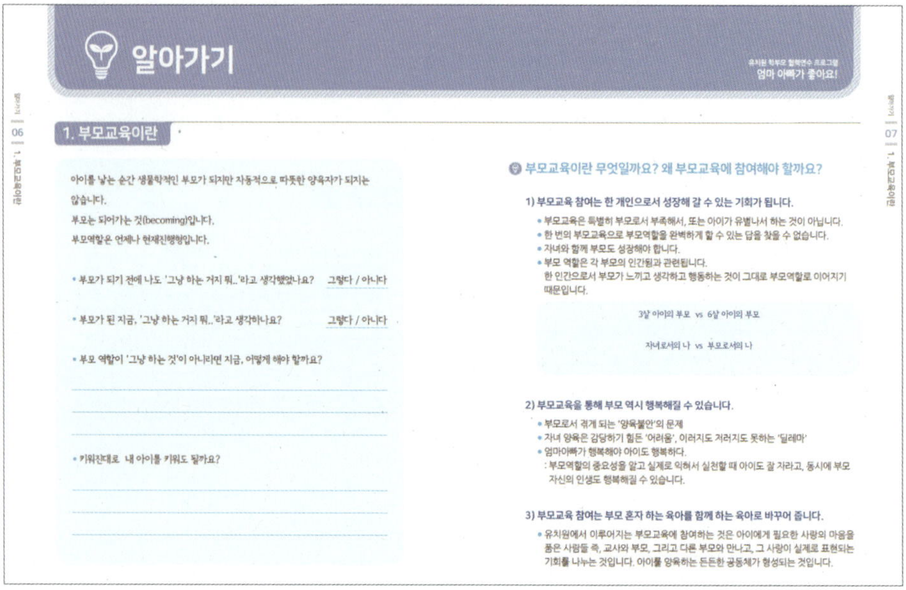

알아가기

유치원 학부모 협력연수 프로그램
엄마 아빠가 좋아요!

06 1. 부모교육이란

1. 부모교육이란

아이를 낳는 순간 생물학적인 부모가 되지만 자동적으로 따뜻한 양육자가 되지는 않습니다.
부모는 되어가는 것(becoming)입니다.
부모역할은 언제나 현재진행형입니다.

- 부모가 되기 전에 나도 '그냥 하는 거지 뭐..'라고 생각했었나요? 그렇다 / 아니다
- 부모가 된 지금, '그냥 하는 거지 뭐..'라고 생각하나요? 그렇다 / 아니다
- 부모 역할이 '그냥 하는 것'이 아니라면 지금, 어떻게 해야 할까요?
- 키워진대로 내 아이를 키워도 될까요?

07 1. 부모교육이란

부모교육이란 무엇일까요? 왜 부모교육에 참여해야 할까요?

1) 부모교육 참여는 한 개인으로서 성장해 갈 수 있는 기회가 됩니다.
- 부모교육은 특별히 부모로서 부족해서, 또는 아이가 유별나서 하는 것이 아닙니다.
- 한 번의 부모교육으로 부모역할을 완벽하게 할 수 있는 답을 찾을 수 없습니다.
- 자녀와 함께 부모도 성장해야 합니다.
- 부모 역할은 각 부모의 인간됨과 관련됩니다.
  한 인간으로서 부모가 느끼고 생각하고 행동하는 것이 그대로 부모역할로 이어지기 때문입니다.

3살 아이의 부모 vs 6살 아이의 부모

자녀로서의 나 vs 부모로서의 나

2) 부모교육을 통해 부모 역시 행복해질 수 있습니다.
- 부모로서 겪게 되는 '양육불안'의 문제
- 자녀 양육은 감당하기 힘든 '어려움', 이러지도 저러지도 못하는 '딜레마'
- 엄마아빠가 행복해야 아이도 행복하다.
  : 부모역할의 중요성을 알고 실제로 익혀서 실천할 때 아이도 잘 자라고, 동시에 부모 자신의 인생도 행복해질 수 있습니다.

3) 부모교육 참여는 부모 혼자 하는 육아를 함께 하는 육아로 바꾸어 줍니다.
- 유치원에서 이루어지는 부모교육에 참여하는 것은 아이에게 필요한 사랑의 마음을 품은 사람들 즉, 교사와 부모, 그리고 다른 부모와 만나고, 그 사랑이 실제로 표현되는 기회를 나누는 것입니다. 아이를 양육하는 든든한 공동체가 형성되는 것입니다.

출처 : 교육부(2018), 유치원 학부모 협력연수 프로그램(http://www.moe.go.kr/boardCnts/view.do?boardID=313&lev=0&statusYN=C&s=moe&m=030102&opType=N&boardSeq=73065)

이상으로 교육부에서 제공하는 부모교육 프로그램 두 가지를 요약하여 소개하였다. 자세한 내용은 출처에 표기된 링크를 참조하여 다운로드 받을 수 있다.

아무리 교육부에서 많은 연구와 노력을 하여 좋은 프로그램을 만들었더라도 프로그램을 본인의 기관에 그대로 적용하기에는 여러 가지 제약이 따를 수 있다. 그러므로 기관 사정에 맞게 일정과 방법 등을 수정하여 우리 기관에 꼭 맞는 실효성 있는 부모교육 프로그램으로 만드는 노력이 필요하다.

CHAPTER

10

그림책을 활용한 놀이 중심 부모교육 프로그램

1. 프로그램이 목적 및 목표 | 2. 프로그램의 교육 내용 | 3. 프로그램의 교수-학습방법
4. 그림책을 활용한 부모교육 프로그램 세부 내용

CHAPTER 10

부모교육이론서에서 소개되고 있는 대표적 부모교육 프로그램은 전문적인 교육을 받아야 하는 경우가 대부분이다. 전문적인 교육을 위해 많은 시간적 · 경제적인 투자가 필요하며 영유아교육현장에 있는 교사들에게는 교육기회에 대한 접근성도 어려운 편이다. 교육기관에서는 부모교육을 위한 교사교육의 어려움을 극복하기 위한 다양하고 쉬운 방법을 연구할 필요가 있다. 이에 본 장에서는 영유아교육현장뿐 아니라 부모들도 쉽게 구할 수 있는 그림책을 활용하여 '그림책을 활용한 놀이 중심 부모교육 프로그램(문소라, 2017)'을 소개하고자 한다.

1. 프로그램의 목적 및 목표

본 연구에서 개발한 '그림책을 활용한 놀이 중심 부모교육 프로그램'은 가정에서 쉽게 구할 수 있는 그림책을 활용한 부모교육이다. 부모교육은 유아기 놀이의 본질과 중요성을 바탕으로 부모가 자녀의 놀이에 대한 긍정적인 신념을 갖고, 긍정적인 의사소통능력을 기르며, 가정에서 자녀와의 놀이 참여를 높이는 데 그 목적이 있다.

이와 같은 목적을 달성하기 위하여 다음과 같은 교육목표를 설정하였다.

첫째, 그림책 속 주인공 탐색을 통해 자녀의 정서 및 발달의 특징을 알고, 긍정적 의사소통방법과 올바른 부모의 역할에 대해 안다.

둘째, 그림책을 활용한 유아기 자녀의 발달을 지원하는 다양한 놀이방법을 익힌다.

2. 프로그램의 교육 내용

'그림책을 활용한 놀이 중심 부모교육 프로그램'은 유아기 자녀 이해하기 및 그림책을 활용한 놀이의 2가지 범주로 나누어 볼 수 있다.

표 10-1 그림책을 활용한 놀이 중심 부모교육 프로그램의 내용체계

구분	목표	내용	시간	진행방식
유아기 자녀 이해하기	• 유아기 놀이의 본질과 중요성을 인식하고, 긍정적인 놀이신념을 갖는다. • 유아기 자녀의 발달특징과 긍정적인 의사소통방법에 대해 안다.	• 유아기 놀이의 본질과 중요성 및 놀이가 유아기 자녀에게 미치는 영향을 알아본다. • 그림책을 감상하고, 그림책 속에 표현된 등장인물이 정서 및 발달단계를 알아본다. • 유아기 자녀의 발달단계에 적합한 놀이지원방법과 긍정적인 의사소통방법에 대해 토의한다.	30분	강의 및 토의

구분	목표	내용	시간	진행방식
그림책을 활용한놀이 (교구제작 및 놀이방법 익히기)	• 자녀발달에 적합한 그림책 선정기준에 대해 안다. • 자녀의 발달단계에 맞는 그림책을 활용한 놀이방법에 대해 안다. • 놀이의 즐거움을 알고, 놀이에 적극적으로 참여한다.	• 자녀발달에 적합한 그림책 선정방법에 대해 알아본다. • 그림책을 활용한 다양한 놀이방법에 대해 알아본다. • 그림책과 관련된 교구를 제작한다. • 제작한 교구를 활용한 놀이의 방법을 익히고, 가정에서 자녀와의 놀이에 활용한다.	30분	실습

첫째, 유아기 놀이의 본질과 가치를 인식하고, 유아기 자녀의 발달특징 및 긍정적 의사소통방법에 대해 안다. 세부적으로 살펴보면, 놀이가 유아기 자녀에게 미치는 긍정적 영향에 대해 알고 유아기 자녀에게 꼭 필요한 적기교육, 즉 놀이에 대한 긍정적 신념을 갖는다. 그림책에 표현된 유아기 등장인물을 살펴보면, 유아기 자녀의 감정, 발달단계에 따른 행동특징이 잘 나타나 있다. 이러한 유아기 등장인물의 발달단계 탐색활동을 통하여 자녀의 사회정서 및 신체발달단계의 특징을 이해하고, 자녀와의 놀이참여자로서의 역할에 대한 태도와 긍정적 의사소통방법, 올바른 부모의 역할에 대해 토의하는 시간을 갖는다. 유인숙과 김민화(2016)의 연구에서는 그림책에는 함축적이고 생생한 인물들의 갈등이 담겨 있으므로 직접적으로 자신의 이야기를 노출하는 것에 대한 두려움을 줄여준다고 하였다. 또한 그림책 등장인물에 대한 감정이입과 문제해결과정을 통해 보다 적극적으로 교육에 참여할 수 있음을 강조하였다. 이러한 선행연구를 토대로 그림책을 통하여 자녀를 이해하고 자녀와의 긍정적인 의사소통기술을 익히며, 놀이에 대한 긍정적인 신념을 갖는 것을 목표로 하였다.

둘째, '그림책을 활용한 놀이 중심 부모교육 프로그램'은 그림책을 매개로 하여 각 가정에서 부모의 자녀와의 놀이 참여의 확대를 목표로 한다. 놀이에 앞서 함께 그림책을 재미있게 접할 수 있도록, 그림책은 만 3~5세 연령별 누리과정 교사용 지도서 및 스토리텔링과 책놀이(이송은, 2014), 그림책으로 읽는 아이들 마음(서천석, 2016) 등의 연령별 추천 그림책 목록을 통해 선정하였다.

그림책을 활용한 전인발달을 돕는 다양한 놀이방법에 대해 알고, 필요한 교구를 제작한다. 그림책 읽어주기의 긍정적 효과에 대한 정보로 인하여 가정의 부모들은 그림책에 관심을 기울이고 있으나 그림책 읽어주기 시 상호작용방법 및 후속활동에 대한 어려움을 겪고 있다(김은, 2001 ; 전우경, 2002). 이와 같은 선행연구를 토대로 그림책과 관련된 놀이교구를 직접 제작하고, 자녀와 함께 놀이할 수 있는 교구를 활용한 놀이방법을 습득하여 부모가 가정에서 자녀와 쉽고 재미있게 놀이할 수 있도록 한다. 교구는 부모교육현장에서 부모들이 직접 제작하고, 놀이방법에 대해 알아본 뒤, 교육에 참여한 부모들과 놀이에 즐겁게 참여할 수 있는 기회를 제공한다. 그림책과 관련된 놀이 교구 제작을 위한 재료는 교사가 활동에 맞추어 직접 준비하고 교구는 시간 및 부모들의 수준을 고려하여 사전에 간단한 조작만으로도 완성될 수 있는 수준으로 준비한다.

3. 프로그램의 교수-학습방법

부모교육 프로그램은 총 12회기 활동으로 구성되어 있으며 1회기당 2권의 그림책을 활용하여 교육한다. 2권의 그림책 중 1권은 자녀와의 놀이에 참여하기 전 자녀발달의 이해를 돕기 위한 그림책으로 그림책에 등장하는 등장인물탐색을 통한 유아기 자녀의 발달단계 및 정서탐색을 위한 그림책이다. 다른 1권은 그림책과 관련된 놀이방법을 익히도록 돕기 위한 그림책이다. 즉, 자녀와의 놀이에 긍정적으로 참여하기 위하여 자녀발달 특징을 이해하기 위한 그림책과 스토리텔링과 동화구연 및 부모-자녀 간 놀이에 매개로 사용하기 위하여 준비한 그림책으로 구분할 수 있다. 프로그램의 모든 내용은 가정에서 자녀에게 그대로 실천할 수 있도록 명확하고 구체적인 내용으로 구성한다. '그림책을 활용한 부모교육 프로그램'의 12회기 활동 내용 및 각 회기별 세부 내용의 예는 다음과 같다.

표 10-2 그림책을 활용한 놀이 중심 부모교육 프로그램 내용

회기	유아기 자녀 이해하기	그림책을 활용한 놀이	
1회기	 **《안아줘!》** 애착	**[오리엔테이션]** • 부모교육에 참여한 참여자들의 자기 소개 • 부모교육 일정안내 • 그림책에 대해 알아보기 • 동화구연을 위한 호흡과 발성의 훈련 • 스토리텔링과 책놀이 읽기 유형 알아보기	
2회기	 **《소피가 화나면 정말 정말 화나면》** 정서지능	 **《모리의 커다란 성》**	 나만의 성 꾸미기
3회기	 **《너무 부끄러워》** 자아존중감	 **《난 토마토 절대 안 먹어》**	 편식을 줄이는 채소놀이

회기	유아기 자녀 이해하기	그림책을 활용한 놀이	
4회기	 《엄마가 화났다》 언어적 의사소통을 통한 자아개념 발달	 《검피 아저씨의 뱃놀이》	 
5회기	 《망태 할아버지가 온다》 훈육방식	 《크릭터》	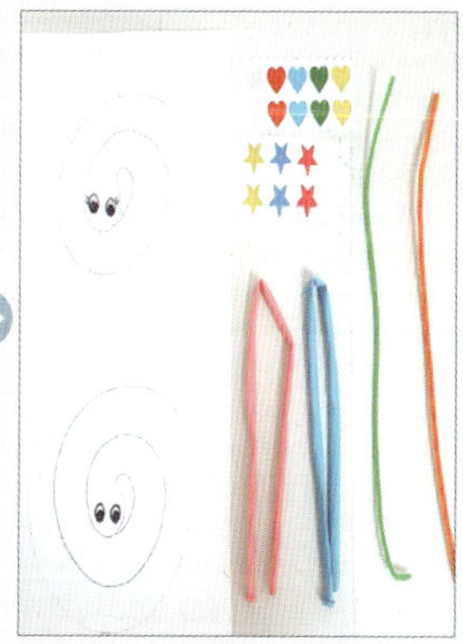 내 친구 크릭터
6회기	 《외톨이 사자는 친구가 없대요》 친구관계	 《그건 내 조끼야》	 쭈우 쭈우 스타킹놀이

회기	유아기 자녀 이해하기	그림책을 활용한 놀이	
7회기	 《안 돼, 데이빗!》 놀이인격	 《그래, 나는 생쥐야!》	 요술 책 만들기
8회기	 《에드와르도 세상에서 가장 못된 아이》 양육 스트레스	 《꿈에서 맛본 똥파리》	 파리를 잡아라
9회기	 《몽글몽글 따끔따끔》 형제관계 스트레스	 《아빠랑 함께 피자 놀이를》	 신나는 밀가루 놀이

<table>
<tr><th>회기</th><th>유아기 자녀 이해하기</th><th colspan="2">그림책을 활용한 놀이</th></tr>
<tr><td>10회기</td><td>

《엄마 아빠 싸우지 마세요!》
가족관계 스트레스</td><td>

《고 녀석 맛있겠다》</td><td>
블록동화 만들기</td></tr>
<tr><td>11회기</td><td>

《무지개 꽃이 피었어요》
친사회적 행동</td><td>

《깜박깜박 도깨비》</td><td>
메모리게임</td></tr>
<tr><td>12회기</td><td>

《언제까지나 너를 사랑해》
부모의 역할</td><td>

《내가 아빠를 얼마나 사랑하는지 아세요?》</td><td>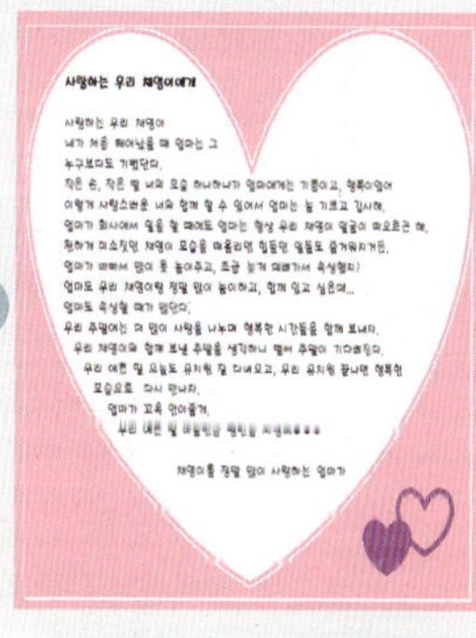
사랑하는 나의 아들/딸에게 편지 쓰기</td></tr>
</table>

4. 그림책을 활용한 부모교육 프로그램 세부 내용

1) 1회기 : 그림책을 활용한 부모교육 《안아줘!》

오리엔테이션

1. 부모교육에 참여한 참여자들의 자기소개
   - 자기소개, 참여 동기, 참여 후 배우고 싶은 내용, 육아의 어려움
2. 부모교육 일정안내
   - 시간, 장소, 준비물 안내
3. 그림책에 대해 알아보기
   - 그림책의 특성
   - 그림책의 변천과정
4. 동화구연을 위한 호흡과 발성의 훈련

1회기	유아기 자녀 이해하기
주제	애착
선정 그림책	안아줘!
활동 목표	• 애착의 의미와 중요성을 인식한다. • 자녀와 긍정적인 유대관계를 형성한다.

1. 그림책 감상하기
   - 보보는 왜 꼭 엄마에게 안겨야만 했을까?
2. 애착이란?
   - 애착의 의미
   - 애착행동
3. 애착 유형 알아보기
   - 애착실험 관찰하기
   - 우리 아이는 어떤 애착 유형일까?
   - 우리 아이의 마음 엿보기
4. 생각해 보기
   - 포옹의 힘 / 말의 힘
   - 우리들의 약속 정하기(매일 귀가시간 3초간 꼭 안아주며 '사랑해' 말하기
5. 나의 다짐
   - 내가 바라는 우리 아이의 모습
   - 나는 우리 아이에게 어떤 모습이고 싶은가?
   - 소망을 이루기 위한 나의 다짐을 '나의 다짐책'에 기록하기

2) 1회기 : 그림책을 활용한 놀이

1회기	그림책을 활용한 놀이(교구 제작 및 놀이방법 익히기)
활동 목표	• 앞으로 진행될 부모교육의 내용에 관심을 갖는다. • 색지를 이용한 접기방법을 통해 작은 책을 꾸민다.
준비물	머메이드지, 풀, 가위, 벨크로(까슬이, 보슬이), 그리기 도구(색연필, 사인펜 등)
교구 제작하기 (나의 다짐 책 만들기)	1. 머메이드지를 정해진 크기로 자른다. 2. 자른 머메이드지의 가로로 길게 놓은 뒤, 하단을 2cm 접어 올린다. 3. 접어올린 면이 안쪽으로 들어오도록 한 뒤, 10등분이 되도록 아코디언 접기를 한다. 3. 그리기 도구를 활용하여 작은 책 표지를 꾸민다.

1. 작은 책 한 면에 들어가는 크기의 머메이드지를 각 회기마다 한 장씩 준비한다.
2. 부모교육을 마무리하는 시간에는 준비한 머메이드지에 강의 내용과 관련하여 내가 아이에게 하고 싶은 말과 피하고 싶은 말을 종이의 앞, 뒤에 각각 적어 넣는다.
3. 매 회기 부모교육이 시작할 때에는 내가 기록한 책을 가져와 실천한 내용에 대해 이야기 나눈다.

3) 2회기 : 그림책을 활용한 부모교육 《소피가 화나면, 정말 정말 화나면》

2회기	유아기 자녀 이해하기
주제	정서지능
선정 그림책	소피가 화나면, 정말 정말 화나면
활동 목표	• 자녀가 느낄 수 있는 다양한 정서의 종류와 정서의 특징을 안다. • 자녀의 정서지능발달을 위한 양육방법에 대해 안다.

1. 그림책 감상하기
2. 최근 내가 가장 많이 느끼는 정서에 대해 이야기 나누기
   - (다양한 정서카드를 제시하고) 최근 내가 가장 많이 느끼는 정서와 가까운 단어 골라 이야기하기
3. 정서지능의 중요성
4. 정서지능의 출현 시기 및 발달과정
   - 자녀의 다양한 정서는 언제부터 출현할까?
   - 정서발달과정에 대해 알아보기
5. 최근 우리 아이에게 긍정적 정서(혹은 부정적 정서)에 영향을 주는 환경적 요인에 대해 알아보기
   - 우리 아이가 가정에서 가장 행복한(또는 슬픈) 기분을 느꼈을 때는 언제였을까?
   - 나의 행동 중 자녀의 긍정적 정서(또는 부정적 정서)를 끌어낸 행동은 무엇이었을까?
6. 감정표현 모델링 유형 알아보기
7. 감정지능발달을 위한 부모의 역할
8. 나의 다짐 책 만들기

4) 2회기 : 그림책을 활용한 놀이 《모리의 커다란 성》

2회기	그림책을 활용한 놀이(교구 제작 및 놀이방법 익히기)	
선정 그림책	모리의 커다란 성	
활동 목표	그림책 속에 표현된 다양한 도형을 탐색하고, 도형을 활용한 놀이방법에 대해 안다.	
준비물	EVA(초록색 또는 연두색), 도일리페이퍼, 양면테이프, 가위	
교구 제작하기 (성 꾸미기 재료준비)	1. 그림책 속에서 모리가 지른 풀밭의 모양과 같이 EVA를 가위로 잘라 풀밭 조각을 만든다. 2. 자른 도형 EVA 뒷면에 양면테이프를 붙인다.	

1. '○○모양 어디 있나?' 노래와 함께 다양한 풀밭조각의 모형을 탐색한다.
2. 도일리페이퍼 위에 다양한 풀밭조각을 이용하여 내가 짓고 싶은 성을 구성한다.
3. 풀밭조각 뒤에 있는 양면테이프를 떼어 도일리 페이퍼에 붙인다.
4. 완성한 성에 대해 소개하는 시간을 갖는다.

5) 3회기 : 그림책을 활용한 부모교육 《너무 부끄러워!》

3회기	유아기 자녀 이해하기
주제	성공을 결정하는 원동력, 자아존중감
선정 그림책	너무 부끄러워!
활동 목표	• 자아존중감의 의미와 자아존중감과 성공의 연관성에 대해 안다. • 자녀의 자아존중감을 높여 주기 위한 부모의 역할에 대해 알고 실천한다.

1. 그림책 감상하기
2. 자아존중감의 정의 알아보기
   – 자아존중감이란?
3. 자아존중감의 발달단계 탐색하기
4. 우리 아이의 첫 사회경험과 자아존중감과의 관계 알아보기
   – 자아존중감은 유치원 및 초등학교 적응에 어떤 영향을 줄까?
5. 자아존중감과 사회적 유능성과의 관계 알아보기
   – 자아존중감과 사회적 유능성을 비교한 영상자료 감상하기
   – 자아존중감을 높이기 위한 상황극 하기
6. 자아존중감을 증진시키기 위한 방법과 피해야 할 점 알아보기
7. 자녀의 자아존중감을 높여주기 위한 실천
   – 자녀의 성취감을 높이기 위한 방법 토의하기
   – 자녀의 장점 찾아 종이에 적기
     (가정에서 가장 잘 보이는 곳에 붙여주고, 자녀에게 칭찬해주기)
8. '자아존중감에 대한 학자들의 정의' 영상 감상하기
9. 나의 다짐 책 만들기
   – 자녀의 자아존중감을 높여 주기 위해 내가 하고 싶은 말과 피해야 할 말 적고 실천하기

6) 3회기 : 그림책을 활용한 놀이 《난 토마토 절대 안 먹어》

3회기	그림책을 활용한 놀이(교구 제작 및 놀이방법 익히기)
선정 그림책	난 토마토 절대 안 먹어 
활동 목표	• 그림책에 표현된 놀이요소를 탐색한다. • 자연스럽게 채소를 탐색하고, 채소를 이용 놀이방법에 대해 안다.
준비물	파프리카, 오이, 가지, 호박 등 다양한 채소 실물자료, 칼, 도마, 물감, 접시, 물, 도화지
교구 제작하기 (채소도장 찍기 놀이 재료준비)	1. 우리 주변에서 볼 수 있는 다양한 색깔과 모양, 질감의 채소를 준비한다. 2. 채소를 다양한 방향으로 자른다. 3. 접시에 크기에 맞는 펠트지를 깔아놓은 뒤 물감과 물을 섞어 접시에 부어 찍기놀이 물감을 준비한다.

1. 다양한 색깔과 모양, 질감의 채소를 준비한 뒤, 자연스럽게 다양한 채소를 탐색한다.
2. 다양한 방향으로 자른 채소의 단면모양, 색깔, 냄새를 탐색한다.
3. 다양한 채소에 물감을 묻히고, 도화지에 찍어 다양한 모양을 꾸민다.
4. 완성된 작품을 잘 말린 뒤 감상한다.

7) 4회기 : 그림책을 활용한 부모교육 《엄마가 화났다》

4회기	유아기 자녀 이해하기
주제	언어적 의사소통을 통한 자아개념발달
선정 그림책	엄마가 화났다
활동 목표	• 등장인물의 행동을 통해 유아기 자녀가 인식하는 놀이의 개념과 놀이행동을 탐색한다. • 긍정적 자아개념발달을 돕는 어머니의 긍정적 의사소통방법에 대해 알고 실천한다.

1. 내가 우리 아이에게 가장 많이 하는 말 이야기 나누기
2. 그림책 속 등장인물 탐색하기
   - 엄마가 화났다
3. 그림책 속에 표현된 주인공의 입장에 대한 토의
   - 내가 만약 그림책 속 엄마라면 어떤 감정을 느꼈을까?
   - 산이는 왜 이런 행동을 했을까?
   - 내가 만약 산이라면 어떤 감정을 느끼고 있을까?
4. 자아존중감과 자아개념에 대해 알아보기
5. 긍정적 언어 환경의 중요성에 대해 이야기 나누기
6. 긍정적 자아개념 확립을 위한 언어적 환경에 대해 알아보기
7. 그림책 주인공이 되어 보기
   - 산이 엄마가 되어 산이에게 긍정적 언어로 표현하기
8. '물은 답을 알고 있다', '말의 힘' 동영상 시청
9. 나의 약속 책 만들기

8) 4회기 : 그림책을 활용한 놀이 《검피 아저씨의 뱃놀이》

4회기	그림책을 활용한 놀이(교구 제작 및 놀이방법 익히기)	
선정 그림책	검피 아저씨의 뱃놀이	
활동 목표	• 펠트를 활용하여 그림책 속 등장인물 손인형을 제작한다. • 등장인물 인형을 활용하여 할 수 있는 놀이방법에 대해 안다. • 손인형을 활용한 역할놀이에 능동적으로 참여한다.	
준비물	검피아저씨와 뱃놀이 등장인물 그림 인쇄물, 코팅기, 코팅지, 가위, 접착펠트지, 우드락, 까슬이, 융	
교구 제작하기 (융판동화 만들기)	1. 코팅한 등장인물을 펠트에 붙인 뒤, 손인형 뒷면에 까슬이를 붙인다. 2. 우드락 위에 융을 붙인 뒤, 다양한 색깔의 펠트를 이용하여 배경을 꾸민다.	

1. 그림책 등장인물 손인형을 활용하여 할 수 있는 놀이방법을 알아본다.
2. 그림책 속 내용을 회상하며 손인형을 활용한 인형극을 한다.
3. 손인형을 활용하여 자유롭게 역할놀이를 진행한다.
4. 역할을 바꾸어 역할놀이를 진행한다.

9) 5회기 : 그림책을 활용한 부모교육 《망태 할아버지가 온다》

5회기	유아기 자녀 이해하기
주제	훈육방식
선정 그림책	망태 할아버지가 온다
활동 목표	• 다양한 양육방식의 특징과 양육방식이 자녀에게 미치는 영향에 대해 안다. • 자녀에게 긍정적인 영향을 미치는 부모의 역할에 대해 안다.

1. 그림책 감상하기
2. 주인공의 입장이 되어보기
   - 그림책 속 자녀는 어떤 감정을 느끼고 있을까?
   - 그림책 속 엄마가 기대하는 것은 무엇일까?
3. 그림책과 같은 상황에 처했을 때의 나의 훈육방법에 대해 이야기 나누기
   - 나는 평소에 자녀를 어떻게 훈육하는가?
     (아이가 밥을 먹지 않을 때, 잠을 자려고 하지 않을 때, 거짓말을 할 때)
4. 나의 양육방식 알아보기
   - 체크리스트를 통한 나의 양육방식 알아보기
5. 어린 시절 내가 받았던 훈육방식과 비교하기
   - 우리 부모님의 양육방식과 나의 현재의 모습 비교하기
6. 훈육방식이 자녀에게 미치는 영향 알아보기
   - 양육방식의 효과는 무엇일까?
   - 양육방식의 역효과는 무엇일까?
7. 바람직한 부모모델이 되기 위한 방법에 대한 토의
8. 나의 다짐 책 만들기
   - 올바른 자녀훈육을 위해 노력하고 싶은 말과 고쳐야 할 나의 언어습관

10) 5회기 : 그림책을 활용한 놀이 《크릭터》

5회기	그림책을 활용한 놀이(교구 제작 및 놀이방법 익히기)
선정 그림책	크릭터
활동 목표	• 그림책 속 등장인물을 탐색하고, 신체로 표현하는 방법에 대해 안다. • 다양한 사물의 특징과 표현방법에 대해 안다. 
준비물	백업, 모루, 절연테이프, 인형눈알, 풍선, 모루, 그림책 속 장면 그림, 스티커, 크릭터 본 종이, 가위
교구 제작하기 (크릭터 인형 만들기)	1. 백업에 절연테이프를 사선으로 줄무늬를 만들 듯이 끝까지 감아준다. 2. 백업 윗면에 모루를 붙여 크릭터 얼굴을 만든다. 3. 얼굴에 인형눈알을 붙이고, 스티커를 이용하여 크릭터 인형의 몸을 꾸민다.

1. 모루를 이용하여 크릭터가 몸으로 만든 숫자와 글자를 만든 뒤, 신체로 크릭터가 만든 숫자와 문자를 표현해 본다.
2. 크릭터 인형을 활용하여 물체변형놀이를 한다(예 : 목에 감아 목도리 만들기 등).
3. 크릭터 본 종이를 가위선을 따라 나선형으로 잘라 인형을 만든 뒤, 그리기 도구로 꾸며준다.

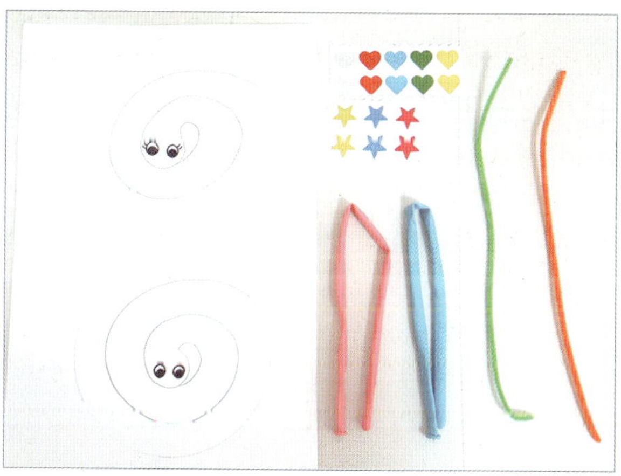

11) 6회기 : 그림책을 활용한 부모교육 《외톨이 사자는 친구가 없대요》

6회기	유아기 자녀 이해하기
주제	친구관계
선정 그림책	외톨이 사자는 친구가 없대요
활동 목표	• 유아기 친구관계의 의미와 발달단계에 대해 안다. • 친구관계 형성 및 갈등해결을 위한 양육방법에 대해 안다.

1. 그림책 감상하기
2. 그림책 속 주인공이 느끼는 정서에 대해 이야기 나누기
   - 외톨이 사자는 친구들에게 다가갈 때 어떤 마음으로 다가갔을까?
   - 처음 보는 친구가 다가왔을 때 고슴도치, 사슴, 양은 어떤 생각을 했을까?
   - 친구들이 모두 도망가고 난 뒤 혼자 남은 외톨이 사자는 어떤 마음이었을까?
3. 친구관계가 원만하다고 생각하는 아이의 특징에 대해 토의하기
   - 친구관계가 원만하다고 생각하는 아이의 행동은 무엇인가?
   - 친구관계가 원만하다고 생각하는 아이의 성격은 어떤 특징이 있는가?
4. 친구관계의 중요성에 대해 알아보기
   - 유아기 친구관계의 의미는 무엇일까?
   - 유아기 친구관계 발달단계
5. 친구관계를 지원하기 위한 양육기술 알아보기
   - 친구관계를 방해하는 요인
   - 친구관계를 지원하는 부모의 역할
6. 나의 다짐 책 만들기
   - 친구관계를 지원하기 위해 도움을 주는 언어와 친구관계를 방해하지 않기 위해 피해야 할 언어

12) 6회기 : 그림책을 활용한 놀이 《그건 내 조끼야》

6회기	그림책을 활용한 놀이(교구 제작 및 놀이방법 익히기)	
선정 그림책	그건 내 조끼야	
활동 목표	• 그림책에 표현된 수학적 요소와 수학적 요소를 활용한 놀이방법에 대해 안다. • 스타킹을 이용한 신체놀이방법을 익힌다.	
준비물	그림책 등장인물 도안, 가위, 코팅지, 까슬이, 스타킹	
교구 제작하기 (등장인물 크기 비교 카드)	1. 등장인물 도안을 준비한다. 2. 등장인물 도안을 코팅하여 모양에 맞추어 잘라준다. 3. 등장인물 도안 뒤에 까슬이를 부착한다.	

[활동 1]
1. 등장인물 도안의 그림을 탐색한다.
2. 등장인물을 크기별로 위에 쌓아본다.
3. 등장인물을 키 순서대로 놓아본다.
4. '등장인물 중 ㅇ번째로 큰 동물은 누구일까요?' 퀴즈로 연계한다.

[활동 2]
1. 스타킹의 특징을 탐색한다.
2. 스타킹을 이용한 스트레칭을 한다.
3. 하나의 스타킹을 이용한 엄마와 자녀의 협력 스트레칭을 한다.
4. 스타킹을 이용한 다양한 도형 만들기 놀이를 한다.

13) 7회기 : 그림책을 활용한 부모교육 《안 돼, 데이빗!》

7회기	유아기 자녀 이해하기
주제	놀이인격
선정 그림책	안 돼, 데이빗!
활동 목표	• 유아기 놀이의 본질과 놀이의 중요성에 대해 인다. • 자녀의 기질에 따른 놀이성향과 놀이를 지원하는 양육방법에 대해 안다.

1. 그림책 감상하기
2. 그림책 속 주인공의 마음 예측하기
   – 놀이를 하는 데이빗은 어떤 기분이 들었을까?
   – 놀이를 하는 데이빗은 어떤 생각을 가장 먼저 했을까?
3. 진정한 놀이의 의미에 대해 알아보기
   – 진정한 놀이란 무엇일까?
   – 놀이는 언제부터 시작되었을까?
4. 유아기 놀이의 이점에 대해 알아보기
5. 놀이의 발달단계에 대해 알아보기
6. 우리 가족의 놀이 유형 찾아보기
7. 식욕과 생존의 욕구를 능가하는 놀이의 힘 동영상 시청하기
8. 자녀의 진정한 놀이를 지원하는 부모의 양육방법에 대해 토의하기
   – 자녀의 진정한 놀이를 지원하는 방법은 무엇일까?
   – 자녀의 발달을 위한 놀이 참여방법은 무엇일까?
9. 나의 다짐 책 만들기
   – 자녀의 놀이를 위해 노력해야 할 언어와 피해야 할 언어

14) 7회기 : 그림책을 활용한 놀이 《그래, 나는 생쥐야!》

7회기	그림책을 활용한 놀이(교구 제작 및 놀이방법 익히기)
선정 그림책	그래, 나는 생쥐야!
활동 목표	• 그림책을 표현할 수 있는 다양한 매체의 종류에 대해 안다. • 요술 책을 자녀에게 이야기 들려주고, 자녀의 그림책에 대한 호기심과 흥미를 자극한다. 
준비물	흰색 머메이드지 2장씩, 가위, 색연필, 사인펜
교구 제작하기 (요술책 만들기)	1. 종이 1장과 반으로 자른 종이 2장을 준비한다. 2. 큰 종이 1장을 준비하여 3등분이 되는 지점에 2곳에 가로로 길게 칼집을 낸다(양쪽 테두리 2cm는 남기고 칼집을 낸다). 3. 반으로 자른 종이를 칼집 사이로 양쪽에 넣되, 직조하듯이 엇갈리게 넣는다. 4. 4면에 이야기 흐름에 맞는 그림을 그리거나, 컬러 복사한 종이를 붙인다.

1. 준비한 요술책의 표지를 탐색한다(표지를 보고 그림책 내용을 예측한다).
2. 자연스럽게 책을 넘겨 4면의 이야기를 감상한다.
3. 자녀도 직접 책을 조작하며 이야기를 꾸며볼 수 있도록 한다.

15) 8회기 : 그림책을 활용한 부모교육 《에드와르도 세상에서 가장 못된 아이》

8회기	유아기 자녀 이해하기
주제	양육 스트레스
선정 그림책	에드와르도 세상에서 가장 못된 아이
활동 목표	• 자녀 양육으로 인한 스트레스와 양육의 어려움에 대해 이야기 나눈다. • 양육 스트레스를 극복할 수 있는 방법에 대해 알아보고, 실천한다.

1. 그림책 감상하기
2. 에드와르도의 행동 탐색하기
   - 내 아이가 에드와르도와 같은 행동을 한다면 어떤 기분이 들까?
   - 에드와르도는 왜 이 같은 행동을 했을까?
   - 에드와르도의 전환점 찾아보기
3. 내가 느끼는 양육 스트레스에 대해 이야기 나누기
4. 양육 스트레스를 이겨내는 방법에 대해 이야기 나누기
   - 양육 스트레스를 이겨내는 나만의 방법은 무엇일까?
   - 나의 양육 스트레스를 이겨내도록 하는 말은 무엇일까?
5. 우리 아이의 단점을 장점으로 바꾸어보기
   - 우리 아이의 단점 적기
   - 적은 종이를 다른 참여자와 바꾸어 단점을 장점으로 바꾸어주기
6. 양육 스트레스를 이겨내는 긍정적 방법 알아보기
7. 나의 다짐 책 만들기

16) 8회기 : 그림책을 활용한 놀이 《꿈에서 맛본 똥파리》

8회기	그림책을 활용한 놀이(교구 제작 및 놀이방법 익히기)	
선정 그림책	꿈에서 맛본 똥파리	
활동 목표	• 그림책의 흐름을 파악한다. • 그림책 내용과 관련된 교구를 제작하여 자녀와 즐겁게 놀이한다.	
준비물	투명 플라스틱컵 2개, 개구리 그림 도안 2개, 파리 그림 10개, 가위, 양면테이프, 글루건, 찍찍이, 굵은 빨대 2개, 네임펜	
교구 제작하기 (파리를 잡아라 교구 만들기)	1. 투명 플라스틱 컵에 빨대가 들어갈 만큼 글루건을 달구어 구멍을 낸다. 2. 컵에 있는 구멍 위치에 개구리 그림을 맞추어 붙인다. 3. 파리도안을 코팅하고, 코팅한 파리도안 뒷면에 다양한 음식 그림을 그려 넣는다. 4. 파리도안 양면에 까슬이를 작게 잘라 붙인다. 5. 빨대의 한쪽 면에는 보슬이를 붙여 파리를 잡을 수 있게 만든다.	

1. 투명 플라스틱 컵 안쪽에서 바깥쪽으로 빨대를 밀어 넣는다(보슬이가 컵의 바깥 아래쪽으로 향하게 한다).
2. 파리도안을 펼쳐 놓은 뒤, 정해진 시간 동안 빨대를 개구리의 혀처럼 움직여 파리도안을 잡는다.
3. 잡은 파리에 있는 음식 그림을 탐색하고, 파리의 수를 세어 본다.

17) 9회기 : 그림책을 활용한 부모교육 《몽글몽글 따끔따끔》

9회기	유아기 자녀 이해하기
주제	형제관계 스트레스
선정 그림책	몽글몽글 따끔따끔
활동 목표	• 자녀가 형제관계에서 느낄 수 있는 스트레스의 원인에 대해 안다. • 자녀의 스트레스를 완화시킬 수 있는 부모의 역할에 대해 안다.

1. 그림책 감상하기
2. 그림책 속 주인공이 느끼는 감정과 스트레스 원인에 대해 이야기 나누기
   - 다솜이가 느끼는 감정은 무엇일까?
   - 다솜이를 속상하게 만드는 건 무엇일까?
3. 형제 순위에 대한 토의
   - 가족 내 나의 형제 순위와 순위별 장점과 단점은 무엇인가?
   - 형제 순위에 따라 느낄 수 있는 스트레스는 무엇일까?
4. 형제관계 양육에 대한 오해 O, X 퀴즈
5. 형제 간 갈등으로 인한 스트레스를 해결하는 방법에 대해 알아보기
   - 형제 간 갈등을 원만히 해결하기 위한 방법은?
   - 형제 간 경쟁 해결방법은?
6. 애니메이션 콩순이를 통해 형제 순위에 따라 자녀가 느끼는 어려움에 대해 공감하는 시간 갖기
7. 나의 다짐 책 만들기
   - 형제관계 스트레스를 완화시켜주기 위한 언어와 피해야 할 언어

18) 9회기 : 그림책을 활용한 놀이 《아빠랑 함께 피자 놀이를》

9회기	그림책을 활용한 놀이(교구 제작 및 놀이방법 익히기)	
선정 그림책	아빠랑 함께 피자 놀이를	
활동 목표	• 그림책 소재를 활용한 놀이방법에 대해 안다. • 밀가루를 이용한 다양한 작품 표현방법에 대해 안다.	
준비물	밀가루, 체, 검은색 도화지, EVA, 가위, 물, 풀	
교구 제작하기 (밀가루 그림 본 준비)	1. EVA를 준비한다. 2. 다양한 모양으로 EVA를 잘라준다.	

[활동 1]

1. 밀가루 탐색하기(촉감, 색, 냄새 등)
2. 도화지에 밀가루 그림 본을 올려 두고 밀가루를 체에 담아 도화지 위에 뿌린 뒤, 그림 본을 떼어낸 뒤 모양 감상하기(본 대신 손 모양 찍어 보기)

[활동 2]

1. 검은 도화지에 풀로 그림을 그린 뒤, 밀가루를 뿌려 나온 그림을 감상한다.
2. 밀가루와 물을 섞은 밀가루를 탐색한다.
3. 반죽한 밀가루로 피자 만들기

19) 10회기 : 그림책을 활용한 부모교육 《엄마 아빠, 싸우지 마세요!》

10회기	유아기 자녀 이해하기
주제	가족관계 스트레스
선정 그림책	《엄마 아빠, 싸우지 마세요!》, 《백 만년 동안 절대 말 안 해》, 《엄마는 회사에서 내 생각해?》
활동 목표	• 자녀가 가정 내에서 느낄 수 있는 스트레스의 원인에 대해 안다. • 자녀의 스트레스를 완화시켜 줄 수 있는 양육법에 대해 안다.

1. 그림책 감상하기
2. 에릭슨 발단단계 알아보기
3. 만 3~5세의 주요 스트레스 원인에 대해 알아보기
4. 그림책 사례를 통한 가정 내 유아기 스트레스 원인 알아보기
   - 엄마 아빠, 싸우지 마세요(부모의 갈등)
   - 백 만년 동안 절대 말 안 해(부모의 양육태도 & 외로움)
   - 엄마는 회사에서 내 생각해?(맞벌이 가정)
5. 유아기 스트레스를 줄이기 위한 부모의 역할 토의
   - 부모의 스트레스를 줄이기 위한 부모의 역할은 무엇일까?
   - 스트레스가 계속된다면 어떻게 될까?
6. 환경의 힘에 대해 생각해 보기
   - 자녀의 성공을 돕는 긍정적 언어는 무엇일까?
7. 나의 다짐 책 만들기
   - 자녀의 스트레스 완화를 위한 나의 언어

20) 10회기 : 그림책을 활용한 놀이 《고 녀석 맛있겠다》

10회기	그림책을 활용한 놀이(교구 제작 및 놀이방법 익히기)	
선정 그림책	고 녀석 맛있겠다	
활동 목표	• 다양한 매체의 종류와 특징에 대해 안다. • 우유갑을 활용한 그림책 만들기에 적극적으로 참여한다.	
준비물	우유갑, 종이, 그리기 도구, 양면테이프	
교구 제작하기 (블록동화 만들기)	1. 2개의 500mL 우유갑과 우유갑 높이의 종이를 우유갑 넓이의 16배 만큼의 길이로 2장 준비한다. 2. 2개의 종이를 각각의 우유갑(상단 1장, 하단 1장)에 감는다. 3. 우유갑을 돌릴 때마다 나오는 부분에 동화 속 장면을 그림으로 그리거나, 동화책 장면을 스캔하여 붙여준다.	

1. 구입한 그림책과 우유갑으로 만든 그림책을 비교한다.
2. 우유갑을 이용하여 이야기를 들려준다.
3. 자녀가 직접 조작하며 이야기의 내용을 회상한다.

21) 11회기 : 그림책을 활용한 부모교육 《무지개 꽃이 피었어요》

11회기	유아기 자녀 이해하기
주제	친사회적 행동
선정 그림책	무지개 꽃이 피었어요
활동 목표	• 친사회적 행동의 정의와 가치에 대해 안다. • 유아기 친사회적 행동을 증진시킬 수 있는 양육방법에 대해 알고, 실천한다.

1. 그림책 감상하기
2. 친사회적 행동의 정의
   - 친사회적 행동이란?
   - 친사회적 행동이 포함된 그림 찾아보기
3. 친사회적 행동의 가치에 대해 알아보기
   - 친사회적 행동이 타인에게 주는 영향은 무엇일까?
   - 친사회적 행동이 자녀 자신에게 주는 영향은 무엇일까?
4. 친사회적 행동을 증진시키기 위한 양육방법에 대한 토의
5. 친사회적 행동을 증진시키기 위한 양육방법에 대해 알아보기
   - 친사회적 행동을 증진시키기 위한 모델링
   - 친사회적 행동을 증진시키기 위한 의사소통방법 알아보기
   - 친사회적 행동을 강화시키기 위한 방법
6. 나의 다짐 책 만들기
   - 친사회적 행동을 증진시키기 위한 의사소통 언어

22) 11회기 : 그림책을 활용한 놀이 《깜박깜박 도깨비》

11회기	그림책을 활용한 놀이(교구 제작 및 놀이방법 익히기)	
선정 그림책	깜박깜박 도깨비	
활동 목표	자녀의 두뇌발달을 돕는 놀이방법에 대해 안다.	
준비물	머메이드지, 가위, 그리기 도구	
교구 제작하기 (메모리 카드 만들기)	1. 머메이드지를 16등분하여 나눈 뒤 가위로 자른다. 2. 머메이드지에 같은 그림 2개씩을 그려넣거나 같은 글자(가족이름, 친구이름 등)를 2개씩 적어 적는다.	

1. 메모리 카드 중 2개씩 3개의 그림(총 6장)만 바닥에 2줄로 놓는다.
2. 2장의 카드를 동시에 뒤집어 같은 그림이 나오면 가져가고, 그렇지 않을 경우 다시 바닥에 내려놓고 다음 사람이 게임에 참여한다.
3. 같은 방법으로 카드의 개수를 늘려 다시 한 번 게임을 한다.

23) 12회기 : 그림책을 활용한 부모교육 《언제까지나 너를 사랑해》

12회기	유아기 자녀 이해하기
주제	부모교육 내용 회상하기
선정 그림책	언제까지나 너를 사랑해
활동 목표	• 지난 시간 진행된 부모교육의 내용을 회상한다. • 자녀에게 긍정적인 영향을 미치는 부모의 역할에 대해 안다.

1. 그림책 감상하기
2. 사랑받는 자녀와 그렇지 않은 자녀의 모습에 대해 토의하기
   - 사랑받고 자란 아이와 그렇지 않은 아이의 모습은 어떻게 다를까?
   - 아이가 사랑받고 있다는 것을 느낄 수 있도록 지원하는 방법은 무엇일까?
3. 약이 되는 부모와 독이 되는 부모의 모습에 대해 이야기 나누기
4. 12회기 부모교육에 참여하면서 변화된 나의 모습에 대해 이야기 나누기
   - 12회기 부모교육에 참여하면서 변화된 나의 모습은?
   - 12회기 부모교육에 참여하면서 변화된 나의 모습으로 인한 자녀의 변화는?
5. 12회기 동안 만든 책 내용을 보며 실천 내용 및 실천이 어려웠던 점 이야기 나누기
6. 앞으로 자녀를 위한 나의 다짐 이야기 나누기
7. '모소대나무 이야기' 동영상 시청하기

24) 12회기 : 그림책을 활용한 놀이 《내가 아빠를 얼마나 사랑하는지 아세요?》

12회기	그림책을 활용한 놀이(교구 제작 및 놀이방법 익히기)
선정 그림책	내가 아빠를 얼마나 사랑하는지 아세요? 
활동 목표	• 자녀에게 사랑을 표현하는 다양한 방법에 대해 안다. • 자녀에게 하고 싶은 부모의 사랑을 담은 편지를 작성한다.
준비물	편지지, 쓰기 도구
교구 제작하기 (자녀에게 사랑의 편지 쓰기)	1. 자녀에게 사랑을 표현하는 방법에 대해 이야기 나눈다. 2. 자녀에게 전하고 싶은 부모의 사랑을 담아 편지를 작성한다.

1. 자녀에게 쓴 사랑의 편지를 소개한다.
2. 자녀가 사랑의 편지를 읽을 수 있도록 한다(글을 모르는 경우 부모가 읽어줄 수 있다).
3. 편지를 작성할 때 전하고 싶었던 부모의 마음을 자녀를 꼭 안고 말로 다시 한 번 전해준다('사랑해').

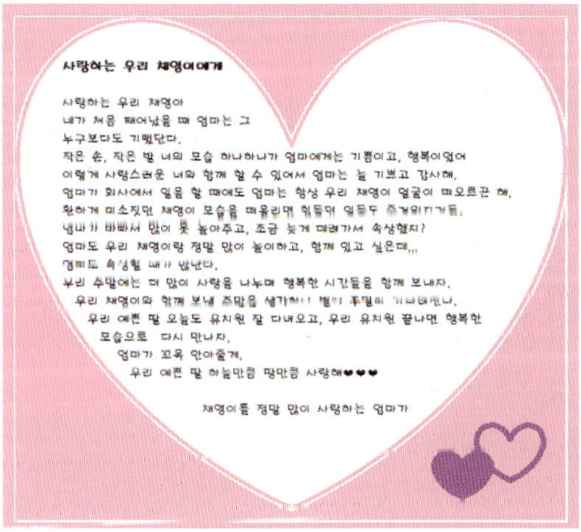

사랑하는 우리 채영이에게

사랑하는 우리 채영아
내가 처음 태어났을 때 엄마는 그
누구보다도 기뻤단다.
작은 손, 작은 발 너의 모습 하나하나가 엄마에게는 기쁨이고, 행복이였어
이렇게 사랑스러운 너와 함께 할 수 있어서 엄마는 늘 기쁘고 감사해.
엄마가 회사에서 일을 할 때에도 엄마는 항상 우리 채영이 얼굴이 떠오르곤 해,
환하게 미소짓던 채영이 모습을 떠올리면 힘들던 일들도 즐거워지거든.
엄마가 바빠서 많이 못 놀아주고, 조금 늦게 데려가서 속상했지?
엄마도 우리 채영이랑 정말 많이 놀이하고, 함께 있고 싶은데...
엄마도 속상할 때가 많단다.
우리 주말에는 더 많이 사랑을 나누며 행복한 시간들을 함께 보내자.
우리 채영이와 함께 보낼 주말을 생각하니 벌써 주말이 기다려진다.
우리 예쁜 딸 오늘도 유치원 잘 다녀오고, 우리 유치원 끝나면 행복한
모습으로 다시 만나자.
엄마가 꼬옥 안아줄게.
우리 예쁜 딸 하늘만큼 땅만큼 사랑해❤❤❤

채영이를 정말 많이 사랑하는 엄마가

참고문헌

고남희(2009). 교류분석 활용 부모교육 프로그램이 부모-자녀 간 의사소통, 부모효능감 및 양육 스트레스에 미치는 효과. 연세대학교 대학원 석사학위논문.

공근순(2010). 상호교류분석이론에 기초한 부모교육이 어머니의 양육태도 및 의사소통 변화에 미치는 영향. 삼육대학교 대학원 석사학위논문.

김미경 · 나유미 · 이혜정(2016). **부모교육**. 양성원.

김민조(2018). 영아기 자녀를 둔 어머니의 어린이집 부모교육 참여현황 및 요구 조사. 한국교원대학교 대학원 석사학위논문.

김민화(2016). 어머니의 양육태도와 유아의 기질이 유아의 교육기관 적응에 미치는 영향. 동국대학교 대학원 석사학위 청구논문.

김선희(2006). "STEP" 부모교육 프로그램이 부모의 양육태도 변화에 미치는 효과. 광운대학교 대학원 석사학위논문.

김신영(2007). **예비부모교육**. 양서원.

김영옥(2016/2017). **부모교육**. 공동체.

김은(2001). 유치원에서의 부모교육 현황에 대한 연구. 중앙대학교 교육대학원 석사학위 청구논문.

김애란 · 유경숙 · 유혜자 · 이병래(2015). **부모교육**. 정민사.

김정미 · 이원영(2011). **예비부모교육(대학생을 위한)**. 학지사.

김정원 · 전선옥(2016). **영유아교육기관의 부모교육**. 창지사.

교육과학기술부(2012). 유아인성교육을 위한 부모훈련 프로그램 및 연수 자료집.

마미정 · 박초아 · 김동례 · 정경진(2015). 지역 육아종합지원센터 부모교육 현황과 발전 방향. **부모교육연구, 12**(2), 5-29.

문선화 외 3인 공저(2013). **한국사회와 아동복지**. 양서원.

문소라(2017). 그림책을 활용한 놀이중심 부모교육의 효과. 경기대학교 대학원 석사학위 청구논문.

민정원 · 권미경 · 윤지연(2014). 영유아 부모의 육아정보 이용실태 및 활용지원방안. 육아정책연구소.

문주형(2015). 교류분석에 기초한 집단상담식 유아부모교육 운영과정과 경험탐색. 중앙대학교 대학원 박사학위논문.

박낭자 외 12인 공역(2007). **아동발달**. 정민사.

박미정 외 9인 공저(2018). **고등학교 기술 · 가정**. (주)삼양미디어.

박상희 외 5인 공저(2016). **아동정신건강**. 양서원.

박선환 외(2017). **부모교육**. 공동체.

서천석(2016). **그림책으로 읽는 아이들 마음**. 창비.

여성가족부(2017). 부모교육 매뉴얼 1~12권.

연미희 · 김진숙(2009). **부모교육 이론과 실제**. 동문사.

우재현(2000). **교류분석(TA)개인상담**. 정암서원; 한국교류분석협회.

유안진 · 김연진(2003). **부모교육의 이론과 실제**. 동문사.

유인숙 · 김민화(2016). 어머니-유아 의사소통과 유아의 자아개념과의 관계. **어린이문학교육연구, 17**(2), 21-44.

윤은미(2017). 어린이집 교사의 부모교육에 대한 인식과 부모교육 운영 실태. 광주교육대학교 대학원 석사학위논문.

윤혜경(2014). **부모교육의 이론과 실제**. 동문사

이명순(2008). PET 부모교육 프로그램이 부모-자녀 간의 의사소통, 부모의 양육태도 및 자녀의 자아존중감에 미치는 효과. 동아대학교 대학원 석사학위논문.

이송은(2014). **스토리텔링과 책놀이**. 창지사.

이재연 · 김경희(2003). **부모교육**. 양서원.

이태연(2017). **정신건강의 이해**. 도서출판 신정.

이현옥 · 김향자 · 허선자 · 박희숙 · 김연진(2016). **초임교사를 위한 부모교육**. 공동체.

이혜영 이혜림 공저(2005). **행복한 가정 만들기**. 훈민사.

전우경(2002). 영아의 애착증진을 위한 부모교육 프로그램의 구성과 적용효과. 중앙대학교 대학원 석사학위 청구논문.

정갑순(1996). **부모교육론**. 창지사.

정보미 · 김낙홍(2016). 영아기 첫 자녀를 둔 맞벌이 부부의 부모교육 경험 및 요구. **아동교육, 25**(3), 377-393.

정윤정(2006). 유아교육기관의 부모교육 유형 및 내용분석. 인천대학교 교육대학원 석사학위논문.

조경자 · 송윤이(2017). **부모교육**. 양서원.

Thomas Gordon 저. **부모교육**. 형설출판사(1997).

한성심(2016). **예비부모교육**. 공동체.

한영란(2018). **부모교육 이론과 실제**. 정민사.

황해익 외 3인 공저(2016). **아동권리와 복지**. 정민사.

교육부(2013). 유아 인성교육을 위한 부모 훈련프로그램 및 연수자료집(http://www.moe.go.kr/boardCnts/view.do?boardID=313&boardSeq=47923&lev=0&searchType=S&statusYN=W&page=1&s=moe&m=030102&opType=)

교육부(2013). 유아 인성교육을 위한 교사용 부모상담 가이드북(http://www.moe.go.kr/boardCnts/view.do?boardID=313&boardSeq=44492&lev=0&searchType=null&statusYN=C&page=1&s=moe&m=030102&opType=N).

교육부(2016). 학부모 자녀교육 정보 가이드 안내(http://www.moe.go.kr/boardCnts/view.do?boardID=340&lev=0&statusYN=C&s=moe&m=0202&opType=N&boardSeq=64140).

교육부(2018). 유치원 학부모 협력연수 프로그램(http://www.moe.go.kr/boardCnts/view.do?boardID=313&lev=0&statusYN=C&s=moe&m=030102&opType=N&boardSeq=73065).

찾아보기

ㄱ

가상적 목표 61
가정양육수당 140
가정 중심 부모교육 201
가정통신문 205
가족행사 222
각 시 · 도의 보건소 180
갈등형 49
갈린스키 18
감수성 형성단계 75
강보에 싸서 기르기 49
강연회 221
강화스케줄 101
강화와 소거 100
개념 형성단계 76
건강가정지원센터 140, 176
검피 아저씨의 뱃놀이 287
격려의 사용 68
결혼이민자 가정의 아동 177
경제적 어려움 174, 179
경제적 준비 17
계획단계 107
고 녀석 맛있겠다 299
고든 87
고전적 조건형성이론 97
관심 끌기 62
교류분석의 형태 81
교육과학기술부 242
교육기관의 협력 199
교육부 264
교육부 홈페이지 241
교차적 교류 82
구체적인 부모교육 주제의 예 191
권위형성기 21
그건 내 조끼야 291
그림책을 활용한 놀이 중심 부모교육 프로그램 273
긍정적 쓰다듬기 86
기관 중심 부모교육 210
기노트 70
기술 익히기 단계 76
기술훈련 29
깜박깜박 도깨비 301
꽃의 단계 250
꿈에서 맛본 똥파리 295

ㄴ

나-전달법 93
난 토마토 절대 안 먹어 285
내가 아빠를 얼마나 사랑하는지 아세요? 303
너무 부끄러워 284

ㄷ

다누리 180
다문화가족 177
다문화가족지원법 178
다문화가족지원센터 180
다양한 부모교육 프로그램 234
도구적인 동기 16
듀이 55
드라이커스 59
떠나보내는 시기 23

ㄹ

로저스 55, 70
로크 53

루빈 15
루소 53

ㅁ

망태 할아버지가 온다 288
매슬로 70
모리의 커다란 성 283
몬테소리 55
몽글몽글 따끔따끔 296
무능함 보이기 64
무승부법 94
무지개 꽃이 피었어요 300
문제의 소유자 파악하기 93
문제해결하기 29
물활론적 사고 157
민주적 부모교육이론 59

ㅂ

바른 행동의 길 다지기 114
반두라 106
발달 119
벌 101
변화 119
보복하기 64
부모 간의 역할의 재규정 18
부모개입 26
부모교육 26, 45, 190, 199
부모교육 매뉴얼 138
부모교육의 기본가정 59
부모교육의 대상이 편중 232
부모교육의 목적 27
부모교육의 필요성 33, 241
부모교육 프로그램 188, 265
부모다운 부모 187
부모 됨 15
부모 됨에 대한 교육 18
부모 됨에 대한 준비성 18
부모 됨의 자질과 역할 39
부모상담 213
부모 소모임 221
부모역할의 중요성 231
부모역할하기 26
부모연수자료집 251
부모연수자료집의 내용 251
부모의 바람직한 감정표현방법 73
부모의 역할 187
부모의 탄생 137
부모-자녀 간 대화의 기본원리 72
부모-자녀 간의 관계 60
부모자아 78
부모 자원 활용 222
부모지지 26
부모참관 216
부모참여 26
부모참여수업 218
부모 측면 33
부모효율성훈련이론 87
부모훈련 26
부모훈련 프로그램의 내용 247
부정적 쓰다듬기 86
북한이주민가정의 아동 177
불평 늘어놓기 단계 75
브라운리 41
비형식적인 방법 193

ㅅ

사회적 측면 34
사회학습이론 106
사회화과정 형성형 50
살해형 48
상담기록부 215
상보적 교류 82

상징적 사고 156
상호교류분석이론 77
상호 의존기 22
생활양식 61
생활의 기틀 세우기 115
서양의 부모교육 47
서양의 부모교육 역사 47
서울시 한부모가족지원센터 176
설명하며 가르치는 시기 21
성숙 119
성인자아 80
성장 119
소년소녀의 선서문 43
소멸 105
소파 방정환 42
소피가 화나면, 정말 정말 화나면 282
손다이크 98
수용성 수준 파악하기 92
수평적 부모-자녀관계 51
숙명론적 동기 15
스키너 99
스키너 상자 99
스티븐스 25
시프먼 31
신생아기 134
신생아기의 발달 134
신생아 돌보기 135
신생아의 감각능력 136
신생아의 상태 136
신체적 준비 17
심리적 준비 17
쓰다듬기 83
쓰다듬기의 욕구 86
씨앗의 단계 250

ㅇ

아동기 164
아동기의 신체발달 164
아동기의 언어발달 166
아동기의 인지발달 165
아동기의 정서사회적 발달 166
아동 돌보기 167
아동수당 140
아동자아 79
아동 측면 33
아버지 역할의 중요성 46
아빠랑 함께 피자 놀이를 297
아이 돌봄 서비스 140, 177
안 돼, 데이빗 292
안아줘 280
알림장 206
액슬린 70
양육기 20
양육비이행관리원 176
양육의 기술 실천 232
어른들에게 드리는 글 42
어울려 사는 지혜 기르기 116
언제까지나 너를 사랑해 302
엄격한 훈련형 50
엄마가 화났다 286
엄마 아빠, 싸우지 마세요 298
에드와르도 세상에서 가장 못된 아이 294
에릭슨 55
여성가족부 140
연령별 사회성발달과 인성과의 관계 244
연령별 인지발달과 인성과의 관계 245
연령별 정서발달과 인성과의 관계 243
연습의 법칙 99
열매의 단계 250
영아기 141

영아기 부모를 위한 부모교육 151
영아기의 언어발달 146
영아기의 정서사회적 발달 148
영아기의 지각발달과 인지발달 144
영아 돌보기 150
영아의 신체발달 141
영유아 개인수첩 206
영유아교육기관 188, 241
영유아교육기관의 부모교육 189
영유아교육현장 241
예방접종 도우미 139
예비 부모 126
예비 부모교육 127
오리엔테이션 210
왓슨 95
외국인근로자가정의 아동 177
외톨이 사자는 친구가 없대요 290
우리나라의 부모교육 231
우리 모두의 아이 264
운영위원회 226
유아기 154
유아기 부모를 위한 도움 163
유아기 부모의 양육태도 161
유아기의 신체발달 155
유아기의 언어발달 158
유아기의 인지발달 156
유아기의 정서사회성발달 158
유아 돌보기 160
유아 인성교육을 위한 부모훈련 프로그램 242
유전과 환경과의 관계 122
유전적 요인 120
유치원 알리미 190
육아정책연구소 187, 242
은물 55
의사소통의 어려움 179
이면적 교류 82
이미지 형성기 19
이타적 동기 16
이화유치원 41
인본주의 부모교육의 형태 75
인본주의적 부모교육이론 70
인성교육의 필요성 242
인성의 구조 78
인터넷 홈페이지 208
임신기간 19
입양가정 양육수당 141
입학식 213
입학 초기 적응 프로그램 201

ㅈ

자극반응 연합학습 98
자극의 욕구 83
자기애적 동기 16
자기인식 29
자기중심적 사고 157
자녀양육의 어려움 174, 179
자녀의 힘을 북돋우는 대화 112
자녀의 힘을 북돋우는 부모 110
자녀장려금 141
자모회 45
자연적 · 논리적 결과 66
적극적 경청 91
적용단계 108
전통사회 39
전통적 부모교육 25
전통태교의 신비 39
정보 나누기 28
정서적 갈등 179
정서적 어려움 175
조작적 조건화 형성이론 99
종착행동과 조형 104
준비성의 법칙 99

지역사회 자원 222
직관적 사고 157

ㅊ

차시별 프로그램 소개 253
창조성 65
책임감 형성 돕기 74
칭찬과 비판 73

ㅋ

코메니우스 52
콜버그 55
크릭터 289

ㅌ

타임아웃 103
태교법 40
태내기 130
태내기 발달 131
태내기의 부모역할 131
터너 32

ㅍ

파블로프 97
페스탈로치 54
포기 · 유기형 48
포털사이트 208
프로그램의 교수–학습방법 275
프로이트 55
프뢰벨 54
피아제 55
PET 부모교육 프로그램 88

ㅎ

학부모 협력연수 프로그램 264
한국청소년상담원 110
한국행동과학연구소 45
한부모가족 173
한부모가족복지시설 지원 177
한부모가족 아동양육비 지원 177
한부모가족지원법 173
한부모의 자기 관리의 어려움 175
햄너 32
행동수정의 절차 106
행동수정이론 95
행동의 한계 설정 74
행동통제 65
헤스 31
현대적 부모교육 25
형식적인 방법 192
환경적 요인 121
효과의 법칙 99
효율적인 부모상담을 위한 교사의 평가항목 214
힘 행사하기 63

저 / 자 / 소 / 개

이혜림
성균관대학교 대학원 교육과정 교육심리학 박사수료
현재 신안산대학교 아동보육과 교수

임명수
중앙대학교 대학원 유아교육학과 박사과정
현재 신안산대학교 아동보육과 겸임교수

홍은숙
경기대학교 대학원 유아교육학 박사
현재 신안산대학교 아동보육과 교수

문소라
경기대학교 대학원 유아교육학과 박사과정
현재 동남보건대학교 유아교육과 강사

부모교육

2018년 6월 25일 초판 인쇄
2018년 6월 30일 초판 발행

지은이 | 이혜림 · 임명수 · 홍은숙 · 문소라
발행인 | 유제구
발행처 | 도서출판 파워북
주　소 | 경기도 고양시 일산동구 호수로 358-25
동문타워2차 529호
전　화 | (02) 730-1412
F A X | (031) 908-1410
등　록 | 1997. 1. 31 제 2014-000067호
편　집 | 북스북스(hynho3196@nate.com)

정가 21,000원
ISBN 978-89-8160-375-5 (93370)